从月球看地球 III

全球变局下中国经济与商业新浪潮

长江商学院◎主编

中国发展出版社
CHINA DEVELOPMENT PRESS

图书在版编目（CIP）数据

从月球看地球Ⅲ：全球变局下中国经济与商业新浪潮/长江商学院主编. —北京：中国发展出版社，2019. 9

ISBN 978-7-5177-1053-0

Ⅰ. ①从… Ⅱ. ①长… Ⅲ. ①中国经济—研究 ②企业管理—研究—中国 Ⅳ. ①F12 ②F279. 23

中国版本图书馆 CIP 数据核字（2019）第 196461 号

书　　名：从月球看地球Ⅲ：全球变局下中国经济与商业新浪潮
主　　编：长江商学院
责任编辑：钟紫君
出版发行：中国发展出版社
联系地址：北京市西城区裕民东路 3 号 9 层　100029
标准书号：ISBN 978-7-5177-1053-0
经 销 者：各地新华书店
印 刷 者：河北鑫兆源印刷有限公司
开　　本：710mm×1000mm　1/16
印　　张：25. 5
字　　数：370 千字
版　　次：2019 年 10 月第 1 版
印　　次：2019 年 10 月第 1 次印刷
定　　价：68. 00 元

联系电话：(010) 68990535　68990692
购书热线：(010) 68990682　68990686
网络订购：http：//zgfzcbs. tmall. com
网购电话：(010) 68990639　88333349
本社网址：http：//www. develpress. com. cn
电子邮件：10561295@ qq. com

曹辉宁

加州大学洛杉矶分校博士
耶鲁大学博士
长江商学院金融学教授

陈龙

多伦多大学金融学博士
长江商学院金融学教授

杜维明

哈佛大学博士
长江商学院名誉教授
长江人文委员会主席

甘洁

麻省理工学院博士
长江商学院金融学教授

荆兵

罗切斯特大学博士
长江商学院市场营销副教授

李海涛

耶鲁大学金融学博士
长江商学院金融学教授
杰出院长讲席教授

李伟

密歇根大学经济学博士
长江商学院经济学教授

李洋

哥伦比亚大学商学院博士
长江商学院市场营销学副教授

廖建文

南伊利诺伊大学博士
长江商学院战略创新与创业
管理实践教授

刘劲

哥伦比亚大学博士
长江商学院会计与金融学教授

欧阳辉

美国加州大学伯克利分校博士
美国杜兰大学博士
长江商学院金融学教授
杰出院长讲席教授

孙宝红

南加州大学博士
长江商学院市场营销教授
杰出院长讲席教授

滕斌圣

组约市立大学博士
长江商学院战略学教授

项兵

加拿大阿尔伯塔大学博士
长江商学院中国商业与全球化教授

许成钢

哈佛大学博士
长江商学院经济学教授

张晓萌

马里兰大学史密斯商学院博士
长江商学院组织行为学副教授

朱睿

明尼苏达大学商业管理博士
市场营销学教授

全球思维　中国梦想

加拿大阿尔伯塔大学博士 | 项
长江商学院创办院长、中国商业与全球化教授 | 兵

2019年7月22日，《财富》世界500强企业排行榜发布。在这份以营收为基准排名的榜单中，中国上榜企业数量达到了129家，历史性地超越了美国。从1989年只有“中国银行”一家上榜，到如今129家企业雄踞500强榜单，中国仅花了31年。

企业的强盛是国家富强的一个基石和缩影。中国经济以及中国社会的沧桑巨变可以从这份榜单窥豹一斑。今年是中华人民共和国成立70周年，这或许是人类历史堪称奇迹的70年。在全世界的见证下，中华大地发生了翻天覆地的变化。目前，中国经济位列世界第二，对全球经济增长的贡献率超过了30%，在世界经济稳步复苏的进程中，持续发挥着“压舱石”和“助推器”的作用。

70年弹指一挥间，中国站在了发展的新起点。我们迎来了诸多发展的新机遇，也面临着一系列新挑战。如今，全球正处于多重变革与拐点汇集于一点的大变局时代，突出的变革包括：经济发展模式，一系列颠覆性技术及创新，投资与贸易体系重构，国家治理与社会契约关系，地缘政治，可持续发展的挑战等。

过去40多年，中国社会经济的发展成就斐然，但也面临诸多挑战。首先，在实现经济高质量增长方面，从入围世界500强企业的内涵看，绝

大多数中国企业的销售收入来自于本土市场，在全球市场、主流市场能够披荆斩棘的企业还比较少，企业的价值获取能力还不强。长期看，中国企业要实现从模仿到创新、从追随到引领的发展阶段的跨越，以夯实长期发展的基石。

其次，2018年中国人均GDP已达到9770元，“中等收入陷阱”的挑战已至眼前。世界银行的研究显示，在1960年进入中等收入行列的101个经济体中，到2008年仅有13个进入了高收入经济体，成功跨越中等收入陷阱的比例仅为12.87%。面向未来，中国企业走向创新和价值竞争的道路是跨越中等收入陷阱的一个先决条件。然而，在人工智能为代表的颠覆性科技创新的影响下，收入与财富不均的问题可能会进一步扩大，也加大了中国成功跨越“中等收入陷阱”的压力。这种发展的矛盾状态，尤为需要我们认真思考，系统谋划，有序发展，才能实现经济与社会发展的同步同位。

开创中国经济及中国企业发展的新时代，我们需要一种全新的视野、思维、战略和方法。自洋务运动以来，我们习惯了仰视西方、拷贝西方的思维，我们依靠追随西方实现了经济的飞跃发展。然而，开创引领世界的中国经济发展新时代，创造引领世界的大风流创新，我们迫切建立起“月球看地球”的俯视思维。

在新思维和新视野的基础之下，中国需要建立起“以全球应对全球”的发展战略。在中美贸易摩擦、科技竞争、金融摩擦的背景下，全球经济的碎片化和割裂状态将愈加突出。如此，修炼以全球应对全球的能力和发展战略，就显得尤为重要，应该成为中国开创全球化发展新时代与竞合格局的镇山之宝。反之，以中国一已之力应对全球化碎片时代的压力和挑战可能是巨大的。以全球应对全球，需要我们以自身之优势和能力，整合全球各经济体的资源，构建起“你中有我，我中有你”的发展格局和竞合关系。

构建以全球应对全球的能力，真正做到全球资源整合，特别是全球人才为我所用，首先，需要构建一个合理的企业生态体系，做好体系的制度安排。纵览全球，以现代企业制度为特征的B类企业①（目前中国主要以A类家族企业和C类国有企业为主），可能是实现国强民富、创新引领、社会和谐的有效企业制度安排，是实现全球顶级人才为我所用的一个先决条件。

其次，从全球化的参与者、合作者到全球的引领者与创新者，建立和发展中国的全球领导力，可能要构建中国企业领军人物的全球价值对接能力和全球领导力。同时，也需要探索中国企业的全球化发展之“道”——中国企业的全球化崛起代表什么，意味什么？明中国企业发展的全球化之道，建立中国企业之全球担当，或许也是“一带一路”倡议成功的一个必要条件。

最后，道的修炼，离不开人文底蕴和企业家心态的调整。这就是为什么在2006年长江商学院开全球之首创，把人文教育系统引入商学院教育。在心态上，企业家要憋得住，追求宁静以致远。在企业的价值取向上，超越仅仅对财富的追求，要为利益相关者谋福利，为国家和民族的发展和再次复兴贡献才智，为解决全球重大问题做出自己应有的贡献。同时，要重视社会创新，重新界定企业的社会责任，能够在解决诸如收入与财富分配不均、社会流动性下降与可持续发展等重大社会问题中扮演积极与重要的角色。

① 项兵教授根据企业管理权与所有权分离的程度，将全球的企业发展程度划分为三大类：家族型（A类）、现代企业制度型（B类）和以国有企业为代表的超现代企业制度型（C类）。其中，管理权与所有权分离程度最低、最原始的是个体户，股权100%集中在经营者手中；分离最彻底、最为现代的是国有企业，多数股权集中在公共所有者的集体代表手中。个体户和国有企业是两大极端代表。

从成立伊始，长江商学院始终强调将全球最前沿的理论和实践与中国的管理实践相结合，在经济、技术、社会巨大的变化当中不断提出新理论、新方法来解决新问题，推动中国商业进步，引领中国管理创新。这也是长江商学院“从月球看地球”系列丛书的编辑初衷。

“为天地立心，为生民立命，为往圣继绝学，为万世开太平。”1000年前，北宋张载的横渠四句道出中华学人的使命和担当。站在新时代，长江商学院以“一带一路”、全球科技创新、儒家经济圈、社会创新等维度，重新标定自身在新时代的方位坐标，不忘初心、牢记使命，勇于担当，推动构建人类命运共同体，为解决人类面对的共同挑战不断贡献中国智慧和力量，继续领跑全球管理教育的创新，以全球化发展思维，助力实现中国梦。

新时代思想江河中的一滴水

哈佛大学博士
长江商学院学术事务副院长、经济学与人力资源学教授
王一江

这部《从月球看地球Ⅲ》，是长江商学院世界级教授对于新金融、新商业、新动能、新技术及企业管理、人生格局的最新研究成果和中国洞见，为新时代下处于转型关键时刻的中国和中国企业开出了一剂独具实战经验的良方。本书共遴选出近两年来，17位长江商学院教授的文章，内容独具匠心，观点新颖独到，既有从国际视角研究中国经济的启示，又有专注中国资本市场、抓住中国产业升级痛点的深刻见解。全书还涉及数字经济、区块链、人工智能、电商贸易等新领域，通过解读企业管理的最新研究成果，力求找出新商业文明下的中国崛起之"道"。这些研究成果，堪称新中国新时代思想海洋中的一滴水。

风雨兼程，新中国迎来了建国70周年大喜大庆的日子。这是中华民族独立自强、改革开放重焕生机的70年，是新中国从积贫积弱的落后国家，成长为世界强国的70年。在新时代的发展背景下，在国际贸易摩擦不断的现状前，我们以中国特色社会主义成为世界上最独特的经济体，迎接新的机遇和挑战。中国的经验，值得每一个研究经济和商业的学者深思。

得益于中国的日益强大，取势于中国经济的崛起，长江商学院获得了诞生与成长的土壤。长江商学院自诞生之日起，就旨在把握中国经济持续快速增长的大好机遇，通过"取势、明道、优术"的战略选择和"中西贯通"

的办学理念，为中国培养优秀的商业精英，打造一个享誉全球的商学院。

在人才引进方面，长江商学院可谓不遗余力。长江商学院创办院长、中国商业与全球化教授项兵认为，“一个伟大的教育机构必须以学术和研究立校。长江集中了一批世界级的教授，这些教授加入长江后，能够持续产出引领全球的学术成果，这不仅超越了‘培训公司’和‘教学工厂’模式，也是吸引世界级教授不断加入并留在长江的不可或缺的必要条件。”

一直以来，中国高等院校在引进全球顶尖人才方面碰到的一个共同难题是：如何让这些学者在回到中国之后，能继续安心研究，产出世界级的学术成果。秉承“学术研究立校”的理念，长江商学院先后创建了案例中心、全球化研究中心、创新研究中心、中国经济研究中心、资产定价研究中心、社交媒体与电子商务研究中心以及东亚商业研究中心等各有侧重的近20个研究中心，用以支持教授们的学术研究和课堂教学，使世界级的教授们得以在全职加入长江后，能够持续开展前沿性研究，不断产生重要的研究成果，并获得全球学术界的广泛认可。

肩负着“在中国、为中国”的使命，长江商学院不仅引进国际知名学者扎根中国，促进西方优秀管理经验与中国本土管理实践结合，更是培养了一大批具有全球视野、人文关怀和社会担当的商业领袖，为中国乃至世界经济提供新思维、新视野和新对策。新时代下，长江商学院学者将继续为中国经济问诊把脉，力求找到应对经济发展新问题的解决方案。

当前，全球正在经历一场前所未有的技术革命新时期。在过去的70年中，中国实现独立自主并通过改革开放实现了经济腾飞，创造了世界奇迹，但总体而言仍是一个“追赶者”的角色。但在新一轮的互联网科技革命中，中国诞生了许多处于世界领先地位的企业和技术，如移动支付、中国高铁、无人机、5G技术等……这一次，中国有望以“领跑者”的姿态，主导新一轮的互联网科技革命潮流。

正如古人所云："泰山不让土壤，故能成其大；河海不择细流，故能就其深；王者不却众庶，故能明其德。"新中国走向民富国强的深厚力量和不尽源泉是民众自身。国家要做的，就是让这种力量充分发挥出来。建国70年来，中国在国家层面不断富强壮大，在世界范围内拥有了越来越多的话语权，这是全体中华儿女共同奋斗的结果。但同时也要看到，中国目前距离真正的民富还有一定的距离。

从国际经验来看，西方福利制度让人眼红，但同时也存在着许多问题，并没有实现真正的机会公平。缺乏政府的适度干预，市场经济显得非常脆弱。我认为，只有在市场增进型政府的管理下，市场经济才能够发挥应有的作用。中国特色社会主义市场经济走出了一条不同于西方国家的发展之路。依据中国国情制定相对完善的公共政策，应是中国经济保持中高速稳定发展的关键所在。保障民众利益，防止极端政治，提高国民素质，为个人的充分发展和民间创业提供广阔空间，是国家发挥民众力量。实现国民收入大幅度提高的不二之路。在新时代下，新中国未来的民富国强之路，尤其引人注目，令人兴奋。

长江商学院引领中国企业家们"站在月球看地球"，倡导"终身学习"的理念，打造全球跨界学习平台，拓展了企业家学习的维度和广度。未来，长江商学院将继续肩负"为中国和世界培养一批具有全球视野与全球资源整合能力、人文关怀与社会担当以及创新精神的商业领袖"的历史使命，引领商业、科技、社会的不断创新，支持创新性国家建设，服务中国经济发展。

作为一所立志打造全球声誉的商学院，长江人将继续坚持"站在月球看地球"，推动东西方管理经验与实践的交流与融合，在国际舞台中传播中国好声音，为人类命运共同体的繁荣贡献中国力量。

目录

Contents

第一章 新商业文明下的中国企业国际崛起之“道”

与传统工业文明追求单纯的物质利益所不同，新商业文明更多的体现在价值共享而非相互排斥，强调的是经济社会协同发展，达到一种动态竞争的效果。今天，全球处于多重颠覆式变革聚焦于一点的重大历史变革时期，表现在发展模式、颠覆性技术及创新、投资与贸易体系重构、国家治理与契约关系、可持续发展等诸多方面。面对诸多全球性发展挑战，世界需要新思维、新视野以及新的解决方案。也许面向未来，文化的力量值得进一步重视与研究，世界或许需要一些东方的智慧。

儒家经济圈与东西方双向交流[①]

2017 年底，参考“盎格鲁圈”（Anglo Sphere）[②] 的提法，我提出了“儒家经济圈”（Confucian Economic Sphere，CES）概念，指儒家文化在社会文明体系中占有主导地位和具有重要影响力的经济体，这些经济体都对儒家文化有较高的认同感。儒家经济圈包括中国的大陆、香港、澳门和台湾地区以及日本、韩国、新加坡及越南 8 个经济体。儒家经济圈人口总量约占全球的 22.5%，是美国的 5.21 倍，欧盟的 3.31 倍，儒家经济圈之于全球的经济影响力和重要性可以从以下几个方面解读。

经济总量方面，按 IMF 数据，2015 年儒家经济圈成员 GDP 总量 18.28 万亿美元，占全球比重为 24.58%，首次超过了美国（18.22 万亿美元，全球占比 24.25%）和欧盟（16.45 万亿美元，全球占比 21.98%）成为世界第一。2018 年，儒家经济圈 GDP 总量为 19.94 万亿美元，全球占比升至 25.5%（美国为 24.28%，欧盟降至 21.3%）。

经济增量方面，儒家经济圈是近年来世界经济发展的最大“发动机”，2018 年对全球经济增长的贡献率超过 30%。

---

① 本文根据项兵博士 2018 年 8 月于北京举办的第 24 届世界哲学大会“儒商论域”论坛演讲整理而成。

② 盎格鲁圈，即指受英国自由价值观影响的讲英语的国家和地区，前身都是英国的殖民地，核心是英、美、澳大利亚、加拿大和新西兰。

贸易方面，2018 年儒家经济圈商品贸易总额占全球比重为 26.3%，远高于美国（10.9%），低于欧盟（32.8%）。其中，儒家经济圈成员内部商品贸易比重较高（出口内部贸易占比 40.7%，进口占比 45.2%），但与欧盟（内部商品贸易占比 64%）相比仍有很大发展空间。

经济发展方面，世界银行对中等收入陷阱的研究显示，在 1960 年进入中等收入行列的 101 个经济体中，到 2008 年仅有 13 个进入了高收入经济体，成功跨越中等收入陷阱的比例仅为 12.87%。而成功者中有 5 个来自于儒家经济圈：日本、韩国、新加坡及中国香港和中国台湾（中国澳门在 2018 年成功迈入高收入经济体行列），儒家经济圈的经济体在跨越中等收入陷阱的成功比率远远高于世界平均水平。

尽管儒家经济圈在经济发展上拥有相当大的成就，但值得关注的是，各成员在社会经济发展阶段性、发展模式、政治制度、语言、历史、人口与社会结构等诸多方面，存在比较大的差异。这种现象与观察或许带来一下几个启示：

第一，世界政治体制通常被划分为自由民主主义和威权主义，自由民主主义被看作是支持现代经济发展的唯一政治体制及先决条件。儒家经济圈经济体在政治体制上各有特色、各不相同，但在经济发展上都取得了成功，在某种意义上或许对上述划分实现了一定的超越。即就经济发展而言，儒家经济圈展现了不同政治体制都可以有所成就。有关经济发展问题的讨论，或许要考虑其他关键影响因素或变量——如（儒家）文化。换句话说，在研究分析儒家经济圈的发展成就时，我们可能需要超越政治体制，对文化形成的潜移默化重大影响更加予以重视。

第二，在全球大变革的今天，人类面临着发展模式转型和创新等一系列挑战。儒家经济圈的探索、多元与成功，对世界具有重要的借鉴意义。从哲学层面讲，儒家经济圈的成功可以被看成是儒家“和而不同”理念的一个经典例证。面向未来，世界或许不存在一个普世的发展模式，每一个国家和地区可以根据自身的发展阶段和状况，选择适合于自身的发展模式与道路。

第三，从东西方交流的角度看，工业革命以来，世界发展的重大议题和解决方案多数由西方提出并主导，东方鲜有建树与贡献。随着儒家经济圈的整体崛起，其发展经验及其哲学理念或许对世界有很多借鉴意义。同时，对人类面临的共同发展挑战和文明的进步等，也许可以做出应有的重大贡献。

儒家经济圈的文化认同

儒家经济圈成员拥有显著的文化同根性，其根植于中华文明及儒家思想，长期以中国的发展引领为文化认同的轴心。李光耀在 20 世纪 80 年代提出了“亚洲价值观”（Asian Values），阐述了东亚经济发展背后的强劲推力是儒家文化。市场经济是“术”，而儒家文化是亚洲价值观之“道”。李光耀指出，从根本上讲亚洲的成功原因归于儒家文化的亚洲文化的优点——秩序、纪律、家庭责任感、勤奋工作、集体主义、节俭等。

总体看，儒家经济圈的文化同根性主要表现在以下几个方面：

第一，重视教育和学习。杜维明先生指出，儒家思想对教育的重视，可以视作一种公民宗教（Civil Religion）。在儒家，始终有“言传身教”的家教训念。东亚经济奇迹，离不开教育的普及和高素质劳动力。

第二，勤勉、务实、肯干。儒家追求此世的价值实现而不是来世或者彼岸，在日常生活表现为勤勉工作。马克思·韦伯（Max Weber）说，“中国人的勤勉与工作能力一向被认为是无与伦比的。”

第三，认同多元文化，主张文明对话与文化和谐，具有宽容性、开放性、协商性与和谐性。中国传统文化倡导兼容并蓄、和而不同。这种理念，虽然来自儒家，当透过中国文化的历史构成（儒释道）与发展实践（多民族及在东亚社会的传播与普及），更充分地印证了“和而不同”理念的普适意义。马来西亚总理马哈蒂尔（Mahathir）指出，“亚洲价值是普遍的价值，欧洲价值是欧洲的价值。”①

① Economist，9 March 1996，P. 33.

第四，政府主导社会经济发展。从日本的明治维新到韩国的“汉江奇迹”，从新加坡模式到中国大陆的改革开放，在社会经济发展的现代化过程中，政府都起到了非常重要的主导作用。20世纪50年代，日本的崛起也带着深深的产业政策烙印，而这种产业政策模式在“东亚四小龙”的崛起及中国大陆的改革与开放中得到效仿、变革与放大。李光耀先生指出，从根本上讲，亚洲的成功原因归于儒家文化的优点，落实到现代政治上就是有强烈的宗法制和家长制色彩浓厚的威权主义[①]。在集体主义意识和服从政府统一领导下，东亚人之间建立起错综复杂的个人社会关系网络，这种自发性组织下的关系网络，成为东亚发展效率的社会基础。

第五，精英治国。中国的科举制度长期影响儒家经济圈成员，在“学而优则仕”影响下，社会的精英选择从仕以致力于社会发展，把通过从政来服务社区作为首选，这与西方精英的价值取向与选择是不同的。这种治国理念深深根植于儒家经济圈成员社会，成为了一种文化基石，对于保持国家领导力起到了积极的作用。

和而不同，互学互鉴

二战后，儒家经济圈的整体性崛起开始于“日本奇迹”，之后是“亚洲四小龙”，20世纪80年代开始，中国大陆紧随其后并延续至今，近年来越南经济发现迅猛。作为一个整体，儒家经济圈整体展现出领先于全球的经济发展优势。

儒家经济圈虽然有长期、显著的文化认同，但在社会经济发展阶段性、发展模式、政治制度、历史、语言、资源禀赋、地理位置、地缘政治环境、人口与社会结构等诸多方面，存在比较大的差异。这种状况，很好地诠释了儒家“和而不同”理念。因此，关注与研究儒家经济圈成员的差异和优势能

① 《郑永年：学习西方不是把自己变成西方》，http：//world. people. com. cn/n1/2016/0412/c1002 －28268726. html。

力，倡导彼此互学互鉴，互补短长，对于增进儒家经济圈的合作与协同发展方面具有非常务实的意义。

日本是世界上最发达的国家之一，诸多方面值得儒家经济圈其他成员学习借鉴，突出体现在文化、发展理念、和谐社会、创新及经济发展等层面。

日本历史上长期受到中国及儒家文化的影响。近现代，尤其是明治维新以后，日本积极向西方学习，与西方价值实现了成功对接，开创并曾引领了二战后的“亚洲经济奇迹”。日本能够放下“身段”，在保持文化自信的前提下成为东西方融合发展的一个典范，在追求现代的同时保护和传承了优秀传统。日本向外来文化学习的理念、方式和方法，值得儒家经济圈成员学习。

日本是和谐社会的典范。一方面，秉承“天人合一”的发展理念，注重人与自然稳定关系，倡导敬天爱人。另一方面，在人与人关系方面，践行人各有梦，友爱和谐。此外，日本的国民教育和素质举世闻名。在经济发展过程中，日本实现了全民致富，形成了中产阶层为多数的社会结构——这是社会和谐稳定的一个先决条件。有别于中国等发展中国家一部分人先富起来的模式。

创新是日本经济发展的重要推动力。以专利技术为主要衡量标准的科睿唯安（Clarivate Analytics，前汤森路透）《2018－2019 年度全球百强创新机构》中，日本有 39 家企业上榜，美国有 33 家企业，中国只有 3 家企业。日本企业展现出了全球领先的科学技术水平和创新能力。在汽车及零配件、半导体及材料、电子元器件等领域，拥有突出的创新力和竞争优势。另一方面，日本在管理理念创新方面也有很多世界级贡献，创造出 JIT、TQC、精益制造等影响世界的原创的管理思想和工具。在这方面，中国企业的差距比较大。

日本是亚洲范围内唯一拥有一批世界级 B 企业的国家和地区，如丰田、本田、索尼、松下、新日铁等，它们既是创新的主要实践者，也是社会财富创造与分配的主导者。这些世界级的 B 类企业，是日本现代性的核心构成，这与中国的国企和民企为主导的企业生态体系形成了对比。

近年来，日本的基础科学与研究厚积薄发。目前，日本拥有 25 位诺贝尔奖得主，其中有13位在2008年以后获奖。获奖者中，物理学奖11人，化学奖7人，生物和医学奖4人，展现出较强的全球优势。

从上述诸多方面看，日本的发展理念和经验可能值得儒家经济圈各成员学习借鉴。特别是，对于中国社会经济转型具有非常现实的比鉴价值。

日本模式的潜在局限性为：第一，女性地位相对低下，女性劳动参与度低。第二，过于重视论资排辈，这可能不利于激励创新和培养新生代的颠覆力量。过去30年，日本企业结构相对固化，新公司表现乏善可陈，几乎没有再诞生新的具有世界影响力的企业，富豪榜中新鲜面孔出现不多。第三，日本社会过于和谐，或许扼杀了“大风流”创新的能力，很难产生谷歌、Facebook等创新型企业。2018年全球22家“超级独角兽”中，美国和中国总共占19家（美国和中国数量最多，分别为12家和7家），没有一家日本公司。相比于日本，中国大陆缺乏创新力，但在培养颠覆的力量方面世界领先，有许多值得日本学习借鉴的经验。

日本之外，“亚洲四小龙”（中国香港、中国台湾、新加坡和韩国）是为数不多成功跨越中等收入陷阱，其道路和方法值得中国大陆和越南学习借鉴。

求同存异，共谋发展

近几年，儒家经济圈成员间也出现过一些分歧、争议和摩擦。有些是历史问题，有些是经济贸易利益关系，错失了一些重要的战略合作发展机遇。面向未来，儒家经济圈应以新思维、新格局，关注文化的根源性，重视经济的耦合性。秉承“和而不同”的理念，将发展差异化视为一种互补优势，增强相互之间的沟通、学习和交流，建立广泛、深远和紧密的经济发展战略合作体系。

儒家经济圈应高度重视彼此间紧密且庞大的经济利益，以及细丝相连的经济耦合度。一方面，重点推进中、日、韩自由贸易，积极构建儒家经济圈的自由贸易体系，以及相关的FDI、汇率、清算等。在此基础之上，积极推动

10+3 和 ASEAN 等区域自由贸易发展，使儒家经济圈的发展合作更广泛的融合推动整个东亚地区的发展。另一方面，秉承和而不同的理念，充分发挥勤勉工作、开放学习和注重教育等儒家文化力量及形成的独特劳动力资源禀赋，加快促进儒家经济圈劳动力市场和知识经济的自由流通，使经济合作与人文交流能够协同发展。

东西方双向交流及东方智慧的现实意义

从文艺复兴到今天，全球发展的重大议题和解决方案多数由西方提出并主导。在东方，我们多以“仰视”的思维，追随、拷贝及应用于西方的思想与解决方案，难以超越“中西之分”与“体用之争”，更难以实现对西方的超越与全球引领。

与儒家文化的开放与包容不同，西方文化强调的逻辑是西方世界为中心的。汤因比（Arnold Joseph Toynbee）① 指出，西方的“傲慢与狭隘”使其陷入到“自我中心的错觉”，即认为世界绕着西方旋转。费尔南·布罗代尔（Fernand Braudel）② 强调，要努力寻找一个更加广阔的视野，并理解“世界上伟大的文化冲突和世界文明的多样性”。斯宾格勒③认为，针对西方单一文明的观点，要用“大量强大文化的戏剧性场面”来替代“历史直线式发展的空洞虚构”。

今天，全球处于多重颠覆式变革聚焦于一点的重大历史变革时期，表现在发展模式、颠覆性技术及创新、投资与贸易体系重构、国家治理与契约关

① 阿诺德·约瑟夫·汤因比（Arnold Joseph Toynbee，1889－1975），英国著名历史学家，被誉为“近世以来最伟大的历史学家”。

② 费尔南·布罗代尔（Fernand Braudel，1902－1985），法国历史学家，年鉴学派的的第二代代表人，提出了著名的长时段理论，被誉为20世纪最伟大的历史学家之一。

③ 奥斯瓦尔德·斯宾格勒（Oswald Arnold Gottfried Spengler，1880－1936），德国著名哲学家、文学家，主要著作除了前面提到的《西方的没落》之外，还有《普鲁士的精神与社会主义》《人与技术》等。

系、可持续发展等诸多方面。面对诸多全球性发展挑战，世界需要新思维、新视野以及新的解决方案。也许面向未来，文化的力量值得进一步重视与研究，世界或许需要一些东方的智慧。

一方面，儒家经济圈名义 GDP 在未来 10 年甚至更长时间会进一步扩大。面向未来，儒家经济圈会持续成为全球经济最重要的力量。秉承“和而不同”的理念，儒家经济圈互学互鉴，进一步增进社会经济发展的一体化程度，可能会更大程度上释放儒家经济圈的经济潜力。

另一方面，儒家经济圈理念的构建与发展，不仅仅局限于经济和贸易，还应聚焦于如何解决全球重大发展问题，贡献我们的方案和智慧。一个日渐强大、繁荣、文明、和谐的儒家经济圈，无论是发展成就还是发展理念，都会普惠于世界。面对多变的世界和各种发展挑战，儒家经济圈的发展探索，成功和失败的经验，对世界的发展可能会产生重大的借鉴意义，对解决世界性重大问题可能提供不同的思维和方案，为人类的发展和文明的进步作出应有的贡献。如果上述目标得以实践，即为开启了东西方双向交流的新时代，成为新一轮文艺复兴和思想启蒙的一个起点。

要实现上述目标，需要我们超越传统和较为流行的东方之于西方的仰视思维，建立“从月球看地球”的俯视思维。基于这种视野和思维方式的根本性转变，儒家经济圈是有可能诞生新生代的休谟、康德、胡塞尔一样的伟大哲学家和思想家，像亚当·斯密、大卫·李嘉图一样的经济学家，以及“青霉素式”的重大发明。继美国之后，中国或可产生一批全球引领式的“大风流”创新，如谷歌、Facebook、亚马逊、特斯拉等颠覆性创新型企业，真正实现对全球发展的引领。如果上述目标得以实践，即开启了东西方双向交流的新时代，这或许可以成为新一轮文艺复兴和思想启蒙的一个起点。

（项　兵）

企业家与精神性的人文主义①

儒商的历史与现状

儒商的观念在现代中国曾经一度沉寂。真正意义上的儒商，在当代中国社会，确是凤毛麟角。儒商需要具备深厚的文化底蕴，广阔的人文关怀，尊重各文明及宗教信仰，对社会公益有责任感。这些基本素养，正是数十年来社会所忽视的人格教育。150 年来，中国因内忧外患，造成了很大的文化断裂。最近 30 年，随着文化视野的拓宽，市场的相对开放，经济的快速发展，中国的企业家们在丰衣足食后，开始追求知识与意义、注重身心修养、重构精神世界，扮演了传承中华文明，重建文化传统，维护社会道德风尚的重要角色。目前，传统文化得到了社会各阶层广泛的提倡，出现了“文化热”“国学热”和“儒学热”的可喜现象。即使尚未深入人伦日常之间的生活世界之中，学术界和企业界已开始发展“儒商”文化。“儒商”就是认同儒家的仁、义、礼、智、信的基本道德伦理，并且以儒家核心价值从事企业的知识人。

中国的“儒商”传统源远流长。比如孔子的弟子子贡，不仅有非凡的经商才华，还在经济、政治、社会、外交、文化以及终极关怀上有突出的贡献，作为后世商人的典范，可以成为我们今天重建“儒商”的精神资源。同时代

① 2013 年 10 月 21 日，北京大学世界伦理中心“儒・商对话 2013”论坛上演讲。

的商圣范蠡与商祖白圭，也以其重视长远发展的商业智慧和富而好德的商业伦理，成为儒商的典范。明清时期，儒商已成为当时很多商贾的自我认同，"士商异术而同志"，商贾有着道德良知和伦理智慧，对当时的商业环境与伦理起到了改善作用。

近百余年来，中国在吸收外来文明的同时，儒家文化乃至整个中华民族的文化传统自觉与不自觉地出现了严重的断裂。我们丧失了许多珍贵的集体记忆，也丧失了许多传统文化的活力和创造力。很少有传承几代的企业、店铺商号，从没被断裂、扭曲与变质；很少有传承几代的企业及企业家持续地支持某种文化事业。从整体上讲，文化变革多而积累少，破多立少，造成改革开放以后，企业家在追寻文化认同的过程中，出现不自信、迷失方向和认同扩散的困境。

不过，儒商传统在马来西亚、新加坡、泰国、印度尼西亚为代表的东南亚地区还有强韧的生命力。很多知名的华人企业家，如陈嘉庚和李光前，就是名副其实的儒商。

在东亚，日本与韩国"儒商"经验的传承，尤其值得我们借鉴。近代日本的实业之父涩泽荣一（Shibuzawa Eiichi），一生都究心于《论语》研究，他奉行的金科玉律就是"见利思义"。三菱重工的董事长诸桥晋六（Morohashi Shinroku）长期支持东洋文库，据说东洋文库的三分之一资金来自三菱。资生堂（Shiseido）的总裁福原义春（Fukuhara Yoshiharu）也是儒商，"资生"（Shi Sei）这两个字就来自《易经》中的"万物资生"。阳明学者冈田武彦（Okada Takehiko）每周都向企业家详解《四书》，特别是《大学》。日本还有专门培养"儒商"造就所谓"士魂商才"的学校。比如大阪的怀德堂，培训内容虽有会计等商业技术知识，但核心则是中国传统书院教育，讲授基本的修身哲学与商业伦理的课程，特别强调儒家的修身哲学，重视人与人之间的沟通伦理。

韩国的几个大财团如现代、三星的创始人，也都体现了儒商的精神。韩国的儒教大学成均馆，目前即是三星资助的重要文教事业。值得一提的是，

SK高等教育基金会从2004年开始，每年为北京大学提供高达百万美元的资金，举办在学术和文化界影响与日俱增的“北京论坛”，已经持续了10年之久。文化在企业界和社会上是否起作用，要靠政府、学术、媒体、企业和一般公众的共同努力，不可能是单向的。

改革开放40年来，中国的经济有了很好的积累，企业家也开始关注人生的意义问题，不只是一味追求物质的成功。从文化中国的视野立论，作为领导者，除了经济资本以外，还必须要有社会资本；除了科技能力以外，应特别注重文化能力；除了智商以外，应注重情商和伦理智慧；除了物质条件之外，应注重精神价值。于是，如何积累社会资本，培养文化能力，如何发扬伦理智慧，如何开拓精神价值，就被提上了时代的议事日程。这些都是儒商文化的内涵和形式，儒商作为新的论域，值得我们进一步的开拓与发展。

儒商——精神性人文主义的企业家

让我们从晚清以来国人（特别是趋新知识分子当中）非常盛行的启蒙心态说起，来对“何为儒商”做一个理念上的探索。简言之，在今天重建“儒商”的身份认同，需要有两个层次性转化：

1. 从经济人到文化人

在诞生于近代西方的启蒙心态当中，“经济人”是一个非常重要的原型。所谓经济人，是一个理性的动物，充分了解自己的利益，在相对自由的市场，在遵纪守法前提下尽力扩大自己的利润。从儒家来看，这样一个人，至少比损人损己、损人利己的人高明得多。

但在21世纪，经济人的理念和实践并不能解决人的存活问题。企业家群体有领导的能力，同时还要开发出跟儒家的传统有深刻关联的那些价值；在企业经营的实际层面，无时无刻都应用儒家伦理的原则，付诸实行。自由之外必须有正义、公义或平等的理念和实践；理性之外必须有同情或慈悲的理念和实践；法制之外一定要有礼让的理念和实践；权利之外必须有责任的理念和实践；个人尊严之外必须有社会和谐的理念和实践。这条路径意指经济人必须扩充提升为文化人，而且必须勇猛精进，努力学习做个生态人。

2. 从文化人到生态人

由启蒙心态所导引出来的核心价值，即使充分发展，依然无法超越人类中心主义，没有照顾到自然与宇宙。所以，我们需要在“对话文明”意识的启发下，借助全新的视野，来拓展“以天地万物为一体”的深具生态涵义的精神世界。

20 世纪下半叶以来，西方涌现出四种思潮，为我们带来了继承启蒙而又超越启蒙的新思维、新契机。第一种思潮是生态意识：随着 20 世纪 60 年代以来航天技术的突飞猛进，我们已能反观地球的全貌。尊重并爱护自然才是生存之道，日益成为全体地球公民的共识。生态意识改变了我们的宇宙观。第二种思潮是女性主义：从男女平权、女权运动，到女性主义的跨越，更在性别的角度，强调仁义、同情、礼让、责任、理解和人际关系等基本价值，重构了我们的人生观。第三种思潮是宗教多元主义：早在 100 多年前，梁启超就观察到公元前 6 世纪前后，古代中国、古希腊、古印度同时出现了社会结构、思想、哲学、文学的大突破（《论中国学术思想变迁之大势》，1902 年发表），德国哲人雅斯贝尔斯（Karl Theodor Jaspers）则提出“轴心文明”的概念（《历史起源与目标》，1949 年出版），影响至今。现在各大文明之间的互相参照、互相学习、展开对话，成为跨文化交流的主要形式。第四种思潮是全球伦理：如何超越排他或折中的心理，采取荀子所谓以“仁心说，学心听，公心辩”的态度？对这一问题的答案有所认识，才能从容忍、承认、参照、沟通，逐渐提升到尊重、理解和学习的祥和之境，宗教之间才能进行相辅相成的对话。

应对这四种思潮，儒家提出了精神性的人文主义（spiritual humanism）。它不是欧洲文艺复兴、启蒙时代以来凡俗的人文主义（secular humanism），而是继承启蒙精神（自由、理性、法治、人权和个人尊严的基本价值）而又超越启蒙心态（人类中心主义、语言中心主义、工具理性的泛滥、把进化论的抗衡冲突粗暴地强加于人、自我的无限膨胀），并充分证成个人、群体，面面俱全的安身立命的坦途，这样才能构成完整的生态人。生态人注重个人自我之中身体、心知、灵觉与神明四层次的有机整合；注重个人与社群（家国天下）乃至社群与社群之间的健康互动，注重人类与自然的持久和谐。

正是在这种精神性的人文主义的引领下，从经济人到重视人文的文化人，我们得以建构儒商的意义世界，发展儒商这一论域，鼓励当代企业家构建既有群体性又有批判精神的自我意识。

士的精神——精神性人文主义的源头活水

在先秦时代，“士”本来是贵族的一个阶级。不过，孟子提出“无恒产而有恒心者，惟士为能”（《孟子·梁惠王上》），突出了士能够超越环境限制（主要是经济条件）和所属阶级的限制，达成安贫乐道的志趣。孟子罗列“舜发于畎亩之中，傅说举于版筑之间，胶鬲举于鱼盐之中，管夷吾举于士，孙叔敖举于海，百里奚举于市”六个特殊的例子，说明士不是只来自精英阶层，农、工、商都可以是士。孔子的学生中可以有贵族、农民、工匠、军人、商人，这些人都是士。

那么，士的精神是什么？可以从主体性、社会性、历史性、超越性和未来性五方面来看。主体性：以人为本，有价值自觉，有内在批判。人的主体性不是从外面添加（孟子所谓“外铄”）的，更不是由上天恩赐的，而是靠自己汲取那“源泉混混，不舍昼夜，盈科而后进，放乎四海”的本源，进行存心养性的内在积累和知言养气的身体力行，从而证成的。社会性：“深造自得”的主体性（《孟子》）与儒家讲“仁政”“王道”所象征的群体意识——也就是社会性——是不可分割的。不能通向社会、成全人己关系的道德主体，在儒学传统中是不可思议的。历史性即孟子所谓“私淑”孔子的自我认同，提出道统的观念。超越性是每个人都可以通过自己的修养而达到神圣的境界：“可欲之谓善，有诸己之谓信，充实之谓美，充实而有光辉之谓大，大而化之之谓圣，圣而不可知之谓神。”所谓未来性也就是预前性和前瞻性，张载的“为万世开太平”，便体现了这种精神。

可以说，士或士君子，既是有价值自觉的主体，又是为民请命的社会良知，还是历史与忧患意识极强烈的替天行道者。这种士的精神，是发展精神性人文主义，也是当代儒商自我实现的源头活水。

结语：全球化时代儒商的自我实现

全球化时代，中国改革开放，经济持续发展；但同时各种弊端日益显著：基尼系数拉大，人口结构失衡，人际交往当中戾气弥漫，生态环境净化压力大。可以套用狄更斯的一句名言：“这是最好的时代，也是最坏的时代。”在此种大时代的背景之下，企业已经成为社会组织的有机力量，企业家也正在发展文化意识和责任伦理。不同企业家所认可的价值可能有不同的理念基础，“儒商”以精神性人文主义为理念基础，承认和尊重其他文明的存在意义，并在对话、沟通的基础上，成就儒商的主体性以及自我实现。这个实现过程，需要从经济人发展到文化人，再上升到与自然宇宙和谐的生态人，在精神性人文主义的理念下，不仅做好企业，还要关切政治、参与社会、重视文化，从而构建当代儒商的理念，把这一理念落实到日常生活之中。

（杜维明）

如何以商业化手段解决环保与扶贫问题[①]

2003年国庆节，首创集团掌舵人刘晓光来到腾格里沙漠，参加沙漠探险休闲旅游活动。面对一望无际的黄沙，他的内心深受震撼，开始思考企业家在环境保护方面的社会责任："人类在创造财富的同时也在毁灭自身，能不能把中国的企业家们弄到一起来治沙？"他联合了一群企业家，希望从源头解决北方的沙尘暴问题。2004年6月，阿拉善SEE生态协会宣告成立，这是中国第一个以企业家为主体，企业家自觉承担社会责任、参与环保的公益基金会。SEE，取自英文society（社会）、entrepreneur（企业家）、ecology（生态）三个单词首字母的缩写。基于治理体制的不断完善、经验的积累以及环保项目的不断成熟，阿拉善进入发展快车道。2017年，协会收入为2.01亿元，其中筹资收入达到1.51亿元。截至2018年8月底，SEE会员950人，在全国成立了20个地方项目中心。从单纯的环保公益，到用商业化的手段解决环保与扶贫问题，再到向公众推广环保文化，SEE是如何快速实现转变的？

企业家同盟

刘晓光是个内心丰富的理想主义者，他之所以前往腾格里沙漠，是受到

① 2019年1月1日，《21世纪商业评论》。

九汉天成董事长宋军邀请。宋军当时在月亮湖投资沙漠生态旅游项目，并生产肉苁蓉酒。肉苁蓉是一种传统药材，寄生于沙漠植物梭梭树根部。梭梭树又是固沙的重要植被。为得到肉苁蓉，农牧民会自觉保护梭梭树，客观上有助于防治荒漠化。由此，他看到了商业与生态之间互益的可能性。

“治沙这个问题特别大，几十亿几百亿都解决不了问题。它在世界范围内都是难题。我们企业家能不能对治沙做点贡献？”刘晓光决定支持宋军在阿拉善所做的事情。

国庆假期结束之后，刘晓光回北京，找到时任国家环保局环境政策研究中心主任的杨鹏，邀请他前往阿拉善考察宋军的项目。随后，杨鹏提交了一份策划案，其核心是定位于公益，动员百名企业家，每人每年出资 10 万元，成立生态保护基金专门做环保。刘晓光非常喜欢这个方案，开始游说企业家朋友，并组织了两次筹备会。

筹备会上，刘晓光提出阿拉善公益事业的大体思路：第一步，将企业家聚在一起策划方案；第二步，发起一个阿拉善宣言，做一个初步的基金经营管理办法；第三步，积极争取资金；第四步，行动起来，进行项目建设；第五步，使一个规范化的生态基金良性循环起来。

两次筹备会议后，SEE 的基本特征确定了下来：明确的公益定位、企业家的阶层意识、规范透明纯净的组织、平等的会员关系，并按照西方基金会的模式进行规范管理。考虑到基金注册审批程序复杂，筹备组决定申报基金会的同时，先成立“阿拉善生态协会”以便迅速合法开展工作。

2004 年 6 月 5 日，SEE 协会在阿拉善成立，初始会员 64 名，企业家会员民主投票选举，选出了 15 名企业家组成领导班子，其中刘晓光任会长、王石任副会长、马蔚华任监事长。企业家们展现了自己的公共事务组织原则，这就是公开透明、平等参与、公平竞争、民主选举、权力制衡、按协议条款办事。

成立后，SEE 逐渐确定了以预算制度作为协会运作的方式，决定资金只用于公益，不做经营性投资，同时规定理事们要亲自参会，真正成为 SEE 的决策者；项目主要由秘书处负责提案立项，进行预算编制，由理事会审批后，再由阿拉善项目办实施。

2008 年 6 月，王石带领由 SEE 理事、会员组成的考察团赴美访问。10 天时间，先后走访了洛克菲勒家族基金会、福特基金会等 15 个民间公益组织。回国之后，王石提出了明确的量化战略目标：保护阿拉善地区 200 万亩以梭梭为主的荒漠植被，以这种固沙作用极强的树种来防治沙尘暴。

2008 年 12 月，SEE 基金会注册成功；2014 年，升级为公募基金会，SEE 生态协会与 SEE 基金会形成较为成熟的关系：第一，协会作为基金会重要的捐赠方之一，企业家会员每年捐赠 10 万元给协会，协会将 80% 的收入捐赠给基金会；基金会同时接受其他企业、公众的捐赠。第二，协会负责会员发展、会员参与学习、参与基金会环保项目、提供咨询/监督，不实际运作项目，而基金会主要负责与环保相关的项目操作。第三，协会和基金会都拥有各自专业的执行团队。第四，协会与基金会拥有一致的品牌和价值主张；从治理上，协会作为基金会的重要捐赠方之一，在基金会理事会上占有一定席位；协会与基金会在项目上保持紧密合作。

截至 2017 年年底，阿拉善非会费筹资 1.507 亿元，同比上一年度增长 132%；年度筹资总额 1.98 亿元，其中会费 4750 万元，占比 23.63%，非会费筹资 1.507 亿元，占比 74.99%。2017 年阿拉善 SEE 基金会总收入 2.01 亿元，包括理财收益 200 万元。

社区模式

SEE 协会成立初衷是以治理阿拉善荒漠化为主，其中，梭梭树扮演了重要角色。

起初，SEE 希望通过改变牧民的生活方式进行环境保护：一方面，支持农牧民多元化养殖，让牧民改放养为圈养；另一方面，试图以植被种植进行防沙保护，为防止被破坏。他们用铁丝网把树苗围起来，结果，牧民还是会剪开铁丝网，将羊群放进去吃。SEE 意识到，牧民更在乎的是自己的收益，如何把羊养肥一点，收入多一点。2005 年左右，他们开始探索将环保与扶贫相结合的社区发展模式。

2006 年，刘晓光邀请国内外专家组成 SEE 战略委员会，对阿拉善地区进行为期 1 个月的调研，后将 SEE 的定位确定为：用 3 ~5 年的时间，以阿拉善地区为重点，以社区发展项目为核心，形成成功案例，为中国荒漠化、沙尘暴的治理提供可以推广的经验与模式。同时确定了 SEE 资金分配的比例，60% 用于阿拉善地区，40% 用于阿拉善以外的地区。

在阿拉善 SEE 社区发展项目中，农牧民是当地环保的主体，SEE 要支持农牧民参与到生态保护和可持续发展项目中来，而不是越俎代庖地来决定农牧民和社区事务；从生态保护和可持续发展项目中受益，是农牧民积极参与环保的前提。

从 2005 ~2008 年，阿拉善 SEE 实施了很多社区项目，其中，乌兰布和吉兰泰地区 20 万亩梭梭林保护计划，最具典型性。

该计划采取的是社区参与保护模式，SEE 将项目社区的牧民组织起来，以牧民为主体，自愿自主地对社区梭梭林进行保护。后来 SEE 员工教牧民嫁接肉苁蓉（又叫沙漠人参），农牧民在梭梭树下点种苁蓉种子后，可以收获肉苁蓉获取收益。这样牧民就不会再砍伐梭梭树，而是用梭梭创收，增加了牧民对梭梭保护的积极性。

2007 年 1 月开始，SEE 阿拉善项目办正式启动农牧民社区项目申报会制度。SEE 帮助村社农牧民以民主方式选举出项目管理委员，项目资金来自政府、SEE 和农牧民三方，项目管理委员会就成了村社农牧民与 SEE 联系的纽带。2008 年，SEE 项目办共举办了两次农牧民项目申报会，申报成功的有 19 个项目，资助金额共 92.175 万元。

通过社区自治实现可持续发展是有社会价值的，农牧民的尊严、权利和利益都得到了满足。不过，从农牧民申报的项目中，很难清理出一个统一的、明确的、具体的生态保护目标和指标。

后来，SEE决定以阿拉善地区乌兰布和沙漠200万亩梭梭林为保护目标，围绕梭梭分布、生长状态、地下水、鼠害等情况，启动系列科学考察评估项目，动员社区村民参与，并明确将阿拉善SEE基金会打造成一个孵化器，扶持中国环保公益组织。

目前，阿拉善SEE已经形成荒漠化防治、绿色供应链与污染治理、生态保护与自然教育、支持环保公益发展四个环保公益发展领域，打造了“一亿棵梭梭”、“沙漠小米”、任鸟飞、三江源、诺亚方舟、留住长江的微笑等多个品牌项目，其中以前两个项目最有代表性。

“梭梭＋小米”

2013年，冯仑任期内签署了“一亿棵梭梭”项目，2014年，在任志强任期内正式启动，项目计划用10年时间，在阿拉善关键生态区种植1亿棵以梭梭为代表的沙生植物，恢复200万亩，固沙1000平方公里，重建生态屏障。

秉承“种得活，留得住”的原则，根据年降雨量、地形地貌、社区参与意愿等严格的选择标准，项目组最终筛选出位于乌兰布和沙漠、腾格里沙漠、巴丹吉林沙漠中间一块梭梭适宜种植区域。在项目实施中，SEE通过邀请第三方专业机构进行实施监督和成果验收，确保实现梭梭的大规模种植成活率，并以“梭梭＋肉苁蓉”模式，通过市场化的办法获得了双赢。

据阿拉善盟林业治沙研究所所长云巴雅尔介绍，针对荒漠化的生态现状，牧区已全面禁牧，阿拉善当地逐渐发展成为梭梭加苁蓉、白刺加锁阳和枸杞种植为主的产业格局，而其中梭梭种植有特别重要的位置，因为梭梭除了耐旱抗沙、在荒漠地带成活率高的特性之外，寄生在它之上的肉苁蓉可以加工成不同类别的保健产品，1公斤肉苁蓉能卖到三四十元，为当地牧民带来较高收益。

2016年，钱晓华任期中，又将“一亿棵梭梭”项目引入互联网平台，形成了“互联网＋公益”模式，每棵10元的梭梭，开发成不同的筹款产品出现在不同的渠道，这一不为人知的植被开始进入公众的视野。其中，SEE 与蚂蚁金服旗下“蚂蚁森林”合作的产品社会影响力最大，到 2017 年底，蚂蚁森林用户超过 2.8 亿人，累计捐种 54 个地块。通过互联网平台，“一亿棵梭梭”项目从一个单纯的筹款活动，变成了可持续生活方式的倡导者，最终实现了公益机构、企业和网友的三方共赢。

2017 年，SEE 基金会投入“一亿棵梭梭”项目 1208 万元，完成以梭梭为代表的沙生植物种植任务 20.7 万亩，累计种植梭梭林 71.4 万亩，合作牧民 303 户。

阿拉善地区同时是一个极度缺水的地区。2009 年，王石引入“杂交谷子之父”赵治海培育的节水谷物，以沙漠节水小米代替传统种植的玉米等高耗水作物，“1 斤沙漠小米可以节约 1 吨绿洲地下水，亩产量却能每亩提高 1/3”，王石卸任以前，SEE 在沙漠种小米的科学试验已经初步完成。

2010 年，与阿拉善左旗政府的共同推动下，沙漠节水小米种植面积一度扩张到 3000 亩。时任会长的韩家寰意识到在阿拉善推广小米的种植，必须将市场关节打通。之后，他构想成立一家社会企业，SEE 在一线支持当地种植和推广沙漠小米，社会企业负责制定产品标准和采购农户的小米进行销售。

2015 年任志强任期内，小米种植项目找到了可持续发展的商业模式：SEE 成立社会企业北京维喜农业有限公司，维喜负责产品市场开发、农户负责种植生产，形成“阿拉善 SEE、维喜、农户”三方合作的模式。为了保证维喜的公益性，董事会设 9 名董事，实行“5+4”的原则，保证有 5 名董事来自阿拉善 SEE。随后，沙漠小米以“任小米”命名开始拓展淘宝、京东、聚划算等线上销售渠道。

2009～2017 年，在阿拉善地区已累计推广沙漠节水小米种植 17119.4 亩，共计 385 户农户参与项目，累计产量 4833 吨，累计总节水量 855.92 万立方米。2017 年，有 54 万人次购买消费，全年销售沙漠节水小米产品 1080.4 吨，销售谷子 440 吨，研发了三款小米衍生品——小米烤片、小米蛋糕、小米醋，并陆续进入市场。

2018 年 1 月，艾路明继任阿拉善 SEE 第 7 任会长，任期 3 年。从 2004 年 SEE 成立至今已经产生了 7 任会长，他们分别是刘晓光、王石、韩家寰、冯仑、任志强、钱晓华、艾路明。他们有不同的治理风格，也带来了新的发展理念。经过 7 任会长的接力，SEE 会员已经从 2004 年成立之初 64 名，增加到了 2017 年的 803 名，成为中国最大的环境保护组织；截至 2018 年 8 月，还在全国成立了 20 个项目中心。

14 年的发展历程中，无论是从治理方式上，还是在项目发展上，SEE 不断遇到问题，产生矛盾分歧，又不断去调整、凝聚共识，其所拥有的精神、价值和意义不断丰富并得以传承，充分展现了不畏挫折、善于整合资源、善于创新、高效地解决问题的企业家精神。

（朱　睿　李梦军）

第二章

从世界看中国 纵览国际经济新秩序

随着中国一跃成长为全球第二大经济体，世界对于中国崛起之路产生了更多不同的声音，中美贸易摩擦便足以引起中国经济学者的警觉。国际经济走势不断低迷，中国经济却始终保持中高速稳定发展，这其中到底有何奥秘？在国际经济新秩序下，我们亟需以国际视角来看待中国经济的改革活力，探究中国金融供给侧结构性改革的关键意义所在，找到一条中国经济进化之路。

“布雷顿森林体系”启示录（1）：构想出的国际金融新秩序[①]

今天的中国已是世界第二大经济体，GDP 总量仅次于美国，但中国的人均收入仍远远落后于发达国家。根据世界银行的数据，按照官方汇率和现价美元计算，2016 年中国的人均 GDP 为 8123 美元，韩国和日本分别为 27539 美元和 38901 美元，美国更是达到了 57638 美元的水准。

有趣的是，根据 Wind 的数据，中国的国际投资净头寸（Net International Investment Position，简称 NIIP。一国对外资产与负债相抵后所得的净值就是 NIIP，正数代表该国是一个债权国）是一个正数，而且数额很大。截至 2017 年 9 月末，该数据为 17064 亿美元。另一方面，截至 2017 年 9 月末，中国持有的美国国债总额高达 11808 亿美元，在所有外国投资者中位列第一。考虑到中国的投资回报率一般要高于发达国家，按照资本逐利的原则，中国应该是个资本输入国。说中国作为一个体量不小的净资本输出国似乎有点不合情理。

为什么会这样?

中国对此的解释是美国储蓄率太低，而美国政府则认为中国阻碍人民币升值才是主要原因，双方为此已争执多年。不管到底谁的理由更站得住脚，

① 2018 年 3 月 21 日，财新网。

有一点是肯定的是，那就是假如不能理解目前国际金融体系的一些基本特点，那么谈论中美之间的金融关系可能只是隔靴搔痒。而要理解现在的国际金融体系，回溯历史是必不可少的，毕竟太阳底下无新事。在相关的国际金融史读本中，笔者认为“布雷顿森林体系”有着巨大的借鉴意义，因为从某种程度上说，今天的国际金融体系可以说是一个升级版的“布雷顿森林体系”。由于相关内容较多，因此笔者将分四篇文章来探讨这一问题。首先，我们来谈第一个主题——“布雷顿森林体系”的产生。

在进入主题之前，笔者认为有必要澄清一些国际收支的基本概念。改革开放以来，特别是20世纪90年代中期以后，中国是一个巨大的资本输入国，接受了大量来自国外的直接投资（Foreign Direct Investment，简称FDI）。有些读者因此以为中国只是在近几年才成为净资本输出国。其实，中国早在20世纪末就已经持续地向境外输出资本了。以中国国家外管局发布的国际收支平衡表为依据，从1994年至今，中国在经常项目上一直保持着顺差的状态。

这里需要解释两点，第一，国际收支平衡：经常项目顺差=净资本流出；第二，净资本流出=非官方净资本流出+官方净资本流出。虽然中国的非官方净资本流出过去长期是一个负数，只是在近期才成为正数。换句话说，长期以来中国公司和个人接受的外资投资大于他们的对外投资。

“布雷顿森林体系”之前

国际金融是伴随着国际经济的发展而逐渐成长起来的，尤其是国际贸易，与之有着密不可分的联系。虽然在人类历史上，跨国，甚至跨洲的远距离贸易行为早已有之，但国际贸易的真正崛起还是工业革命之后的事情。伴随着贸易的发展，支付、结算、保险和贸易融资等金融需求不断上升，汇率、利率等金融指标对经济的发展产生了越来越大的影响。

从工业革命开始到第一次世界大战的前夜，世界各国基本上以贵金属为法定货币。有的国家以黄金为法定货币，这被称为金本位，例如1816~1914

年的英国；有的国家以白银为法定货币，这被称为银本位，例如明清时期的中国；还有的国家黄金和白银都是法定货币，这被称为金银复本位，例如立国之初的美国。由于英国是工业革命之后的世界第一强国，拥有众多的海外殖民地，号称“日不落帝国”，伦敦是世界金融的中心，因此金本位逐渐通行于世。尤其是在 1870 ~ 1914 年的第一次全球化高潮中，金本位成为世界主流国家的货币制度。

当时各国将自己发行的纸币价值与黄金挂钩，例如 1 英镑等于 7. 32238 克黄金，1 美元等于 1. 50463 克黄金。由于黄金的价值变化相对较小，因此各国货币的内在价值也变化较小。由于各国货币都与黄金挂钩，这就确定了不同货币之间的相对价值，从经济学上说，这就是一种固定汇率的制度。

以金本位为载体的固定汇率降低了国际贸易的风险，有利于贸易的扩大和经济的发展，但金本位对各国经济来说也是一件“紧身衣”。各国想要发行新的货币必须有相应的黄金储备，但黄金的产量是有限的，因此在经济衰退的时候，各国政府很难实行扩张的货币政策，这等于说政府面对经济萧条有些无能为力，金本位的这一特点与日后其被抛弃有着直接关系。

不过，金本位在历史上还是有过相当辉煌的成就的，尤其是在 1870 ~ 1914 年的第一次全球化高潮中。根据经济学家洛佩斯 - 科多瓦 · 欧内斯托（Lopez-Cordova Ernesto）和克里斯托夫 · 梅斯内（Christopher Meissner）的研究，从 1880 ~ 1910 年，世界贸易或许有 20% 的增长源自固定汇率所带来的币值稳定。

另据美国经济学家弗雷德里克 · 米什金（Frederic Mishkin）提供的资料，在 1870 ~ 1914 年这一时间段中，国际贸易以年均 4% 的速度增长，1870 年国际贸易总额占 GDP 的比例为 10%，而到了 1914 年，这一数值已变为 20%。

与之对应的是经济增速的提高。根据英国经济学家安格斯 · 麦迪森（Angus Maddison）的数据，从 1870 ~ 1913 年，按照 1990 年的美元计算（购买力平价），全球人均 GDP 年均增速为 1. 3%，而从 1820 ~ 1870 年，这一数值仅为 0. 6%。

对于这种繁荣的经济现象，英国经济学家约翰·凯恩斯（John Keynes）曾在其1919年出版的《和平的经济后果》一书中对此有生动的描述：

> 这一结束于1914年8月的时代是人类经济史上多么辉煌的时代！伦敦的居民可以惬意地坐在床上喝早茶，电话订购全世界他们想要的不同商品，等着送到自己的家门口；他可以同时以同样的方式在全球的任一角落积累自然资源带来的财富、开设工厂，并且享受所带来的收获；他可以利用任何大城市民众的诚信来增加其财富的安全性。

一战的爆发打乱了原有的国际金融秩序和全球化进程。除美国外，各交战国纷纷采取措施阻止黄金外流，金本位制度被暂时搁置起来。战后，包括英国、德国和加拿大在内的西方国家又重建了金本位。

然而好景不长，1929年美国出现股灾，并很快引发经济危机。从1929年10月到当年年底，工业产量下降了9%，按年率折算则为近30%。农产品价格也深受打击，在1929年第四季度，咖啡价格下跌了30%，玉米价格下跌了15%。经济危机导致美国的失业率一度蹿升至25%。

很快，经济危机从美国蔓延至其他国家，世界经济随之受到了沉重的打击。为了保护本国经济，各国纷纷实行以邻为壑的经济政策，比如放弃金本位、实行竞争性贬值的汇率政策，提高关税，实施进口配额，控制外汇交易市场等。在西方，这种以邻为壑、竞争性贬值本币的政策被形象地称为“货币战争”。

在各国争相实行这些政策的过程中，英国扮演了重要的角色。1931年9月，英国宣布放弃金本位，并允许英镑贬值。1932年2月，英国议会通过法案，对所有进口商品一律征收10%的关税，同时加强对特种商品和免税商品的管制。

由于当时英国是世界经济的中心，因此英国经济政策的演变对国际经济格局有着举足轻重的影响。英镑的贬值使英国相对于那些依然保留金本位的国家（例如美国），获得了更多的出口竞争力，有利于英国的经济恢复，但这损害了美国的利益。英国的政策引起了其他国家的报复，在这样的轮番较量下，全球贸易和经济状况不断恶化。

为了对抗经济危机，美国总统罗斯福推出了新政（The New Deal），德国和意大利则出现了法西斯上台的局面。法西斯，尤其是希特勒上台后，重新扩军备战，德国经济很快摆脱了困境，但德国在通向战争的路上越走越远，最终伙同意大利和日本成为挑起“第二次世界大战”的轴心国。二战波及了全球大多数国家，造成了至少5000万人的死亡。

战时的筹划

1929～1933年的大萧条以及紧随其后的“二战”无疑是迄今为止人类所经历过的最大浩劫。对于如何预防此类浩劫的重现，英国和美国分别于1940年和1941年就开始筹划战后的国际金融秩序。1941年9月，英国财政部顾问、著名经济学家约翰·凯恩斯提出了“国际清算同盟计划”，即“凯恩斯方案”。

1942年3月，美国财政部高官哈里·怀特（Harry White）草拟了“联合国家稳定基金与联合国家及联盟国家复兴银行计划草案”。此方案中关于稳定基金的部分，于1943年4月7日由美国政府公布，定名为“联合国家外汇稳定基金”方案，即“怀特方案”。

“凯恩斯方案”和“怀特方案”在诸多重大问题上存在截然不同的观点，例如“凯恩斯方案”主张实行资本管制，就像凯恩斯日后在布雷顿森林会议上所言的：“资本流动应该受到管制，不管是资本流入还是流出，这都应当成为战后体系的一个永久性特征。”但在怀特看来，国家对于资本流动不应该有明确的限制，未来将会是一个没有管制的世界。

又如在如何处理国际收支不平衡的问题，“凯恩斯方案”强调调整的责任主要在贸易顺差国，而“怀特方案”则认为这主要是贸易逆差国的责任。

为了解决这些分歧，英美两国进行了多轮磋商。1943 年 9 月 15 日至 10 月 9 日，英美两国在华盛顿开会讨论战后国际金融体系的筹划，谈判主要在凯恩斯和怀特之间展开。在谈判中，凯恩斯意识到经历过“二战”的英国已是疲弱不堪，不可能在国际金融体系中继续保持核心的地位，美国的崛起势不可挡。新的国际金融体系计划假如没有美国的首肯将是苍白无力的，因此凯恩斯早早地就放弃了自己的计划，转而接受“怀特计划”。

经过 20 多天的谈判后，英美两国就一系列问题达成妥协，例如双方达成一致：在国际收支出现“根本性失衡”（Fundamental Disequilibrium）时，顺差国和逆差国同样有责任采取调节措施。在会议结束后，英美双方签署了一份“试行协议”，送呈各自政府批准。此后，又成立专家小组对“试行协议”进行了研究和修改，并于 1944 年 4 月拟就“专家关于建立国际货币基金的联合声明”，供各国政府考虑。自此，对战后国际金融体系构想的雏形初现。

“布雷顿森林协议”

自 1941 年底参加二战之后，美国国内事实上关闭了旅游业，与大多数宾馆一样，位于新罕布什尔州布雷顿森林镇的华盛顿山酒店在 1942 年也关闭了，但在 1944 年 6 月 30 日，该酒店又重新营业了。

1944 年 6 月 30 日，虽然德意日轴心国大势已去，但盟军才刚在法国诺曼底登陆，离战争的最后终结还有一年多的时间。6 月 30 日夜，来自 45 个盟国的代表以及其同行人员，再加上记者、秘书、翻译和其他美国政府从华盛顿派来的后勤人员，总共大约有 700 人来到了布雷顿森林镇。

由于人数众多，华盛顿山酒店附近的酒店也被投入使用。在会议期间，美国军队的宪兵被指派去执行各种后勤任务，一大批当地的童子军住在楼内并担任报信者、邮递员和清洁工。代表们和职员之间有着一些关于谁必须住在主酒店、谁被分配到其他住所的激烈争论。酒店的新经理难以招架处理会议期间事务的工作，在会议的第一天就辞职了。不过尽管存在后勤上的混乱，但会议还是顺利召开了。

次日，也就是7月1日，与会代表举行了联合国家货币金融会议（United Nations Monetary and Financial Conference），会议主要就是研究具体落实华盛顿会议内容的措施。会议由英美两国主导，凯恩斯和怀特依然是两国的主要谈判人员，而中国代表是国民政府行政院副院长兼中央银行总裁的孔祥熙。经过三周的谈判，会议在结束时通过了《联合国家货币金融会议最后决议书》及《国际货币基金组织协定》和《国际复兴开发银行协定》两个附件，这三个文件习惯被总称为“布雷顿森林协议”，而由这些协定所构建的国际金融新秩序也被称为“布雷顿森林体系”。

“布雷顿森林协议”是谈判各方妥协的结果，尤其是英美两国妥协的结果。“布雷顿森林体系”是人类迄今为止唯一的一个构想出来并予以实行的国际金融秩序，它的一些主要内容有：

1. 美元与黄金挂钩，其他货币与美元挂钩，1盎司黄金等于35美元。

2. 各国货币对美元的汇率只能在法定汇率上下1%的幅度内波动。若超过这一波幅，各国政府有义务在外汇市场上进行干预，以维持汇率稳定。

3. 当国际货币基金组织（International Monetary Fund，简称IMF）认为某国的国际收支出现“根本性失衡”时，在获得IMF批准的前提下，该国可以大幅调整汇率（高于10%）。假如该国在没有获得IMF的批准或者汇率变更申请被IMF拒绝的情况下依然大幅调整汇率，那么其成员国资格将被中止。

4. 一般民众不允许将美元兑换为黄金，只有各国的中央银行可以将美元兑换为黄金或者将黄金兑换为美元。

5. 成立IMF，在国际间就金融事务进行共同商议，为成员国的短期国际收支逆差提供信贷支持，同时监督成员国遵守相关规则。

6. 成立国际复兴开发银行（International Bank for Recovery and Development，即日后的世界银行），为会员国提供长期的经济资助以帮助它们进行战后重建和经济发展。

7. 允许会员国进行资本管制，“过渡条款”还允许一些会员国在若干年的过渡期内保留经常项目下的外汇管制。

还有其他种种条款细则，笔者就不一一赘述了。通过这些条款我们可以较为清晰地看到这些规则所建立起来的一个新的国际金融体系。简单言之，这个体系的核心是“双挂钩”，美元与黄金挂钩，其他货币与美元挂钩，实行固定但可以调整的汇率，并实行资本管制。

美元与黄金的挂钩让美元变成了硬通货，稳定了美元的价值，而其他货币与美元而非直接与黄金的挂钩又减少了金本位的束缚。因为当黄金不足以支持世界经济发展时，美元可以履行这一职责。换句话说，只要各国对美元的信心不减，那么美元完全可以按照市场的需求来决定其发行量，而不必顾虑美国的黄金储量。

实行固定汇率可以避免汇率波动对进出口的负面影响，但完全固定的汇率制度会使政府失去通过汇率升值或贬值来调节国际收支失衡的手段，也会阻碍政府推行逆周期的宏观经济政策。假如各国政府要以推动经济发展和实现充分就业为首要经济目标，那么一个可行的国际经济金融体系就应该可以为各国政府腾挪出有效执行逆周期宏观经济政策的自由度。

根据蒙代尔的“不可能三角”，一个国家只能在固定汇率、资本自由流动和自主的货币政策这三者中选择两个，而无法同时达到这三个目标。在“布雷顿森林协议”下，固定汇率虽然有调整的空间，但各国政府和 IMF 肯定是不希望汇率频繁变动的。要实现经济发展和充分就业，政府又必须拥有自主的货币政策，不然其就无法在本国经济出现衰退时实行扩张的货币政策，因此，资本的自由流动就成了不得不放弃的选项。

在“布雷顿森林协议”中，经常项目下的资金流动是不应受限的，例如其正文中明确规定“如果没有得到 IMF 的批准，任何成员国都不能对经常项目国际交易的支付和转移实施限制”。在那个时代，所谓的“经常贸易交易”包括正常的贸易信贷，但不包括资本流动。换句话说，国际贸易以及直接的贸易融资是不受外汇交易管制办法的限制的，但成员国可以选择是否放开资本的流入和流出。

实际上，尽管凯恩斯和怀特在数年的谈判中明争暗斗，但他们在一些根本性的问题上是一致的。例如怀特也是一位坚定凯恩斯主义的经济学家，他认为国家应该有使用宏观经济政策来积极推进就业和价格稳定的自由，而不认可金本位对政策的限制。同时，他们也都认为自由浮动的汇率对于脆弱的战后经济来说将波动过大。也正是因为这些共识，英美最终才能达成一致，和其他实施市场经济的国家一起共同推出了“布雷顿森林协议”，建立起了人类历史上迄今为止唯一的“人造”国际金融体系。

（李　伟）

“布雷顿森林体系”启示录（2）：自我毁灭的种子[①]

1945 年 12 月 27 日，国际货币基金组织（International Monetary Fund，简称 IMF）和世界银行在美国华盛顿成立，“布雷顿森林体系”宣告形成。

然而，“布雷顿森林体系”很快就遇到了巨大的困难，以至于其在十几年的时间中，实际上是处于难以运行的状态中。

艰难的起步

“布雷顿森林体系”当时遇到的最大问题就是战后的环境缺乏实施“布雷顿森林协议”的基础。“二战”是迄今为止人类所发生过的规模最大、损失最多的战争，大部分参战国的经济都受到了沉重打击。以日本为例，到 1945 年战争结束时，日本所有的大城市都被彻底炸毁了，其国民生产总值仅是 10 年前的 60%，而工业产值仅为 20 世纪 30 年代中期的 30%。

然而，美国却在战争中崛起了。由于远离主战场，因此美国本土在战争中几乎没有受到打击，而且战争带来了巨大的经济需求，这极大地刺激了美国经济的发展。等到战争结束，美国已经在几乎所有的经济指标上都遥遥领

① 2018 年 3 月 22 日，财新网。

先于其他国家了。以GDP为例，根据经济学家安格斯·麦迪森（Angus Maddison）提供的数据，以1990年的美元计算（购买力平价），在“二战”爆发前的1938年，美国的GDP约相当于西欧12国与日本GDP之和的59%，到了1945年，这个数字变成了145%。

“二战”彻底改变了国际经济的格局，在战后主要的资本主义国家中出现了两股势力，一是衰败的日本和西欧诸国，一是繁荣强大的美国。这种结构极其不对称，也使得“布雷顿森林体系”难以运转。

具体来说，当时的日本和西欧诸国在经济上都处于非常虚弱，甚至破产的地位，百业待兴，不仅需要进口食物、燃料来维持居民生活，更需要进口大量机器设备来重修基础设施和重建工商业生产能力，但它们几乎没有可出口的产品。结果这些国家的经常项目处于逆差状态，手中缺乏外汇，而美国作为这些国家的贸易对手方则处于顺差的状态。

经济疲弱、经常项目处于逆差状态，导致这些国家的经济不稳，容易发生资本外逃，也就是国际收支危机。因此各国普遍实行了鼓励出口、限制进口的外汇管制政策，将稀缺的外汇配置到政府认为最需要的地方去。

日本和西欧诸国在经常项目下实行外汇管制政策是有违“布雷顿森林协议”的核心精神的，但立法者在当初签订协议时也预留了一定的空间，因而协议要求各国自IMF正式运行之日起5年内基本解除对经常项目下的外汇管制政策，而并非马上解除。

然而，美国对其贸易伙伴这些政策依然是不满的，原因有二：一是日本和西欧诸国为了鼓励出口、限制进口、增加外汇，对美国出口产品采取了歧视的政策，这损害了美国的经济利益；二是这有违公平贸易和自由贸易的精神，这些精神是被美国奉为圭臬的。因此美国很快就决定投入资源来试着改变现状，它挑选的试验田是当时状况相对较好的英国。1946年，美国向英国提供37.5亿美元的贷款，条件是英国在获得贷款后的一年内恢复经常项目下的外汇自由兑换。1947年7月15日，英国履行了承诺，官方汇价定为1英镑兑4.03美元。随后发生的事情对英国来说不啻于一场灾难，数周之内英国外汇储备流失惨重，最后在美国的同意下，英国于8月20日暂停了外汇的自由兑换。

英镑可兑换改革的失败让美国意识到资本主义世界的当务之急或许并非是贯彻“布雷顿森林协议”，而且当时冷战已逐渐展开，想要全球范围内有效抵御来自以苏联为首的社会主义国家阵营在地缘政治上的威胁和在意识形态领域里的挑战，构建一个繁荣稳定的资本主义国家集团就显得至关重要。

为了促进西方盟国（包括日本）的经济发展，美国实行了一系列的新经济政策。

第一，对日本和西欧诸国展开大规模的经济援助。这其中最著名的就是“马歇尔计划”。“马歇尔计划”指的是在1948～1952年间，美国以无偿援助和贷款的形式向西欧诸国所提供的总额高达130亿美元的援助。尽管日本没有被纳入“马歇尔计划”，但美国也提供了大量的援助。1946～1952年，美国对日援助总额超过21亿美元。朝鲜战争爆发后，美国政府的战争采购又为日本企业输送了大量订单，1950～1955年间，这些采购的总额高达35亿美元。

第二，不对称开放市场。为了促进西方盟国的经济发展，美国对它们实行了不对称的市场开放政策。具体来说就是美国向西方盟国开放市场多，而西方盟国对美国开放市场少，例如根据日本评论家中野刚志提供的资料，在1963年，美国和日本对来自经济合作与发展组织（Organization for Economic Co-operation and Development，简称OECD，该组织主要由一些发达国家组成）国家的一些进口工业品都有额度限制，但两国受限产品的范围不同，日本受限的种类和名目有132个，但美国只有7个。

第三，允许西方盟国的货币大幅贬值。例如法国法郎对美元的汇率在1948年1月从119∶1贬值至214∶1，贬值了近80%。1949年9月，英镑对美元的汇率从1∶4.03贬值至1∶2.80，贬值了31%。

经过了一系列的内外调整，日本和西欧诸国开始出现了经济上的强劲复苏。根据英国经济学家安格斯·麦迪森提供的数据，从1950年到1958年，包括英国和法国在内的西欧12国，其GDP年均增速达4.9%，日本增速更快，高达8.4%，而美国的增速为3.7%。

随着经济的恢复和贸易的发展，日本和西欧诸国逐渐摆脱了缺乏外汇的状态，美国的相对实力开始下降。在1951年，全球官方黄金储量价值335亿美元，其中美国持有229亿美元，占比达68%。到了1960年，这3个数字分别变为了377亿美元、178亿美元和47%。

另外，在1951年，外国银行持有的未偿付的对美国的美元债权总额为89亿美元，其与美国官方黄金储量价值的比例为39%。到了1960年，这两个数字分别变为了210亿美元和118%。

1958年12月，14个西欧国家实现了经常项目下外汇的可自由兑换。1961年，大部分IMF会员国表示承担《国际货币基金组织协定》第8条所规定的义务，即不得限制经常项目下的支付与资金转移。立法者原本为放开经常项目预留了5年的时间，但最后花费了十几年的时间才实现这一目标。

至此，“布雷顿森林体系”真正开始运行，国际金融体系进入了一个新的发展阶段。

“布雷顿森林体系”的内在缺陷

“布雷顿森林体系”的核心是“双挂钩”，美元与黄金挂钩，其他货币与美元挂钩。很明显，这是一个以强势美元为基础的国际金融体系，而美元能否保持强势又来自美国经济能否长期表现良好，保持与其他经济体之间相对力量的稳定。在今天看来，这对美国来说是不可能完成的任务，但在美国如日中天的年代，很多人并不是这么看的。

日后成为美国财政部负责国际货币事务副部长的保罗·沃尔克（Paul Volcker）曾在自己的回忆录中写过这么一段话：

> 那段时间是“美元荒”理论的全盛期。我还记得20世纪50年代初

哈佛大学的一门研究生课程，一位著名教授在课程中提出了这一基本论点。这个观点认为，拥有丰富的资源和活力并且未受战争摧残的美国，将近乎永久地保持技术和生产效率方面的领先地位。最终，美国的生产率提升速度势必要比其他国家快，这样美国易于保持强大的贸易地位。其他人认为，作为一个伴生结果，美国能够按意愿在海外大量开支，而这样做也符合美国的利益。回顾大萧条年代，他们认为，繁荣的美国无法在国内找到能投入其全部储蓄的领域，这是不可避免的。结果，美国能够向海外提供有益的高水平官方援助，最终还要提供私人投资，这样的话，其他国家就买得起美国的出口商品，从而支持美国产业的就业。否则，由于经济学家开始说的“美元荒”，美国就卖不掉美国能够生产的商品。

从这段话中，我们可以清晰地看到当时人们对美国经济的信心和乐观态度。从历史的角度来看，战后美国的实力在整个世界上确实拥有压倒性的优势，其在资本主义国家中的领导地位也毋庸置疑。但这也造成了一个问题，就是战后很长时间，美国整个国家，不单是政府内部，都没有多少在国际金融领域具有专长和经验的人。当时美国的经济学家和官员都对国外援助和经济发展感兴趣，对贸易政策也比较关心，但外部金融并不是真正的忧患。原因非常简单，美元很强大，国际收支也正常。对外部金融活动的监督和管制是一般国家不得不担心的问题，却不是美国这个“世界领袖”该担心的问题。制定政策的官员无须紧盯着国际收支数据，这方面的分析材料也很少，甚至几乎没有人和外国金融官员相熟。美国是“布雷顿森林体系”中的核心国家，美元是国际货币，国际金融本应是美国重点关注的领域之一，但这样的情形似乎让人感到美国的决策者在蒙眼开车。

在渡过了战后早期的动荡后，西方国家在20世纪50年代的经济发展出现了又好又快的特征。根据安格斯·麦迪森提供的数据，西欧12国的人均GDP在1938年为4833美元，1946年这一数字曾跌至3917美元，但到了1950

年，这一数字就超过了战前的水平，达到了5005美元，而到了放开经常项目外汇管制的1958年，这一数字已升至6864美元。

日本也是相似的情况。1938年其人均GDP为2449美元，1945年跌至1346美元，比西欧12国稍微迟一些，日本的人均GDP直到1953年才超过1938年的水准，达2474美元。而到了1958年，这一数字已升至3289美元。

与日后有所不同的是，这一时段的金融市场波动很小。不过需要指出的是，二战后的很长一段时间内，政府对整个经济进行了深度干预。包括：限定利率上限，例如著名的Q条例就给美国的银行设置了很低的利率上限；对银行可投资资产范围做出限制；通过管制金融市场将信贷输送到战略部门；进口许可证制度堵住了通过经常项目转移资金的通道。在哈罗德·威尔逊（Harold Wilson，曾于1964～1970年以及1974～1976年两度出任英国首相）的工党统治下的那段时期，英国甚至严禁携带超过50英镑的货币出境。日后屡次成为投机者与政府主战场的伦敦黄金市场，也是在关闭了15年后才于1954年恢复的。

1958年之后，“布雷顿森林体系”刚刚正式登上历史的舞台，灾难就接踵而至。对“布雷顿森林体系”打响第一枪的是一个叫作罗伯特·特里芬（Robert Triffin）的比利时裔美国经济学家。

1960年，时任耶鲁大学经济学教授的罗伯特·特里芬出版了《黄金与美元危机——自由兑换的未来》一书。他在书中提出：“由于美元与黄金挂钩，而其他国家的货币又与美元挂钩，美元因此取得了国际核心货币的地位。于是各国为了发展国际贸易，就要求必须用美元作为结算手段和货币储备。这样做，就会导致流出美国的美元，在海外不断沉积。这样，对美国来说，就会发生长期贸易逆差。而美元作为国际核心货币的前提，是必须保持美国币值稳定与坚挺，这就又要求美国必须是一个长期贸易顺差国。这两个要求互相矛盾，因此是一个悖论。”

罗伯特·特里芬所提出的这个观点被称为“特里芬悖论”（Triffin's Dilemma）或“特里芬难题”。沿着这个观点的逻辑可以想象到，为了维持“布雷顿森林体系”的运转，美国会保持长期的贸易逆差，美元会流向全球。但对于那些持有美元的国家，它们只有两个选择，一是继续持有，就像日后的日本和德国（二战后德国分裂为两个部分，西边的是联邦德国，东边的是民主德国，本文的德国指的是联邦德国）；另一个是用美元从美国政府手中换回黄金，就像日后的法国。

第一个选择的结果就是世界各国手中的美元越来越多，其总价值远超美国官方黄金储量的总价值，人们对美元的信心会越来越少，最终损害整个国际金融体系的运转；第二个选择的结果就是总有一天美国会关闭黄金兑换的窗口，这就打断了黄金与美元的联系，而黄金与美元挂钩是“布雷顿森林体系”的基石之一。很明显，两条路走下去都不是什么好结果，“布雷顿森林体系”本身就蕴含着毁灭自己的种子。

历史的发展证明了罗伯特·特里芬的远见。从 1945 年至 1958 年，美国的经济实力独占鳌头，日本和西欧诸国的主要任务是战后重建，在当时的国际金融市场上，“美元荒”是主要问题。随着经济的恢复，日本和西欧诸国的出口日益强劲，大量美元流向海外，但当时各国对美国和美元的信心都比较大，因此“特里芬难题”在一定程度上被掩盖了。

进入 20 世纪 60 年代后，美国依然保持着经常项目的顺差，最高值达 68 亿美元（1964 年），而在资本和金融项目下，除了在 1969 年出现过顺差（11 亿美元），其他年份都是逆差，最高值达 59 亿美元，也是在 1964 年。换句话说，当时美元的流出渠道并非经常项目，而是资本和金融项目，美国的国际收支逆差主要是由资本和金融项目的逆差所致。

表面上看，美元依然有保持强势的基础，但从国际收支的角度来看，美元已大不如前。1968 年，全球官方黄金储量价值 387 亿美元，其中美国持有 109 亿美元，占比达 28%。同时，外国银行持有的未偿付的对美国的美元债权总额为 385 亿美元，其与美国官方黄金储量价值的比例为 353%。

美国外部债务大涨，官方黄金储备大量流失，美元币值赖以稳定的基石正在被快速侵蚀，日后市场与政府就此问题展开一轮又一轮的激烈斗争。

除了“特里芬难题”之外，“布雷顿森林体系”还有别的问题。首先是国际收支失衡如何调整的问题。“布雷顿森林体系”允许各国在国际收支出现“根本性失衡”（Fundamental Disequilibrium）时大幅调整汇率（10%以上），以重新获得均衡，但前提是获得IMF的同意。例如1949年9月，英镑兑美元的汇率从1:4.03贬值至1:2.80，贬值了31%，这次贬值就是提前获得了IMF同意的。

然而，这里面有一个问题，就是IMF没有给“根本性失衡”下一个明确的定义，只是泛泛地说当一国的国际收支失衡达到了必须使用汇率变动才能恢复均衡的程度时，这个国家就处于“根本性失衡”的状态中。这在判断上就给决策者留下了较大的余地，不利于统一标准，也不利于这一条款的执行。不过，佩尔·雅各布松（Per Jacobsson，1956～1963年任IMF总裁）曾说给均衡下定义就像给“遇到了才知道漂亮与否的女孩”下定义一样难。均衡很难定义，失衡也是。

实际上，面对国际收支失衡的问题，各国经常采取“鸵鸟”政策，我们可以把这些国家分成以下三类。

第一，作为逆差国的美国不能使美元兑换黄金贬值，那么做会直接打击人们对美元的信心，威胁到整个体系。而且只要其他货币始终与美元挂钩，那么美元兑换黄金的贬值对纠正逆差就没有意义。

第二，其他逆差国也常常不愿意本币贬值。因为贬值经常被看作政府软弱无能的表现，而且本币一旦贬值，市场可能认为贬值幅度还不够，这可能引发进一步的贬值压力，所以贬值对这些国家来说也不是优先选项。

第三，顺差国经常不愿意让本币升值。有些国家，例如日本，战后声称以贸易立国，将出口看作重要的经济增长动力，升值不利于出口，因此它们不喜欢升值也容易理解。最后，超过10%的汇率变动需要得到IMF的批准，但在这个过程中容易走漏风声，一旦泄密，市场就会提前启动，抛售或购入某种货币，这会给相关政府造成很大的压力和损失，因此汇率变动往往都是最后无奈的选择。

在调节国际收支失衡时，汇率调整是一个办法，还有一个办法就是调节国内的物价。对逆差国来说，政府可以采取紧缩的政策，提高利率，减少财政赤字，用通货紧缩来调低物价，这与汇率贬值在效果上是一样的。但紧缩的政策经常与充分就业的政治目标是相冲突的，这可能给政府带来很大的政治压力，因此，对政府来说，这经常是一个比贬值还糟糕的选项。

对顺差国来说，它们也可以通过通胀的方式来调节国际收支失衡。例如政府可以采取扩张的政策，降低利率，扩大财政赤字，提高通胀率，这与汇率升值在效果上是一样的。但通胀可能造成国内经济环境不稳，损害经济发展和储蓄者的利益，因此其一般也不会是政府的优先考虑选项。

为了逃避这些调整，最后我们时常会看到这样一种现象：顺差国的中央银行增持逆差国发行的国债或其他低风险资产。这种做法的直接后果就是顺差国的外汇储备日益增多，逆差国的外部债务不断提高，全球资本市场流动性不断高升。

除了“特里芬难题”和调节国际收支失衡难题之外，“布雷顿森林体系”在1958年之后还面临了一个新的问题，那就是资本管制开始逐渐失效。如前文所述，“布雷顿森林体系”主张开放经常项目，但它给予成员国资本管制的权力。资本管制是“布雷顿森林体系”顺利运行的一个重要条件，因为假如资本可以自由流动，那么固定汇率和自主的货币政策就只能选择一个。虽然“布雷顿森林体系”实行的是可调整的固定汇率制度，和严格意义上的固定汇率制度不同，但在这个体系中，固定是常态，调整是少数，因此其在实施过程中还是更接近固定汇率制度一些。在充分就业的目标下，政府很难舍弃自主的货币政策，因此固定汇率能否维持就需要看资本管制的效果了。

1950～1958年，各国经济还远不像日后那么发达，国际贸易和资金流动也比较少，再加上政府对市场的管制，因此固定汇率制度并未受到太大威胁。但1958年之后，大部分IMF成员国都放开了对经常项目的管制，这就给资本的自由流动打开了一个缺口，因为人们可以使用虚假的进出口贸易来实现资金的跨境转移，例如高报出口商品定价或低报进口商品定价就可以让外部资金流入国内；反之，低报出口商品定价或高报进口商品定价就可以让本国资金外流。另外，跨国公司和离岸金融市场的兴起也为资本流动提供了便利，而且随着时间的流逝，人们能找到的监管漏洞会越来越多，资本管制的效果也会越来越差。

“布雷顿森林体系”的缔造者怀着美好的意愿构造了这个体系，他们对困难做出了估量，为政策留下了余地。同时，他们也为整个体系的运转制定了详细的规定。然而，他们低估了困难，忽视了这个体系严重的内在缺陷。历史证明，正是这些内在的缺陷，最终毁灭了“布雷顿森林体系”。

（李　伟）

“布雷顿森林体系”启示录（3）：投机与反投机的斗争[①]

“布雷顿森林体系”是世界上第一个，也是唯一一个顶层设计的国际金融体系。令人叹息的是，它的内部存在很多缺陷，有的还是无法改变的致命缺陷。但对于其缔造者和继承者来说，放弃这一中心化的固定汇率体系将意味着一代人的艰苦努力付诸东流。而且即使各国不在意前人的努力，但它们也需要面对一个基本的问题，用什么来替代它呢？对于大多数国家来说，去中心化的浮动汇率制度或许是不得不选的替代体系，但其在从一战结束到二战开始那段时间里蹩脚的表现似乎仍历历在目，这剂解药会不会比“布雷顿森林体系”的毒性更强？在复杂的历史背景下，各方由此展开了一场长达十几年的博弈。

从1958年到1971年，“布雷顿森林体系”遭遇了大大小小无数次的危机，这些危机的焦点就是两个：一是美元与黄金的联系，也就是黄金的价格；二是其他货币对美元的汇率。具体来说，“布雷顿森林体系”内在的痼疾导致金融市场上由此产生了许多套利的机会，投机者的相关套利行为威胁到了整个体系的运转，因此政府一次次出手干预市场。

这里要说明一点，“投机者”这个词在金融市场中是个中性词，并无任何

① 2018年3月23日，财新网。

贬义色彩。当笔者重读这段历史时，不禁会感叹，“布雷顿森林体系”的主要成员国当时为了维护这个体系运转，真是与投机者进行了不懈的斗争，同时也付出了巨大的代价。今天到底应该如何评价当初那些成员国政府的做法呢？在那样的环境中，SDR（Special Drawing Right，简称 SDR，中文称作特别提款权）有可能成为救世主吗？打开尘封的历史，一切都会不言自明。

美元：主权货币还是国际货币

美元是“布雷顿森林体系”的核心货币，是最主要的国际货币，但美元同时又是美联储发行的一种主权货币。假如把维护美元的国际货币地位当作首要目标，那么美国的宏观经济政策，尤其是货币政策，就不能太宽松；假如把充分就业当作首要目标，那么政策就不能太紧缩。很明显，这两个目标是不一致的，在政策制定和执行中有可能出现顾此即失彼的目标冲突。随着美国和世界经济形势的变化，这个矛盾有时激烈，有时缓和，但终有摊牌的一天。鱼和熊掌，不可兼得。

1960 年 10 月，在一系列因素的作用下，伦敦黄金市场上的金价飙升至 40 美元 1 盎司，这样的金价等于美元贬值。投机者当时质疑美国民主党总统候选人约翰·肯尼迪（John Kennedy）对未来美国经济增长的承诺。在这些人看来，要实现约翰·肯尼迪的经济增长目标就需要采取更加扩张的财政和货币政策，但这会损害美国的国际收支平衡，进而加大美元相对于黄金的贬值，因此他们在伦敦购入黄金，并把美元换成其他货币。为了平抑金价，美国政府被迫于当年第四季度向英格兰银行出售了价值 3.5 亿美元的黄金。

1961 年 1 月，美国候任总统约翰·肯尼迪重申他将保持 1 盎司黄金等于 35 美元的比价，试图安抚市场，但国际经济政治上的一些不确定因素，例如柏林墙的修建和关于美国国际收支平衡恶化的新闻，再次触发资金流向黄金市场。为了阻止黄金市场价与官方价之间的差距进一步扩大，美国被迫再次出售黄金。

出于分担干预成本等方面的考虑，美国向多个发达国家提议建立“黄金总库”（Gold Pool），各国通过总库一道干预金价。1961 年 10 月，“黄金总库”成立。从 11 月 6 日到 12 月 2 日，一系列成功的措施在金市得以实施，黄金价格开始稳定下来。

然而，美国国际收支失衡的局面并未发生根本改变。美国不能让黄金涨价，也不愿实行紧缩的宏观经济政策，于是美国采取了另外两个办法，一是使用以资本管制政策为核心的一系列微观经济政策，二是加强国际合作，争取让盟国承担更多的职责。

先来看第一个。德怀特·艾森豪威尔（Dwight Eisenhower）总统在 1961 年 1 月离任前发布禁令，禁止美国人在海外持有黄金；约翰·肯尼迪总统上任后禁止美国公民收集金币，并向美国大使馆增派商务官员，以协助推动出口的增长；为了促进旅游收入，美国简化了签证手续，进出口银行扩大了出口信用保险业务；财政部试着发行了外币计价的债券；作为财政部的代理人，美联储在二战后第一次用自己的账户干预外汇市场；1964 年 9 月，美国开始征收利息平准税（Interest Equalization Tax），提高海外借款人在美国资本市场的融资成本；1965 年引入了对商业银行向国外提供贷款的自愿限制措施，随后扩大到保险公司和养老基金等。

再来看国际合作。“布雷顿森林体系”的命运不仅与美国相关，也与英、日、德、法等国密切相关（二战后德国分裂为两个部分，西边的是联邦德国，东边的是民主德国，本文中的德国指的是联邦德国），因此国际合作以维护整体稳定就成了自然而然的事情。下面列举几个：

1. 巴塞尔协定。1961 年 3 月，德国马克和荷兰盾升值，这对美元和其他西方国家的货币造成了冲击。为了减缓国际投机资本对外汇市场的冲击，维持汇率稳定，英、德、法等 8 个发达国家的中央银行在瑞士巴塞尔达成了一个不成文的“君子协定”，即巴塞尔协定。该协定规定，各国中央银行应在外汇市场上积极合作，以维持彼此汇率的稳定；若一国的货币发生困难，应与能提供协助的国家进行协商，采取必要的支援措施，或由该国取得黄金和外汇贷款，以维持汇率稳定。

2. “黄金总库”。1961 年 10 月，美、英、法等 8 国商定拿出各国手中的一部分黄金储备，建立一个“黄金总库”。总库所需要的黄金由美国承担 50%，德国 11%，英、法、意均为 9.3%，剩下 3 国均为 3.7%。英格兰银行成为总库的代理机构。以 1 盎司 35 美元为目标，当金价超出这一价格时总库卖出黄金，当低于这一金价时买入黄金。无论是卖出还是买进，所需的黄金均按照上文所说的比例由各国分担。

3. 货币互换协定。1961 年美国开始直接干预外汇市场，为了获得足够多的外汇，美联储开始与他国央行签订货币互换协议。截至 1967 年 5 月，美联储已经同 14 个央行及国际清算银行（Bank for International Settlements，简称 BIS）签署了双边的货币互换协议。货币互换协议规定两国中央银行应在约定期间内互相交换保有一定金额的对方货币，各国可以随时动用对方的货币来维持本币汇率的稳定。

4. 借款总安排（General Arrangements To Borrow，简称 GAB）。1961 年 9 月美国和英国向国际货币基金组织（International Monetary Fund，简称 IMF）建议，将 IMF 的贷款额度增加 60 亿美元，用于稳定各国的汇率。同年 11 月，英、美、法等 10 个国家在巴黎举行会议，决定成立“10 国集团”。会上签订了一项借款总安排，并于 1962 年 10 月生效。协议规定，在必要时 IMF 可以从这 10 个国家借入 60 亿美元的资金，贷给发生汇率危机的成员国，以稳定该国的货币。

这些措施有助于稳定美元的汇率，但美国的根本问题并没有解决。无论是资本管制，还是国际合作，都只能把问题从急性变成慢性，把解决问题的时间往后推，美国国际收支的状况从根本上决定着美元的稳定性。

从 20 世纪 60 年代后半期开始，伴随着“越战”的升级和政府社会福利等方面支出的上升，美国实行了扩张的宏观经济政策，从 1965 年至 1971 年，联邦政府 7 年间的财政赤字总和为 615 亿美元，而从 1958 年至 1964 年，也是 7 年时间，其财政赤字总和为 365 亿美元。从 1959 年至 1965 年，美国每年消费者物价指数（Consumer Price Index，简称 CPI）的同比增速都没有超过2%，但此后该数值一路上扬，到1970年时已高达5.7%。

在这样的背景下，美国的国际收支状况自然也好不了。从1964年开始，美国的经常项目顺差一路下滑，1964年时该数字为68亿美元，1969年时已降至4亿美元，1970年出现反弹，达23亿美元，但1971年和1972年出现经常项目逆差，分别为14亿美元和58亿美元。

美国国际收支失衡，债务上升，黄金储备减少，但政府依然在实行扩张的宏观经济政策，通胀率也是一路走高，这导致市场上看空美元的压力越来越大。美元是“布雷顿森林体系”的核心货币，它既是强势的，又是弱势的。说它强势是因为它是国际货币，在世界经济中广泛使用；说它弱势是因为美国存在严重的国际收支失衡，美元的基本面已经恶化，但其交易价格却因固定汇率制度而得不到及时调整，贬值压力得不到及时释放，日积月累，越来越大。假如美国采取紧缩的宏观经济政策，那么美国国内的政治经济目标，特别是就业，就会受损，但这对稳定美元的币值有好处；假如美国采取扩张的宏观经济政策去保就业，那么美元的基本面会进一步恶化，贬值的压力会加大。

然而，了解美国政治经济体制的分析师都明白，美国最终必定会将国内的政治经济目标置于优先的地位，抛弃有悖于国内目标的国际承诺应该只是时间问题。假如美国都这么“立场不稳”，那其他国家哪会有动力去积极维护美元的币值呢？缺少了国际合作和支持，美元肯定会变得更加脆弱。这方面一个典型的例子就是“黄金总库”。1961年11月1日，美国和欧洲7个发达国家成立“黄金总库”，总库初始拥有2.7亿美元的黄金，通过在伦敦黄金市场上的操作来维持1盎司黄金等于35美元的比价。

从1961年至1965年，由于南非新金矿投产等因素的影响，黄金市场出现了供大于求的局面，金价走低，因此总库在这5年的时间内不但没有卖出黄金，反而净买入了13亿美元的黄金。但从1966年开始局面发生了改变，由于美国和英国的通胀率不断上升，市场看空美元和英镑，资金流向黄金市场，再加上黄金的供给正好出现了下滑，结果金价开始上升，于是总库使用库存黄金平抑金价。1966年总库净卖出了2.6亿美元的黄金，到了1967年，这个数字变成了19亿美元，而在1967年6月，法国退出了总库。1967年11月英镑贬值，市场对黄金的投机进一步上升，从1967年11月到1968年3月，总库共向市场抛售了价值30亿美元的黄金，约占成员国总黄金储备的10%。

在投机行为的最高潮时，有些成员国一边向总库提供黄金，另一边马上又去美国兑换回等量的黄金。除了私人投资者外，大量非总库成员国的政府机构也参与了黄金的抢购，包括新西兰、芬兰、中国等在内的一系列国家，共购买了自英镑贬值后市场出售黄金总量的20%。

1968年3月，美国向总库其他成员国提议不再干预黄金的私人市场价格，但各国政府在与美国政府做交易时，依然按照1盎司黄金等于35美元的比价执行。换句话说，黄金交易产生了在市场和政府两个价格下运营的双轨制，市场中的金价随行就市，政府间的金价依然执行“布雷顿森林体系”的规定，“黄金总库”就此解散。这些成员国认为美国的提议表明美国无力去解决根本的问题，而且这是迈向美元贬值的第一步。事实证明，它们的这些观点是正确的，不过美国的提议也让它们从干预市场的重负中解放了出来，因此大家虽有不爽，但还是接受了。

黄金价格双轨制打破了“布雷顿森林体系”的核心规则之一，美元贬值开始从压力转为现实。我们从中可以看出，美国政府虽然非常看重美元的国际地位，但相对于国内的政治经济目标来说，其仍然只处于次要的地位。核心国家尚且如此，何况其他国家呢？

英镑的挣扎

从1958年至1971年，受到投机者攻击最多的货币无疑是美元，第二名估计就是英镑了。和美元不同，英国政府没有兑换黄金的硬性要求，英镑只是和美元绑定而已，但哪怕是这样，英镑依然压力重重。

从1956年至1958年，英国经济发展得较为平稳，三年的GDP增速（本文的GDP增速为同比增速，且如无特别说明，均为实际值）都没有超过2%，经常项目一直是顺差，三年累计8.85亿英镑。但形势从1959年开始发生了变化，1959年英国的GDP增速升至4.7%，经常项目的状况开始变差，虽然全年仍保持了顺差，但是到第四季度时，顺差额已降至0.09亿英镑。进入1960年，形势就一下子明朗化了，GDP增速冲高至6.3%，进口大增，当年4个季度的经常项目差额全部是负数，年逆差达2.18亿英镑，英镑开始面临贬值压力。

为了应对这种局面，英国开始加息，其基准利率从1959年底的4%上升至1960年6月的6%。虽然基准利率在1960年10月和12月分别降低了0.5个百分点，但在1961年7月，该数值又直接升至7%。与货币紧缩相伴的是财政紧缩，1961年4月，英国政府预算计划全面削减赤字，7月财政部长宣布对进口征收10%的附加税、征收关税并削减一系列的支出。

除此以外，欧洲各国中央银行为保卫英镑进行了大量干预，英国从IMF共获得了20亿美元的资金来稳定汇率。这里插一句，在“布雷顿森林体系”下，其他国家抵抗本币贬值压力的方法主要是使用外币，一般是美元，在外汇市场上去购买本币。这样一来，外汇储备就显得至关重要，而这也给后人留下了一种印象，即外汇储备越多，汇率风险越低。

这些政策成功地稳住了英镑。从1961年开始，英国的经常项目重回顺差，国际收支状况大幅改善，但代价是GDP增速大幅下滑，1961年和1962年的增速分别为2.7%和1.1%，失业率也有所上升。从1959年开始，英国的失业率一路走低，到1961年上半年时已跌至1.3%，但随着经济的趋冷，失业率又一路走高，到1962年12月时已达2.2%。

在1959～1961年的这次英镑保卫战中，英国政府通过及时的紧缩政策以及有效的外部援助，成功地稳定了汇率。但紧缩的宏观经济政策不利于充分就业，英国政府能够次次都把汇率稳定这样的外部目标放在充分就业这样的内部目标之前吗？

随着汇率的稳定和国内经济形势的变化，英国开始放松货币政策，其基准利率从 1961 年 10 月开始不断下降，至 1963 年 1 月已降至 4%。随着政策改变，英国经济再度加速，1963 年其 GDP 增速反弹至 4.9%。在国际收支方面，1963 年几乎重复了 1959 年的局面，4 个季度的经常项目状况逐步变差，到第四季度时已出现了 0.04 亿英镑的逆差。1964 年又几乎在复制 1960 年的局面，全年 GDP 增速高达 5.6%，经常项目出现了 3.5 亿英镑的逆差。

1964 年是英国的大选年，保守党政府不愿在选举前实行紧缩的宏观经济政策，结果基准利率在当年 2 月加过 1 个百分点后就一直未动，直至 10 月。1964 年 10 月，英国工党 13 年来首次赢得选举，哈罗德·威尔逊（Harold Wilson）领导的工党开始执政。

甫一就任，工党就面临严峻的经济形势，经济过热，经常项目大额逆差，英镑承受着贬值的压力，但失业率随着经济扩张而一路走低，到 1964 年 10 月时已跌至 1.5%。虽然政府在当年 11 月就提高基准利率至 7%，但对于是否还要继续加强紧缩政策却举棋不定。出现这样的状况，英镑的贬值压力可想而知。

为了阻止形势的恶化，英国政府一面加强资本管制，一面用美元贷款来维护英镑的稳定，当时 IMF 和一些国家给英国提供了总额高达 40 亿美元的信贷。这些举措在当时缓解了危急的形势，但问题并没有解决。

当时英国的 GDP 增速已有所下滑，1965 年和 1966 年的 GDP 增速分别为 2.2% 和 1.6%，1967 年反弹至 2.8%。失业率保持在较低水平上，最低时仅有 1.2%，但该数值从 1966 年 9 月开始明显上升，到 1967 年 9 月已升至 2.3%。

在国际收支方面，英国的经常项目出现持续的高额逆差。从 1964 年至 1967 年，只有 1966 年第二季度到 1967 年第一季度不是逆差，4 年下来，英国经常项目的总差额为负的 5.73 亿英镑，也就是说 4 年产生了 5.73 亿英镑的逆差。

面对这样的局面，英国政府在宏观经济政策上游移不定，1964 年 11 月将基准利率升至7%，但仅仅维持了7个月就开始下调，在此后的29个月内（至1967年10月），基准利率变动了5次，上浮两次，下调三次，在5.5%～7%之间游走。

从1967年第二季度开始，英国的国际收支再度急剧恶化，经常项目出现大额赤字。1967年6月初，第三次中东战争爆发，苏伊士运河被暂时关闭，这进一步打击了英国本已非常脆弱的外贸状况。祸不单行的是法国外交部长莫里斯·顾夫·德姆维尔（Maurice Couve de Murville）又公开质疑英镑的稳定性。这些因素使得英镑的状况迅速恶化，资本开始大规模外逃。

当时IMF可以给英国提供贷款，但条件是实施严格的紧缩政策，但这正是英国一直在避免的。英国最后走投无路，只好选择了让本币贬值。在1967年11月18日，英镑对美元的汇率从1∶2.8下调至1∶2.4，贬值了14%，一场耗时近4年的汇率保卫战最终以政府失败收场。英国政府这次将国内经济状况放在了首要的考虑因素上，而非外部汇率的稳定。在宣布货币贬值的同时，时任英国首相的哈罗德·威尔逊不忘安慰英国人民："英镑贬值并不意味着国内的英镑，也就是大家口袋、钱包和存在银行账户中的钱'贬值'了。"这颇有点阿Q精神。

从1959年至1967年，英镑至少面临了两次大的危机，每当英国经济过热，国际收支失衡时，英镑就面临贬值压力。尽管英镑没有黄金的束缚，但从这8年的历史中，我们也可以看出，在一个资本流动日益频繁的世界，要想维持固定汇率，有多么的困难。

生不逢时的SDR

在"布雷顿森林体系"下，其他的货币虽然保持固定汇率不容易，但好歹还是可以调整的，只有美元，这个中心货币的币值是被动的，无法调整的。美元既是美国的主权货币，又是整个体系的中心货币。"布雷顿森林体系"不但要应付"特里芬难题"，还要仰赖于美国的政策制定者总是做出正确的选择。对于这个问题，曾担任美国财政部负责国际货币和投资事务的高官萨姆·克洛斯（Sam Cross）有一个评价：“如果你设想一个体系依赖于一个总是遵循正确政策的国家，你迟早会发现，这样的国家是不存在的，这个体系最终将走向崩溃。”

一语中的。

“布雷顿森林体系”中的核心问题来自美元的二重性，美元作为一个主权货币最终很难承担起充当国际货币的重任，那么假如“布雷顿森林体系”中的国际货币由一个超越主权国家的国际机构发行，“布雷顿森林体系”的命运会有所不同吗？

这样的想法实际上约翰·凯恩斯（John Keynes）很早就有了。在“凯恩斯方案”中，他主张建立一个“国际清算同盟”体系，在这个“国际清算同盟”中，“以国际银行货币为基础，我们称其为‘班柯’（Bancor），按黄金定值（但并不是不可改变的），作为黄金的等价物，为联盟成员国所接受，以清算和平衡国际收支”。约翰·凯恩斯设想黄金可以兑换为“班柯”，但“班柯”不可以兑换为黄金。“清算同盟”的成员国不必向“同盟”缴纳基金，而“班柯”的份额，按照二战前三年成员国进出口贸易的平均值分配。

很明显，“班柯”是一个超主权货币，“国际清算同盟”是一个超主权的国际机构，其角色类似于“布雷顿森林体系”中的IMF。“班柯”是创造出来的，其价值由人为规定，背后没有任何储备做基础。“国际清算同盟”的优势在于它的责任和目标都在于维系自身的运转，不必将某一国或地区集团的内部经济目标作为首要考虑因素。在理论上，“班柯”服务的是整个体系，其发行量和利率等要素都不用考虑任何主权国家或地区集团的经济要求。

当然，由于战后美国实力一枝独秀，因此最后没有采用“凯恩斯方案”，而让美元做了国际货币。但到了20世纪60年代初，很多国家都感到美元难以承担国际货币的重任，因此创造超主权货币的想法再一次被提出，而这种想法最终结出了果实，那就是SDR。

1963年秋，美国推动10国集团等国际多边机构就国际货币体系改革的各种方案开始进行研究，这是关于 SDR 问题最早的讨论和研究。1964 年 6 月，10 国集团副财长向各国财政部长和央行行长提出报告，讨论了分别代表美国和法国利益的两个改革方案。美国版的“储备单位”计划认为 10 国集团应就引入一种新的储备资产达成协议，然后按照总体需求创立储备。法国提出的“提款权”计划则建议，应以黄金份额或类似对 IMF 的债权作为国际资产，如有必要可增加以满足需要。很显然，美国和法国在关于如何增加流动性的问题上存在分歧。

在关于 SDR 的谈判中，美国在开始时一直把握着一点，就是新的储备资产是对美元的补充，而非取代。换句话说，美国要确保美元国际货币的地位不被挑战。然而，1965 年 4 月，亨利 · 福勒（Henry Fowler）和弗朗西斯 · 巴特（Francis Bator）分别就任美国财政部长和负责对外经济政策的副国家安全事务助理。这两位美国金融高官的思想要比他们的前任灵活。两人都认为通过创造一种国际资产作为美元和黄金的替代资产，不仅可以减少黄金的使用，也可以使美元从提供全球流动性的责任中部分地解脱出来，从而有助于减少美元的对外输出，缓解美元的信任问题。

之后世界各国以及 IMF 等国际组织就一系列相关问题进行了数年多轮的谈判。在进行过无数次的磋商后，各国终于就一些核心问题达成了一致。1969 年，IMF 在进行第一次《国际货币基金协定》修订时，创立了 SDR。

不过由于 SDR 问题具有较高的技术性门槛，因此其在创立后并没有很快为世界所理解。日本大藏省（2001 年前，日本财经领域的政府主管部门）前副相行天丰雄曾说过一个真实的故事：1971 年 SDR 刚被创立出来，一群日本的政治家造访了华盛顿，并在那里拜访了 IMF 的总裁。在经过礼节性的交谈后，为首的政治家问 IMF 总裁：“我们可以一睹你们存放 SDR 的金库吗?”行天丰雄在说完这个故事后特别强调不应该嘲笑这个政治家，因为他确信，其他国家的很多人当时对 SDR 的看法，和那位政治家一样。

这个故事提到了 SDR 的一个明显弱点，就是技术上比较复杂，不容易让人理解。实际上，关于 SDR 的谈判也主要是在各国财经官员之间展开的，局外人很难马上理解 SDR 的内涵和意义，而这种技术上的门槛可能也是日后 SDR 发展缓慢的一个重要因素。

按照 IMF 自己的定义，SDR 是 IMF 创设的一种储备资产和记账单位。它依据各国在 IMF 中的份额进行分配，可以供成员国平衡国际收支。按照 IMF 的规定，SDR 不是货币，也不是对 IMF 的债权，而是对 IMF 成员国的可自由使用的货币的潜在求偿权。SDR 的持有者可以通过两种方式以其持有的 SDR 换取这些货币：一是通过成员国之间的自愿交换安排；二是 IMF 指定对外状况强健的成员国以可自由使用的货币从对外状况薄弱的成员国购买 SDR。除了作为补充储备资产外，SDR 还是 IMF 和其他一些国际组织的记账单位。

遗憾的是，仅仅两年后，“布雷顿森林体系”就崩溃了，又过了一年多的时间，主要货币纷纷转向了浮动汇率制度，而且国际资本市场的增长便利了有信誉的政府借款，因此，国际社会对 SDR 的需求降低了。

截至 2016 年 3 月，IMF 向成员国分配了 2041 亿 SDR（约相当于 2850 亿美元），但仅中国的外汇储备目前就超过了 3 万亿美元。

创设 SDR 可能是国际社会想到的最有可能解决“特里芬难题”的办法，而且它已经走出了第一步。假如“布雷顿森林体系”再多维持一段时间，SDR 增长得再快一点，那么各国可能也就不需要那么多的美元和黄金了，这样一来，“布雷顿森林体系”是不是就有可能避免崩溃的命运呢？市场中没有假设，SDR 生不逢时，失去了“布雷顿森林体系”，它的存在价值也就大幅下降了。

“超级特权”值不值

在“布雷顿森林体系”下，美元是国际货币，而这引发了一个重要的问题，即所谓的“超级特权”（Exorbitant Privilege）。这个名词是在 20 世纪 60 年代，由时任法国财长的德斯坦创立的，德斯坦日后也成为法国总统。“超级特权”指的是美元的国际货币地位给美国带来了的收益，这其中主要包含两项。

一是铸币税。铸币税是指货币铸造成本低于其面值而产生的差额，是由于政府拥有印制货币的垄断权而能获得的收入，比如美国印制一张100美元钞票的成本只有几美分，但它在国际贸易中却可以购买别国价值100美元的实物，这几美分与100美元之间的差异就是美国所获得的铸币税。

二是美国借贷成本的降低。由于美元是国际货币，美国可以直接用美元去购买别国的资产、商品和服务，因此美国不需要外汇储备，不需要去持有别国那些流动性好却收益低的资产，例如国债。与此同时，其他国家需要储备美元以平衡国际收支、维护汇率稳定，因此这些国家需要大量的购买美国资产，尤其是流动性好却收益低的美国国债。这造成了一个结果，就是美国海外投资的资产主要是那些高风险高收益的资产，其他国家在美国则购买了很多低风险低收益的资产。于是我们看到了一幅非常有趣的情形，即使其他国家对美国的投资额大于美国对其他国家的投资额，也就是说即使美国是一个净负债国，其国际投融资的收益也是正的。例如根据美国经济分析局（Bureau of Economic Analysis）的数据，自1989年以来，美国的国际投资净头寸（Net International Investment Position，简称NIIP。一国对外资产与负债相抵后所得的净值就是NIIP，负数代表该国是一个债务国）一直是一个负数，到2016年已超过8万亿美元，但美国的投资净收益却一直是一个正数，2016年约为1868亿美元。

换句话说，其他国家对美国的投资降低了美国的借贷成本，这在很大程度上使得美国海外资产的收益率明显高于其国内资产的收益率，美国获得其中的利差。在全球市场里，美国扮演了一个投资银行的角色，这是美元国际货币地位给美国带来的最主要的好处。

然而，美元的国际货币地位也给美国带来了一系列的成本，例如外资的流入会高估美元的币值，这会损害美国的出口。因此我们在讨论这个问题时，需要考虑的是美元的国际货币地位给美国带来的净收益，而非简单地只看收益。这方面麦肯锡全球研究院（McKinsey Global Institute，简称MGI）在2009

年曾做过一个比较细致的研究。

在这份研究中，MGI 分别从收益和成本两个角度去分析了美元的国际货币地位对美国的影响，进而估算出了超级特权给美国带来的净收益。在具体的研究中，MGI 选择了两个不同的时间段分别展开分析，一个是 2007 年 7 月到 2008 年 6 月，另一个是 2008 年 7 月到 2009 年 6 月。MGI 选择这两个时间段是有考虑的，因为 2008 年下半年开始美国出现了严重的金融危机，这导致危机前后的美国经济环境出现了很大变化。在这样的情况下，美元的国际货币地位对美国的影响也发生了很大的变化，因此虽然都是 12 个月的时间，但 MGI 将前者称之为正常年份（Normal Year），而将后者称之为危机年份（Crisis Year）。

先来看 2007 年 7 月到 2008 年 6 月的正常年份。MGI 认为在此期间，铸币税所带来的收益大约为 100 亿美元，借贷成本降低带来的收益大约为 900 亿美元，总收益约为 1000 亿美元，而美元的国际货币地位降低了 300 亿 ~600 亿美元的外贸净收入。将收益和成本进行比较后，MGI 得出结论：美国的国际货币地位给美国带来的净收益约为 400 亿 ~700 亿美元，约占美国 GDP 的 0.3% ~0.5%。

再来看 2008 年 7 月到 2009 年 6 月的危机年份。MGI 依然是按照同样的思路去分析了美元的国际货币地位给美国所带来的净收益。收益和成本的项目相同，但数量有所变化，在这 12 个月中，MGI 认为铸币税收益没有变化，借贷成本降低带来的收益增加了 100 亿美元，因此总收益为 1100 亿美元。但成本增加得更多，MGI 估算的数额为 850 亿 ~1150 亿美元。结果，最后的净收益为负的 50 亿美元到正的 250 亿美元，约占美国 GDP 的 0% ~0.2%。换句话说，美元的国际货币地位给美国所带来的净收益远不像我们想的那么多，在极端情况下，甚至会产生净亏损。

MGI 的具体估算数据只是一家之言，但即使不考虑美元国际货币地位对美国外贸的负面影响，仅就利差而言，其对美国经济的影响也是有限的，例如著名经济学家保罗·克鲁格曼（Paul Krugman）曾撰文指出，在 2007 年，美国有14.4万亿美元的海外资产，美国的负债额为16.6万亿美元，美国当年的投资收益为890亿美元，造成这一现象的原因在于美国海外资产的收益率为5.7%，但美国债务的收益率为4.4%。假如抹平这个利差，那么美国每年将多向海外投资者支付2150亿美元，约相当于美国GDP的1.5%，“这是一个不可忽视的数字，但也不会产生什么灾难性的影响”。

在“布雷顿森林体系”下，美元与黄金挂钩，其他国家可以按照35美元对1盎司的价格去美国兑换黄金，而不用管黄金的市场价到底是多少。随着金价的不断上涨，这给美国带来了越来越沉重的负担。今天美元已经和黄金脱钩，国际货币地位给美国带来的成本也随之下降了很多，但由于美元依然是最主要的国际货币，因此美国还负有维持美元稳定的道义责任。假如美国完全不顾他国看法，在汇率的问题上只考虑国内因素，那这将损害美国的国际形象。美国一方面用对外援助和软实力等方式来提高国际形象，另一方面又在汇率问题上自损国际形象，岂不矛盾？

综合来看，美元的国际货币地位给美国所带来的净收益可能远小于绝大多数人的看法。现在人民币已经加入了SDR，我们也非常希望进一步推动人民币的国际化，但看看美元的国际化状况，我们又该有何种反思呢？

（李　伟）

“布雷顿森林体系”启示录（4）：崩溃的教训①

“布雷顿森林体系”崩溃的标志是1971年8月15日的“尼克松冲击”（Nixon Shock），但在内行人看来，“布雷顿森林体系”早就进入了倒计时。1969年1月，当保罗·沃尔克（Paul Volcker）被任命为美国财政部负责国际货币事务的副部长时，他已经非常确定，“布雷顿森林体系”充其量就是在“苟延残喘”。

“尼克松冲击”

美元是“布雷顿森林体系”的核心，那么推倒这个体系的也只能是美国。美国最后出的问题还是在于美元无法承担国际货币的重任，在国内经济目标和美元稳定这个外部经济目标之间，美国最终还是选择了前者。当时有一个短语叫做“善意忽略”（Benign Neglect），说的就是这个。

1964年，越战明显升级，美国介入的程度不断加深，军费开支大幅上涨。1964年美国军费开支为512亿美元，到了1969年，这个数字已经变成了814亿美元，5年上涨了59%。好在这几年美国的GDP增速不错，因此军费占

① 2018年3月26日，财新网。

GDP 的比例只提高了 0.5 个百分点。但只要战争在继续，军费就很难下降，这意味着 GDP 增速一旦下滑，军费占 GDP 的比例就会马上上涨，这个现象在 1967 年就出现过。1967 年美国的 GDP 增速仅有 2.7%，远低于上一年的 6.6%，但军费上涨了 19%，结果军费占 GDP 的比例一下子从上一年的 7.8% 变成了当年的 8.8%。从这个角度来说，美国需要保证一定的 GDP 增速，以免军费支出失控。

除此以外，当时美国政府增加了在社会福利等方面的支出，这也加重了美国的财政负担。例如 1964 年美国总统林登·约翰逊（Lyndon Johnson）提出要建立“伟大社会”（Great Society），该计划中最重要的部分就是关于反贫困的内容。为了实现这一目标，美国政府增加了在教育、职业培训和医疗等领域的支出，例如联邦财政支出中医疗保险和医疗补助的部分，1965 年其支出总额为 2.7 亿美元，到了 1969 年，这个数字变成了 85.9 亿美元。

为了实现这些目标，美国保持了扩张性的宏观经济政策，但这些政策也带来了通胀上升和国际收支恶化的问题。美国的月度 CPI 同比增速在 1966 年 1 月仅为 1.9%，此后通胀逐步上升，到 1969 年 12 月，该数值已达 6.2%。国际收支领域，1964 年美国经常项目顺差达 68 亿美元，此后一路走低，到 1969 年时已仅有 4 亿美元，1970 年反弹至 23 亿美元，但 1971 年出现逆差，达 14 亿美元，这是美国自 1960 年以来经常项目首次出现逆差。

通胀和国际收支恶化腐蚀了美元的价值，各方都在怀疑美国能否继续保持 1 盎司黄金等于 35 美元的比价。在巨大的外部压力下，美国采取了一段时间的紧缩政策。1969 年，美国政府扭亏为盈，财政盈余达 32 亿美元，而在此之前的 8 年时间中，美国政府一直是财政赤字状态，其赤字总额高达 601 亿美元。随后，通胀和国际收支在 1970 年都出现了明显改善，CPI 同比增速从年初的 6.2% 降至年末的 5.6%，经常项目实现了 23 亿美元的顺差，远高于上一年度的 4 亿美元。在这些利好的消息下，黄金价格也从 1969 年 3 月末的 43.2 美元降至 1970 年 1 月末的 34.9 美元。

然而，紧缩政策也使得 GDP 增速下滑（本文的 GDP 增速为同比增速，且如无特别说明，均为实际值），失业率上升，1969 年和 1970 年的 GDP 增速分别为 3.1% 和 0.2%，1970 年第四季度的 GDP 实际上还下滑了 0.15%，而 1968 年的 GDP 增速则是 4.9%。失业率在 1970 年一路走高，从年初的 3.9% 升至年末的 6.1%。

美国无法忍耐紧缩政策所带来的经济衰退，因此，1969 年的财政盈余和 1970 年的经常项目顺差反弹只是昙花一现。1970 年美国政府再次出现财政赤字，而且这一数字在 1971 年跃升至 230 亿美元，这是 1946 年以来第二高的数值，仅次于 1968 年的 252 亿美元。经常项目差额则在 1971 年由盈转亏，出现了 14 亿美元的逆差。

GDP 增速在 1971 年出现反弹，从上年的 0.2% 升至本年的 3.3%，但失业率却一直在 6% 的高位徘徊。仅有的令人欣慰的就是通胀还在下降，CPI 同比增速从 1971 年年初的 5.3% 降至年末的 3.3%。

这种局面给美国政府造成了两难，降低失业率需要实行扩张性的宏观经济政策，但这会导致国际收支的恶化，并威胁到美元的稳定。充分就业的内部目标和汇率稳定的外部目标出现了尖锐的矛盾。市场和一些国家的政府认为美国最后一定会选择充分就业，而非汇率稳定，因此市场上看空美元的力量越来越强，黄金价格从约 35 美元开始上涨，到 1971 年 7 月末已达约 41 美元。

与看空美元相对的是另外一些货币出现了升值的压力，例如德国马克（二战后德国分裂为两个部分，西边的是联邦德国，东边的是民主德国，本文的德国指的是联邦德国）。当时德国的国际收支状况较好，市场对马克的需求上升。由于马克与美元的汇率是固定的，因此要维持既有汇率，避免马克升值，德国央行就必须增发本币购买美元，但这样一来德国的货币发行量就会被动扩大，大量的货币会导致国内通胀上升。德国央行将价格稳定视作其货币政策最核心的目标，而继续维持马克与美元的汇率会破坏德国央行控制通胀的努力，因此在 1971 年 5 月，德国央行放弃干预，允许马克上浮，到当年年底，马克对美元的汇率已经升值了约 10%。荷兰盾也在同月上浮，到当年年底，荷兰盾对美元的汇率升值了约9%。其他的欧洲货币也纷纷开始浮动，“双挂钩”中的其他货币与美元挂钩迅速瓦解。

这时候“布雷顿森林体系”剩下的主要就是美国1盎司黄金等于35美元的承诺了。虽然黄金的市场价早就不是这个价了，但美国之前承诺政府间的金价依然保持这个数值。虽然像德国和日本这样拥有较多美元的国家没有将美元兑换成黄金，但有一些国家在把自己的美元储备更换为黄金。1971年7月，瑞士向美国兑换了0.5亿美元的黄金，法国则取得了1.91亿美元的黄金。实际上，法国一直在不断将手中的美元向美国兑换黄金，从1960~1971年，法国共兑换了78亿美元的黄金，占美国黄金损失（约175亿美元）的45%。此时此刻，关闭黄金窗口对美国来说已经是如箭在弦了。

有趣的是，虽然当时美元大势已去，但美国政府似乎依然留有一丝幻想。1971年5月，在慕尼黑举办的国际货币会议（International Monetary Conference，简称IMC）年会上，主要商业银行和央行大佬们齐聚一堂。美国财政部长约翰·康纳利（John Connally）准备了一份演讲稿，其中有一句话是：“我想不带任何傲慢和冒犯非常明确地宣布：美元不会贬值、黄金价格不会改变、通胀会得到控制……”当时美国主管国际货币事务的财政部副部长保罗·沃尔克询问他是否要把话说得这么死，因为不用多久美元就会贬值。约翰·康纳利的答复是：“那是我今天不可更改的立场，我不知道它今年夏天还是不是。”

虽然约翰·康纳利的保证显得信誓旦旦，但保罗·沃尔克等人已经开始着手为暂停黄金兑付制定一些具体的操作方案了。不久之后，相关方案成型。实际上，这远不是美国第一次研究切断黄金与美元的关系了。有资料显示，美国政府内部至少在1966年初就开始研究终止美元兑换黄金的问题了。

在德国马克和荷兰盾等货币上浮后，市场上针对美元的投机浪潮不断发生。1971年8月5日，美国国会发布了一份报告，建议美元贬值，这更强化了投机行为。1971年8月13日，理查德·尼克松（Richard Nixon）总统召集了包括财政部长和美联储主席在内的一系列财经高官以及12个政府高级顾问在戴维营（Camp David）开会，商讨下一步的行动。

关于下一步美国应如何行动的问题，各方在戴维营发生了激烈的争论。财政部长约翰·康纳利向总统提供了财政部的方案，其中核心部分就包括暂停美元与黄金的兑换。有些令人唏嘘的是，时任美联储主席的阿瑟·伯恩斯（Arthur Burns）在最后关头仍在尽全力维护“布雷顿森林体系”。他反对暂停黄金兑换，主张努力“合作”协商出一种汇率调整方式，包括一个对黄金贬值的提议。他认为只有在这些措施不起作用的情况下，美国才有理由退回来并暂停美元与黄金的兑换。

虽然保罗·沃尔克非常同情阿瑟·伯恩斯的想法，但当被直接问及时，保罗·沃尔克告诉总统他认为在保持黄金窗口开放的情况下，协商一个新汇率根本就是一个不可靠的选择。

1971 年 8 月 15 日，周日，理查德·尼克松总统赶在周一开市前发表了电视讲话，公布了其一揽子的经济改革措施。其主要内容有：首先，暂停美元与黄金的兑换；其次，将工资与物价冻结 90 天；最后，对进口商品开征 10% 的附加税。这些政策日后也被称作“尼克松冲击”。

至此，“双挂钩”结束，“布雷顿森林体系”崩溃。

《史密森协议》的快速终结

尽管“布雷顿森林体系”已经崩溃，但西方发达国家仍对固定汇率制度念念不忘，它们认为只要做出一定的调整，例如让美元贬值，固定汇率还是可行的。在经过了 4 个月漫长艰辛的谈判后，1971 年 12 月，西方 10 国集团在美国华盛顿签订了《史密森协议》（Smithsonian Agreement），协议的主要内容有：第一，美元对黄金贬值 8.6%，1 盎司黄金的官价从 35 美元提高到 38 美元；第二，其他国家货币对美元升值，平均幅度为 10%；第三，其他货币对美元的波动幅度由过去的正负 1% 扩大至正负 2.25%；最后，美国取消 10% 的临时进口附加税。

在新的协议下，美元按照新的价格与黄金固定，但由于美国没有重开黄金窗口，各国无法用自己的美元储备去与美国兑换黄金，因此1盎司黄金等于38美元的官方比价更多的只有象征意义。从这点上说，新的体系是一个“类布雷顿森林体系”，它的核心是美元本位制，但这次美国政府没有对维护美元的价值做出任何实质性的承诺。

理查德·尼克松总统称《史密森协议》是“世界历史上最伟大的货币协议”。由于新的体系很快就崩溃了，因此这句话也成了国际金融史上一个反复被提及的笑话。

新的体系希望通过调整汇率来影响国际收支平衡，但过去的问题并没有得到根本的改善。美国依旧保持着大量的财政赤字，1972年和1973年的财政赤字分别为234亿美元和149亿美元。GDP增速提高，1972年和1973年的数字分别是5.2%和5.6%。通胀从1972年下半年开始再度进入上升通道，1972年7月的CPI同比增速为2.9%，到1973年2月，该数值已升至3.9%。经常项目差额在1971年和1972年均为逆差，数值分别达14亿美元和58亿美元。

在这样的环境下，市场连续掀起了做空美元的浪潮，黄金价格快速上扬，到1973年2月末已达74.2美元，远超38美元的官方定价。

不过有趣的是，第一个倒下的不是美元，而是英镑。1972年英国的贸易状况恶化，市场看空英镑。面对空方的巨大压力，英国的保守党政府仅仅扛了一个星期，就于6月23日让英镑浮动了。英国只在《史密森协议》中待了半年就退出了，而在1964~1967年，英国整整撑了4年才让英镑贬值。

一方面是金价的飞涨，另一方面是各国手中越来越多的美元储备。根据美国经济学家罗纳德·麦金农（Ronald Mckinnon）提供的数据，1970年，加拿大、日本和西欧三个地区的央行或政府手中共持有198亿美元的直接债权，1971年这个数字增长了142.5%，达479亿美元，1972年在1971年的基础上又增长了14.7%，达549亿美元。

1973年2月，美元对黄金贬值，从1盎司38美元贬值到1盎司42.22美元，这相当于让所有主要货币对美元都升值了约10%。但这并没有阻止美元形势的恶化，投机者纷纷抛售美元，购入德国马克等较为坚挺的货币，这给后者造成了很大的升值压力。为了守住汇率，这些国家的央行大量发行本币去购买美元，例如德国央行3月1日一天就购入了25亿美元的外汇。随着美元的基本面不断恶化，各国央行为了守住汇率，不得不大力度地干预外汇市场，狙击各路投机者。由于市场干预成本过于高昂，1973年3月，大部分发达国家的货币都开始实行浮动汇率制度，《史密森协议》就此结束，“布雷顿森林体系”最后的一点印迹也被抹去，国际金融从此进入了一个以浮动汇率为主流的新世界。

外汇流入飙升下的中国经济

转眼间，“布雷顿森林体系”已经崩溃40多年了。现在西方发达国家的货币主要实行的是浮动汇率制度，黄金的价格也早就超过了1盎司1000美元，那个时代渐行渐远，我们到底能从那段历史中获得什么呢？这个问题很复杂，见仁见智，笔者下面就结合中国国情来谈谈自己的观点。

笔者认为“布雷顿森林体系”下的美日经济关系的演化对中国就有很好的借鉴意义。

在1946年8月，美元对日元的汇率为1：15，但当时日本一片废墟，美国则是繁荣强盛，日元被明显高估了。此后日元不断贬值，到1949年8月25日，美元对日元的汇率被调整为360：1并固定了下来，直至1971年才发生变化。

战后日本经济发展迅速，劳动生产率的提升速度远快于美国，这就使得两国的相对经济实力逐步发生了变化。根据安格斯·麦迪森（Angus Maddison）提供的数据，按照1990年的美元（购买力平价）计算，1950年时日本的人均GDP是美国的20%，1965年时这个数字变为了44%，到1971年时这个数字已变成了66%。很明显，美日之间劳动生产率的相对关系发生了巨大的变化，但直到1971年，日元对美元的汇率仍保持在360：1。

假如不考虑一些人为的因素，那么固定汇率制度能够长期维持的基础是不同国家之间劳动生产率保持相对稳定。例如，当美日两国的劳动生产率均为每年增长3%时，两国货币就比较容易保持汇率不变。但当日本的劳动生产率增速远快于美国时，假如日元兑美元的汇率保持不变的话，企业把产能从美国转移到日本将会越来越有利可图；与此同时，日美之间的跨国贸易优势也将向日本倾斜，日本的贸易顺差（和美国的贸易逆差）也必然会越来越大。假如要维持国际贸易基本平衡，日元对美元的汇率要么名义升值，要么真实升值（在名义汇率不变的情况下，真实升值就意味着日本的工资和物价上涨或美国的工资和物价下降）。无论是名义还是真实升值，都意味着，日本的生产成本相对于美国上涨以抵消日本生产率的优势。工资上涨或本币升值也都意味着日本人民的生活水平的提高，而这不正是发展经济的目的吗？

然而由于种种原因，日元对美元的汇率长期维持在360：1的水平。进入20世纪70年代后，美元的价值就明显被高估了，美国的贸易状况日益恶化，私人资本流出动力大，产业转移出国，就业受到损害。而日本则长期处于贸易顺差状态，由于美元是国际贸易结算货币，大量美元资金因此流入日本。为了维持汇率稳定、平衡国际收支，日本政府大量抛售日币、购入美元资产。结果日本的官方储备资产，主要是外汇储备，节节攀升，1951年底这一数字为9.3亿美元，到1971年底，这个数字已经升至152亿美元。购买美元资产，主要是美国财政部发行的美元国债，就意味着借钱给美国。但在当时，日本的投资回报率高于美国，日本央行堆积外汇储备的行为就等同于将资本从投资回报率高的地方搬到投资回报率低的地方。从市场的逻辑来看，这显然是不合情理的。

在别国货币当局大规模买入美元资产的情形下，虽然美国可以获得一些收益，例如铸币税（铸币税是指货币铸造成本低于其面值而产生的差额，是由于政府拥有印制货币的垄断权而能获得的收入）和较低的融资成本，但伴随而来的则是美元长期处于高估的状态，美国的企业竞争力下滑，国际收支恶化，外部债务额不断上升和黄金储备不断流失。在“布雷顿森林体系”下，美元是中心货币，因此美元成了投机者做空的主攻目标。在投机者的不断攻击下，美国无法承受维护美元稳定的成本，放弃了美元与黄金的固定比价，并最终让美元走向了浮动。

自改革开放以来，尤其是1994年外汇体制改革之后，中国像日本一样也出现了持续的外贸顺差和外汇储备总额持续上升的情形。2002年后，外部资金加速流入中国，中国外汇储备同步加速上升，一度高达近4万亿美元，这对中国经济的发展产生了深刻的影响。1994年中国进行了外汇体制改革，开始实行外汇收入结汇制，这意味着除少数情况外，流入中国的外汇都要被强制兑换为人民币，而这些外汇最终几乎都由中央银行——中国人民银行——购入，成为了中国的外汇储备资产。

翻开中国的国际收支平衡表我们会发现长期有大量外部资金流入中国。首先，从1994～2016年，中国的经常账户每年都是顺差，累计总额高达31466亿美元；其次，在非官方金融和资本账户上每年也有大量外资流入中国，仅以外商直接投资（Foreign Direct Investment，简称FDI）为例，从1994～2015年其一直是顺差，总额高达20109亿美元。

笔者在本系列第一篇文章（《“布雷顿森林体系”启示录（1）：构想出的国际金融新秩序》）中已经讲解过一个容易误解的现象：虽然每年都有大量境外资金流入中国，但中国长期却是一个“净”资本输出国。这里要解释两个概念：第一，国际收支平衡：经常项目顺差＝净资本流出；第二，净资本流出＝非官方净资本流出＋官方净资本流出。虽然中国的非官方净资本流出过去长期是一个负数，只是在近期才成为正数，但官方净资本流出一直是一个正数。换句话说，长期以来中国公司和个人接受的外资投资大于他们的对外投资。但中国的官方，主要就是中国央行，是一个越来越大的境外投资者。中国越来越大的对外投资主要是央行大规模购买外国国债而形成的巨额外汇储备。

大量的外汇流入中国，最终在央行兑换成人民币，然后央行再拿这些外汇对外投资，进来的外资就这样又出去了。在交易中，央行需要用人民币按照政策汇率来收购外汇。央行用于购汇的人民币从何而来？这些人民币要么来自存量人民币，要么来自央行新增发的人民币。在流入的外汇数量较少时，央行还可以通过抛售手中持有的中国财政部发行的国债等国内资产来筹集本币资金收购外汇，但对于蜂拥而至的几万亿美元的外汇资金来说，这种方法完全是杯水车薪，因此央行只能通过增发基础货币（基础货币是中央银行发行的债务凭证，表现为商业银行的存款准备金和流通中的现金）的方法来收购外汇。说白了，央行只能用印钱的方式来解决问题。

这些由结汇而产生的人民币被称为外汇占款，外汇占款属于基础货币，在进入经济体后，经过金融机构通过信用扩张再以数倍的货币乘数（货币乘数是中央银行创造或消灭一单位的基础货币，能使广义货币供应量增加或减少的数额）转化为广义货币供应量（广义货币供应量 = 基础货币 × 货币乘数，中国最常用的广义货币量指标是 M2，它包括流通中的现金、活期存款和定期存款），最终影响经济体中的融资规模，并进而影响整个经济的运行。在这样一个过程中，央行被动发行了大量的基础货币。由于流入的外汇数额巨大，因此出现了一个令人有些惊奇的现象，即在很长一段时间内，中国的外汇占款总额是大于基础货币总额的。

这里要解释一下，1994 年汇改后，外汇占款是中国央行增发基础货币的主要手段，但绝不是唯一的手段，按说外汇占款总额是不会超过基础货币总额的。但在实际操作中，央行为了控制过快的货币扩张可以采用多种方法来回笼超发的基础货币，因此在数据上出现了外汇占款总额大于基础货币总额的现象。

根据 Wind 的数据，在 1997 年 12 月时，外汇占款总额与基础货币总额的比值为 41%。此后这个指标一路上升，在 2005 年 10 月，首次超过 100%，之后开始在高位运转。在 2005 年 11 月到 2012 年 11 月的这 85 个月中，该指标仅有 3 个月低于 100%，最高时达 131%（2009 年 10 月）。2012 年 12 月开始，该指标逐渐下滑，到 2018 年 2 月时，该指标为 68%。

上面的数据显示，外汇占款的高速增长至少维持了 7 年左右的时间，假如中国的货币当局在此期间选择不作为的话，M2 就会随着基础货币超高速的投放而快速增长。为了避免恶性通胀，中国的经济金融决策层不得不责成央行和银监会采取各种方式来遏制 M2 的快速增加。

无论是在理论上，还是在实际操作中，降低 M2 增速的有效政策都可以分为两类：①回笼基础货币；②降低货币乘数。

先来看央行是如何回笼基础货币的。央行有多种方式回笼基础货币，包括在公开市场操作中卖出其持有的一部分国债证券。但这其中最有趣的货币回笼手段就是发行央票。央票是央行发行的债券，债券的基本功能是融资，即借钱。中国人民银行是一个可以印钱的机构，其竟然要去借钱，这是不是有点怪异？但这个现象恰恰显示了外汇流入所带来的货币被动发行给央行所造成的巨大压力。央行并不需要钱，央行发行央票的目的在于回笼超发的货币。

在外资流入过多时，执行国定汇率的央行为了避免经济过热需要主动收紧银根。经济学家把央行的这种干预很形象地称为“消毒政策”（Sterilization Policy）。显然，热钱对一个经济体来说可以比喻为能让人生病的细菌或病毒：细菌或病毒的侵入可以让人发烧，热钱流入可以让经济体过热。央票也因此可以翻译成 Sterilization Bonds（消毒债券）。

然而，发行央票在解决一个问题的同时又造成了一个新的问题，即央行会因此而产生亏损。这其中的道理在于央行资产负债表上资产和负债收益率的倒挂。对此，我们可以比较一下 1 年期央票的发行利率和 1 年期美国国债的收益率（本论述的都是 1 年期产品，此后不加赘述），根据 Wind 的数据，从 2002 年 7 月 2 日到 2011 年 12 月 27 日，一共是 9 年半的时间，其中央票发行利率高于美国国债收益率的时长约占总时长 71%。尤其是美国金融危机发生后国债收益率大跌，从 2008 年 11 月开始，美国国债收益率跌至 1% 以下，此后继续不断下跌，至 2011 年 11 月 27 日，其已经跌至 0.1% 左右，而央票的历史最低发行利率为 1.3%。结论很清楚，在大多数时间，央票的发行利率都是高于美国国债收益率的，而且两者之间的息差还很明显。

根据Wind的数据，在2004年1月时，央票的未到期量仅有3300多亿元人民币，此后这一数值逐步上升，最后在2008年10月达到了其顶峰——超过了48000亿元人民币，约相当于同期41%的基础货币余额。之后央票的未到期量开始迅速下滑，至2016年11月，该数值已降至100亿元人民币。

再来看央行和银监会是如何降低货币乘数的。

在中国，降低货币乘数的手段主要有三个，一是提高法定存款准备金率，二是存贷比限制，三是直接控制金融机构和市场的信用投放规模。这里要说明一点，由于银行是中国金融体系的核心，因此这些政策的主要实施对象也是银行。先看第一个手段，存款准备金是指金融机构为保证客户提取存款和资金清算需要而准备的库存现金和在中央银行的存款。央行要求银行必须持有的存款准备金最低数额占其存款总额的比例就是法定存款准备金率。从原始的定义来看，存款准备金的主要作用在于防备金融机构可能会面临的流动性危机。但当金融机构将部分存款计提为准备金后，其可贷资金就减少了，创造信用的能力也降低了，这样一来，货币乘数也就随之下降了。

近年来，为了控制M2的高速增长，央行一路上调法定存款准备金率。2011年6月20日，大型存款类金融机构的法定存款准备金率一度高达21.5%。此后该数值有所下降，但时至今日，这个数值仍保持在17%的高位上。

接下来看第二点——存贷比限制。存贷比，也称“贷存比”，是指贷款余额对存款余额的比例。在20世纪90年代中期，中国政府规定商业银行的存贷比不得超过75%，这意味着商业银行的所有存款中，最多只有3/4可以拿出来放贷。该指标是对商业银行的硬性考核要求，由中国银监会具体负责执行，由此来降低货币乘数，中国政府已在2015年废除了这一监管指标。

最后是直接控制金融机构和市场的信用投放规模。在降低货币乘数的过程中，最赤裸裸的恐怕就是央行直接控制金融机构和市场的信用投放规模了，在这方面屡次出现的一种名词叫做“窗口指导”。按照定义来看，“窗口指导”指的是央行通过劝告和建议来影响商业银行的信贷行为，属于温和的、非强制性的货币政策工具。

相对于发行央票的方法，以上所说的这些降低货币乘数的方法对于央行来讲有一个明显的优点，那就是财务成本低。根据 Wind 的数据，从 2002 年 7 月 2 日到 2011 年 12 月 27 日，1 年期央票发行利率高于法定存款准备金利率的时长占总时长的比例约为 85%。1 年期央票发行利率最高超过 4%，而法定存款准备金利率最高为 1.89%。直接控制信用投放规模的方法可能会迫使银行将更多的资金转存央行，从而形成超额存款准备金，即超过了法定存款准备金额度要求之外的存款准备金。超额存款准备金目前的利率为 0.72%，这也就比活期存款的利率（0.35%）高点了。

然而，天下没有白吃的午餐。表面上看，这些降低货币乘数的手段减轻了央行调控 M2 的财务成本，但这造成了另外一系列后果，其中有些是意料之内的，有些则不是。

第一，无论是提高法定准备金率的办法，还是直接控制信用规模的手段，都并没有消弭亏损，而仅仅是转移了亏损。但当银行计提大量低收益的法定存款准备金和超额存款准备金时，银行的信贷业务规模就会大幅下降，这会直接损害银行的经营业绩。假如银行还想继续保持盈利水平，那么其可以考虑的现实途径之一就是采取措施提高银行金融中介服务的收费——扩大贷款和存款之间的利息差。目前从政策上说，商业银行对自身的存贷款利率拥有一定的自主权，因此银行可以靠提高利息差来保持盈利水平，但这么做的后果是居民和企业，尤其是中小企业的融资成本更高了，而且银行所面临的不良贷款风险也会上升。这些后果尚在意料之中。

第二，这些降低货币乘数的做法推动了中国影子银行业的发展。影子银行一般指的是传统银行体系以外的发挥着融资作用的金融体系，在中国包括信托、委托贷款和银行承兑汇票等融资渠道。根据中国人民银行的数据，从 2002～2017 年，社会融资规模增量从 2 万亿元人民币升至 19.44 万亿元人民币，年平均增速高达 17.6%。同时，资金来源发生明显变化，在 2002 年时，新增人民币贷款增量占社会融资规模增量的比例高达 91.9%，到了 2017 年，该数值已降至71.2%，但实际上从2010~2014年，这一数值曾连续5年低于60%，在2013年达到了其最低值——51.4%

近年来影子银行的快速发展已成为了一个不争的事实，但这与中国政府降低货币乘数的做法有何关系呢？答案很简单：影子银行在很大程度上正是商业银行为了规避相关监管政策而发展出来的。无论是提高法定存款准备金率，限制存贷比，还是直接控制信用投放规模，都有一个前提条件，那就是这些资金必须在银行的资产负债表上。假设法定存款准备金率是20%，银行有100亿元的存款，那么就会有至少20亿元的存款变为存款准备金，银行的可贷资金最多就剩下80亿元了。但假如储户没有把这100亿元存入银行，而是购买了银行代销的理财产品呢？由于交易的双方是投资者和理财产品的发行方，银行只是代销这些理财产品，而且这些产品在设计的时候就会声明银行不对其盈亏负责，所有买卖都是在银行的资产负债表外发生的，因此这些交易就成了存款准备金和信用规模限制等监管政策的“灯下黑”。

中国的银行有信誉、有渠道、有客户，发展影子银行存在天然的优势。在具体操作上，银行可以选择与信托公司等机构合作，将自己客户的融资需求包装成一个个期限不一收益不同的金融投资产品，然后借助银行众多的网点进行销售，而销售的对象正是银行的储户。

影子银行有点像银行的影子。原本是为了降低货币乘数的政策，最后竟然无意间促进了影子银行的发展，实在是令人有些意外。那么我们应该如何来评价影子银行呢？笔者认为这个问题需要一分为二：

先说积极的一面。时至今日，中国仍然没有完成利率市场化改革，央行控制着基准利率，而且是将其压制在一个较低的水平上。相较于官方制定的基准利率，影子银行中的利率往往更高、更灵活、更接近市场水平，这可以看作某种程度上的利率市场化。利率市场化有利于解决一系列的结构性问题，是未来提高中国经济效率的必由之路。

再来说消极的一面。影子银行虽然在一定意义上推动了利率市场化，但由于一些相关制度问题仍未解决，因此它在解决一些问题的同时，又会恶化另外一些问题，例如刚性兑付。刚性兑付本来是指信托产品到期后，信托公司必须分配给投资者本金以及收益，当信托计划出现不能如期兑付或者兑付困难时，信托公司需要兜底处理。现在刚性兑付的现象早就不再局限于信托产品领域了，整个银行理财产品都存在这个问题，刚性兑付导致的直接结果就是无法建立“卖者有责，买者自负”的机制，风险被低估，整个金融体系发生系统性风险的几率上升，发展下去必然会对财政和整个经济产生明显的冲击。

刚性兑付只是影子银行中存在的一个较为典型的问题，其他的问题还有很多，例如有些银行将许多理财产品放入一个资产池内滚动运作，不停地借新还旧、短融长投，这使得整个资产池存在明显的流动性风险和期限错配风险。更严重的是，资产池内的状况经常是不透明的，不透明导致的直接后果就是无法准确地估量风险。

由于影子银行领域存在一系列乱象，因此自 2017 年年初以来，中国政府，尤其是银监会，开展了声势浩大的整顿金融业的行动。根据银监会的数据，在大力度的整顿下，2017 年商业银行同业资产负债自 2010 年来首次收缩，同业理财比年初净减少 3.4 万亿元人民币。在全年新增贷款 12.6% 的情况下，银行业总资产只增长 8.7%。同时有 100 多家银行主动收缩了资产负债表。

“第二代布雷顿森林体系”

通过以上论述我们可以看到，最近 20 多年，大量外资通过各种方式流入中国，外汇占款大幅增加，套息套汇盛行，表面上中国的外汇储备越来越多，但实际上我们的损失越来越大，那么为什么会产生这种事情呢？回到前文所述，这还是和当年日本的状况颇为相似。1994 年人民币与美元挂钩，这在当时对中国经济起了积极的正面作用。从 1995 年上半年开始到 2002 年，美元持续升值；由于人民币紧盯美元，因此其在这段时间内相对于其它货币，如日元等，出现了持续升值。由于当时中国的经济增长较快，劳动生产率提高较快，因此本币走强是顺应整个经济发展趋势的。

然而，从2002年开始美元进入了贬值进程，并一直持续到2008年。由于人民币依然与美元挂钩，因此美元贬值就会造成人民币（相对于其它货币）贬值。但中国的劳动生产率依然在快速提高，人民币持续贬值是有悖于经济发展趋势的。从2003年起，人民币开始出现升值压力，而且愈演愈烈。到2005年7月，中国政府宣布人民币与美元脱钩，汇率开始升值。日后中国政府选择让人民币小幅渐进升值，这样的做法有其优点，比如可以给出口企业留出更多的转型时间，但它同时也有一个严重缺陷：人为地创造了一个巨大的套息套汇机会。

中国在宏观经济政策上的失误实际上还是违背蒙代尔“不可能三角”（蒙代尔“不可能三角”的含义是一国只能在自主的货币政策、固定汇率和资本自由流动这三个政策目标中选择两个，而无法同时实现这三个目标）的结果，因为中国有自主的货币政策，境内的利率高于境外，有相对固定的汇率，很长一段时间人民币还在缓慢升值，而在资本管制上，我们长期实行的是宽进严出，即欢迎外资进来，但不愿资金外流。

假如中国实行的是浮动汇率，那么大量外资的流入会使得人民币立刻大幅升值，本币走强会减小经常账户顺差，也会遏制外资的流入。其原因在于，本币走强后中国出口商品的竞争力会减弱，出口状况会变差，而进口商品的价格会降低，进口状况会变好，进增出降，经常账户顺差自然会受到负面影响。同时，人民币升值后，人民币资产的价格会上升，其未来收益率相对于外资来说就下降了，而且人民币升值后，其贬值的风险会上升，这对外资来说意味着收益下降、风险上升。市场这只无形的手自然而然地就会压缩、直至消灭外资进来套息套汇的盈利空间。浮动汇率虽然有不少缺点，但它有一个非常大的优点，就是它可以通过市场的机制来自动抹平套利空间。

最后，笔者要说的是，管制巨额资金跨境流动，就如同修筑大坝拦截滔滔洪水一样，只能是权宜之计。大禹治水之所以能功成名就，就是因为他放弃了权宜之计，因势利导，改堵为疏。为什么那么多国家最后都放弃资本管制和固定汇率、选择浮动汇率和资本账户开放？原因就在于从长远来看，资本管制的困难大，直接成本高，间接成本——对经济造成的扭曲——也太高了。最近几年，我们严格管制了跨境支付和跨境转账，但比特币等去中心化的加密资产在国内外的快速发展又为资本跨境流动提供了越来越便利的新渠道。虽然我们今天可以禁止加密资产在境内交易，但谁能保证明天不会出现新的挑战呢？

他山之石，可以攻玉，希望中国可以从“布雷顿森林体系”的历史经验中汲取教训，未来少走弯路，早日促进经济从高速发展转变为高质量发展。

（李　伟）

金融供给侧结构性改革：一场关键的硬仗①

2019年以来，高层多次提及金融行业供给侧改革，希望将过去数年来在钢铁、煤炭等传统周期行业结构性调整和精细化管理的经验应用到金融行业中来。整体看，我们认为，由于金融行业对于实体经济存在“牵一发而动全身”的重要意义，金融行业供给侧结构性改革的成败也将直接影响到中国经济结构转型的成败。

中国当前的金融资源配置存在六大问题：

问题一：直接融资占比低，间接融资占比高；

问题二：直接融资以债务融资为主，股本融资占比低；

问题三：债务融资市场中公司债和企业债占比较低；

问题四：股本融资市场中传统“老经济”企业占比高，新经济企业上市难度较大；

问题五：小微企业和民营企业从银行体系获得融资难度大、成本高；

问题六：不同类型的金融机构在间接融资市场定位混乱。

我们看到中国高层已经开始推出相关政策落地，其中科创板是最重要的改革举措之一，是建立中国多层次资本市场的里程碑式事件，但我们认为，有如下政策可以配合资本市场改革，以提升整体金融资源配置效率：

① 2019年5月16日，《第一财经日报》。

政策一：给予专业服务小微、民营企业的金融机构更大的政策支持；

政策二：适当松绑监管，鼓励金融机构混业经营；

政策三：发展高收益债券市场，帮助小微和民营企业更好地债务融资；

政策四：监管到位前提下，支持互联网银行、网络支付新兴金融行业发展。

供给侧结构性改革：成功经验有待复制

随着中国经济总盘子的不断增长，增速的放缓已经成为必然。在这样的大背景下，中国高层开始将政策制定的核心着眼于供给侧改革，而这一改革要解决的根本问题是“结构”。在大部分行业中，资源的供给并不缺乏，相反可能已经出现过剩，特别是通常呈现出中低端产品供给过剩而高端产品供给不足的态势。在总需求伴随经济总量高速增长的时期，往往出现产品的供不应求，因此供给的结构性问题并不突出，只要总量能够满足需求即可。但当总需求增长开始减速，对于供给就提出了更高的要求，需要更加精细化的管理。供给侧结构性改革正是在这样的大背景之下应运而生的。

过去一段时间以来中国政府已经在钢铁、煤炭等传统“老经济”行业的供给侧改革中取得了一定成果。2012 年以来，部分企业出现冗员庞杂、债务高举、盈利低下的情况。这是典型的需求放缓之后结构性问题的凸显，行业从供不应求转化为供过于求，过去的中低端供给已经无法满足需求侧的升级需要，同时超额供给催生了行业的无序竞争，而中低端供给往往通过降低质量要求降低了成本，在竞争中反而赢得优势，行业优质龙头企业往往受损更为严重。

2015 年开始，中国政府先后在钢铁、煤炭、有色金属、电力、化工、造纸等行业开展了一系列旨在淘汰落后产能、供给侧精细化管理的政策。这些政策包括：强制的去产能产能置换计划、冗员的妥善安置、严格的环保督查、行业横向并购整合等。整体看，这些政策取得了较好的成效，这些传统“老经济”行业的产能利用效率不断提升、行业整体盈利能力和运营效率均有显著提升。

煤炭行业可以看作供给侧改革的一个成功案例。在发改委和能源局去产能计划的持续推动下，中国煤炭行业过剩落后产能不断出清，全行业产能利用率持续提升，最高在2018年二季度达到72.9%。资产利用效率的提升带来行业整体盈利能力的复苏，根据我们的测算，中国煤炭行业ROE（净资产收益率）水平在2015年供给侧改革之前最低达到1.9%，而随着产能利用率的提升，这一指标回升到2017~2018年的11%~12%，已经恢复到2005~2006年上一轮经济周期的较高水平。

一场关键的硬仗

得益于在传统周期行业的成功，中国的政策制定者能够将供给侧精细化管理的经验推广到其他行业，在2019年提出了金融供给侧结构性改革的新概念。但我们认为，由于金融行业对于实体经济存在着“牵一发而动全身”的重要意义，相比于过去传统“老经济”行业，金融行业的供给侧结构性改革将是一场难度更大的硬仗。可以说，其成功与否将直接关系着中国经济结构转型的成败。

2019年2月22日，中共中央政治局围绕完善金融服务、加快金融供给侧结构性改革、防范金融风险开展集体学习，这是“金融供给侧结构性改革”作为一个政策命题第一次被官方提出。在这次集体学习中，习近平总书记强调“经济与金融是‘共生共荣’、相互依存的关系，金融是国家的重要核心竞争力”，并提出了“金融活，经济活；金融稳，经济稳。经济兴，金融兴；经济强，金融强”的定调。两个月之后的4月19日政治局会议再次强调要“有效支持民营经济和中小企业发展，加快金融供给侧结构性改革”。

由于官员晋升考核机制中往往更加重视经济相关增长指标，过去政策制定者对于金融行业的关注程度和定位都要逊于实体经济行业。这也是官方第一次把金融行业的重要性提升到如此重要的高度。事实上，我们认为“金融活，经济活”的定调并不是虚言，金融和实体经济的交互作用在学术理论探讨和实证研究中都有非常广泛的应用。

在传统凯恩斯主义经济学的框架下，宏观经济的分析需要建立在产品市场和货币市场的平衡之上，经济的总产出一方面决定于有效需求，但更加重要的是，也决定于利率和货币，即广义的金融资源供给，即宏观经济学中的“希克斯—汉森模型”。在这一模型框架下，即使产品市场的有效需求再旺盛，如果货币市场的供给不匹配，最终均衡点也将体现为低产出和高利率，即金融资源的供给限制了有效需求的实现，并最终影响了整体经济的产出。

而实证研究表明，对于大多数经济体而言，金融行业的资源供给与配置都是实体经济重要的前瞻指标，我们使用中国和美国两个全球最重要的经济体进行研究。

在中国，政策制定者通常采用“量”作为货币政策调节的准绳，特别是本轮经济周期中表现得更为明显。2018 年美联储整体货币政策仍然呈现收紧态势，加息节奏并未明显放缓，在资本外流的压力下，中国央行通过利率宽松的政策空间被大大限制，因此主要通过货币总量供给的相关指标逆周期调节经济。2018 年全年，中国央行分别在 4 月、6 月和 10 月共 3 次通过“定向降准”的方式，合计降低存款准备金率 250 个基点。2019 年 1 月 4 日，央行公告下调金融机构存款准备金率 1 个百分点，从“定向宽松”转为“全面宽松”。

从历史经济表现看，中国的金融统计数据是实体经济较好的领先变量，相关性程度最高的是所谓广义社会融资总量指标，即综合考虑了非金融企业、地方政府等广义融资主体在一段时间内从金融体系获得的资源总和，这一指标的同比增速基本领先名义 GDP 增速 2 ~ 3 个季度。事实上，中国经济在 2018 年出现的减速，主要原因就是在资管新规的影响下，信托贷款、委托贷款等为主的表外融资渠道在 2018 年上半年大幅收缩，这种压力随后体现在下半年的实体经济增速上，整体时滞在 3 个季度左右。

美国的货币当局通常使用“价”作为货币政策调节的准绳，即通过基准利率的调节，来为宏观经济创造松紧适度的货币环境。但和我们在中国市场发现的规律类似，美国市场的金融条件同样是实体经济的领先指标。基于经济整体融资的结构，芝加哥联储等计算了适用于美国的国家金融条件指数，这一指数主要包括三大指标：①10 年期美国国债收益率；②BBB 级企业债券信用利差；③标普 500 指数估值，分别对应低信用风险主体债务融资成本、高信用风险主体债务融资成本和股本融资成本。整体上看，美国的金融条件指数同样是实体经济的领先指标，金融条件指数的变动对美国名义 GDP 的变动具备较好的领先性，时滞大约在 1～2 个季度。

因此，金融作为实体经济最重要的服务性行业，具备“牵一发而动全身”的特点，如果金融行业供给侧结构性改革成功，预计金融资源的配置效率也将大幅提升，实体经济将有望长期受益。特别是，金融资源的配置对实体经济产业结构的变革具备较好的指导作用，金融行业整体资源配置的市场化程度和效率的提升，即“让钱流向更有未来的方向”，也有望帮助中国经济更加顺利地实现转型。

与此相伴的是企业资产负债结构的好转，企业盈利之后整体偿债能力和意愿上升，资产负债表已经开始修复，行业整体资产负债率从 2015 年高点的 70% 左右下降到 65% 左右。随着盈利持续改善，预计未来仍有去杠杆的空间。整体看，随着供给侧结构性改革的深入，中国的煤炭行业已经重新焕发生机。

中国金融资源配置的六大问题

中国的金融供给侧结构性改革如何推进？要回答这一问题，首先需要考察中国当前的金融资源配置存在哪些问题。全社会融资总量的细项结构提供了一个较好的分析视角。我们自上而下，从总量到结构拆解了中国的社融总量，并和美国进行对比，整体上看，我们认为中国的金融体系在如下方面存在优化的空间：

问题一：直接融资占比低，间接融资占比高。

首先考察中国整体金融资源的配置，从大的分类上看，一家非金融企业在进行资本决策时，可以选择通过商业银行等信用中介融资，即所谓间接融资；也可以选择不通过信用中介，而是发行股本或债务类工具进行融资，即所谓直接融资。不同经济体在直接融资和间接融资的占比上差异较大，与金融体系整体发展的历史有关，例如同样是发达市场，美国、英国、澳大利亚、加拿大等经济体直接融资占比较高，而奥地利、德国、意大利、日本等经济体却更加倚重银行体系为主导的间接融资渠道。

Julien Allard 和 Rodolphe Blavy 在一篇国际货币基金组织的工作论文中通过研究 1960～2007 年的历史数据发现，市场主导的直接融资占比更高的发达经济体，通常在金融危机过后拥有更强的自愈能力，在危机之后的四个季度，直接融资占比更高的发达经济体 GDP 增速平均为 3.9%，超出间接融资占比更高的对照组 0.8 个百分点。而这一优势随着时间推移在进一步扩大，危机之后的两年，直接融资占比更高的发达经济体 GDP 增速平均为 7.3%，超出间接融资占比更高的对照组 1.9 个百分点。

由于中国的经济发展路线属于典型的转轨经济，因此商业银行主导了整体融资体系。我们采用存量的社会融资规模测算结构，截至 2019 年一季度末，中国存量社融结构中直接融资占比为 17.1%，即静态地看，82.9% 的金融资源是通过商业银行等金融中介进行配置的。相较而言，美国的存量社会融资规模结构中直接融资占比在 2017 年已经达到 81.6%，这也是中美两大经济体在金融资源整体配置上的最大不同。

问题二：直接融资以债务融资为主，股本融资占比低。

进一步拆分直接融资的结构，一家非金融企业既可以通过出让股权的形式进行股本融资，也可以通过发行债券类融资工具的形式进行债务融资。从优序融资的角度，通常在企业所从事行业景气度较高、增长前景稳定、资本投资回报率（ROIC）较高时，倾向于通过举债的形式加杠杆，而对于业务存在不确定性的企业，例如初创期的小型企业，则更多应当通过股本融资的形式进行融资。此外，股本融资相比于债务融资的好处还包括，企业可以节省利息费用，对于资产负债杠杆率更高的企业而言是更好的融资选择。

高杠杆持续成为中国企业面临的挑战，根据国际清算银行数据，截至2018年三季度，中国非金融企业部门杠杆率为152.9%，而美国则为73.9%，中国是美国的两倍有余。事实上，中国政府在2015年底已经将包括去产能、去库存、去杠杆、降成本、补短板在内的“三去一降一补”五大任务作为供给侧结构性改革需要解决的最大问题。

相较而言，中国的多层次资本市场建设较为缓慢：2004年设立中小板，开始尝试放松企业上市制度以实现资本市场扩容；2009年设立创业板，定位于面向科技行业企业的场内交易市场，正式拉开了中国多层次资本市场建设的序幕。但截至目前，这一探索仍有进一步完善的空间，创业板并没有在定位上和主板体现出差异性。例如从创业板上市公司的市值结构看，制造业企业占据了创业板62%的市值和约70%的上市公司家数，并没有体现出明显的科技企业融资市场定位。

问题三：债务融资市场中公司债和企业债占比较低。

如果进一步拆分中国的债务融资市场可以看到，这一市场的资源供给也表现出不平衡。国债和地方政府债是中国债务资本融资占比最高的主体。以2018年为例，国债和地方政府债券分别占据了37.7%和42.8%的新发债券规模，以非金融企业为主体的债务融资规模仅占据不到20%。此外需要注意的是，中国存在一种特殊的企业债券——地方政府融资平台债。这类债券虽然融资主体是企业，但事实上由地方政府提供信用担保。综合而言，中国的债务融资市场中真正能够流向非金融企业的少之又少，而其中大型国有企业又凭借其“准政府”的信用背书，占据了相当可观的融资份额，民营企业发债融资通常难度较大。

问题四：股本融资市场中传统“老经济”企业占比高，新经济企业上市难度较大。

在股本融资市场中，由于中国的证券行业监管部门制定了对拟上市企业较为严格的盈利要求，因此对于新经济企业往往难以满足上市门槛，从上市公司市值结构占比可以明显看出差异。上交所和深交所上市公司中，金融、工业和原材料行业上市公司市值占比显著高，分别高出同样主要面向传统经济行业的纽约交易所10.8%、9.2%、6.2%，而纽约交易所上市公司中通信服务、信息技术两大行业市值占比较高，分别高出中国市场9.0%和4.6%。

问题五：小微企业和民营企业从银行体系获得融资难度大、成本高。

间接融资市场整体金融资源的配置更加不平衡，集中体现在小微企业和民营企业贷款从商业银行体系获得的信贷资源与其对于经济的贡献不相匹配。根据中国央行行长易纲在第十届陆家嘴论坛上的发言，小微和民营企业贡献了全国80%的就业、60%以上的GDP和50%以上的税收，但从信贷供给的角度看，2018年末小微企业贷款余额仅占据了金融机构各项贷款余额的24.6%。

由于在传统商业银行体系内不能满足金融资源的需求，小微企业和民营企业通常需要寻求其他间接融资渠道。例如信托贷款、委托贷款等典型的非标融资渠道，但事实上，由于这些渠道经过的中介环节更多，每增加一层融资中介，通常会增加通道费的成本，因此融资成本要显著高于通过传统商业银行体系获得资金的成本。以信托贷款为例，可以以贷款类信托产品预期年收益率作为这一渠道融资成本的代理变量。但需要说明的是，实际成本将更高，因为信托公司等融资中介需要赚取利润空间。以3～5年期产品为例，通过贷款类信托融资成本平均在7.25%，高出同期限商业银行贷款利率250个基点。

更有甚者，部分民营企业和小微企业因为担保和抵押品缺失问题，只能从融资成本更高的市场进行融资，例如民间借贷。温州市金融办披露的温州地区民间融资综合利率可以作为此类民间借贷成本的代理变量，一窥从这一市场融资企业的成本。2018年以来，这一市场利率在15%～16%之间窄幅波动，几乎是传统商业银行体系资金成本的4～5倍。中国的小微企业和民营企业投资的回报率（ROIC）必须高于如此高昂的资金成本才能盈利，而这几乎不可能。因此，小微企业和民营企业的投资热情逐年下降。根据国家统计局披露数据，民间固定资产投资增速不断下滑，截至 2019 年 3 月已经下滑到 6.4%。

问题六：不同类型的金融机构在间接融资市场定位混乱。

监管已经意识到商业银行体系支持民营和小微企业的重要性，但从当前的政策态度看，对于不同类型的金融机构的要求似乎有些定位混乱。

2019 年年初以来，监管不断向国有大行施压，例如要求国有大行 2019 年普惠型小微贷款增速不得低于 30%，国有大行小微企业贷款综合成本要较去年下降 1 个百分点。政策上，除原有针对小微企业贷款的"两增两控"目标，即单户授信总额 1000 万元以下小微企业贷款同比增速不得低于各项贷款同比增速、贷款户数不低于上年同期水平；合理控制小微企业贷款资产质量水平和贷款综合成本的要求外，新增加了针对小微企业的所谓"一二五"指导目标，要求在新增的公司类贷款中，大型银行对民营企业的贷款不低于 1/3，中小银行不低于 2/3，争取 3 年后，占新增公司类贷款的比例不低于 50%。受监管态度影响，中国的大型国有银行都制定了激进的小微、民营贷款投放计划。以规模最大的工商银行为例，根据工行行长在 2018 年业绩发布会上披露数据，工行全年将力争实现普惠口径小微企业贷款 1000 亿元以上，而工行截至今年一季度末已经完成了接近一半的目标。

中国的商业银行体系表现出较为明显的结构分化。根据央行披露数据，七家大型国有银行占据了全行业 51% 的总资产规模。但整体上看，大型国有银行不是对民营和小微企业的信贷支持的主体，截至 2018 年底，全行业小微企业贷款余额中，来自城商行和农商行的投放比例分别达到 24.8% 和 27.6%。历史上看，大型国有银行的特长通常在于对公信贷的投放，而城商行、农商行等金融机构的信贷人员通常更加熟悉本地经济与小微/民营企业情况，也能够更好地实现风险定价。这与对这些区域性银行服务当地经济的定位是相一致的：只有专业的机构做专业的事儿，才能够实现金融资源投放上的精细化管理，才符合金融供给侧结构性改革的题中之义。

金融供给侧结构性改革如何深化

我们看到，中国高层已经开始出台相关政策，推动金融供给侧结构性改革这一新概念的落地，其中科创板的推出作为近年来最重要的资本市场改革举措之一，值得格外关注。

2018 年 11 月 5 日，习近平在首届中国国际进口博览会上表示，将在上海证券交易所设立科创板并试点注册制。科创板将主要面向符合国家战略、掌握核心技术、市场认可度高的优质企业，并不会接纳产能过剩、高污染行业，以及金融、地产等传统“老经济”企业上市。科创板最重要的变革在于放松了上交所和深交所现存的对于拟上市企业盈利能力的严格要求，综合考察净利润、收入、市值、现金流量等财务指标，对拟上市企业的要求将更为宽容，也将有利于尚未盈利的新经济企业走向资本市场。而在发行审核制度上，科创板将率先进行注册制试点改革。

整体看，科创板肩负着为中国新经济企业开辟新的融资渠道的重要职责，也将成为建立中国多层次资本市场的里程碑式事件。目前看，科创板的推出进程超出市场预期。根据上交所披露数据，科创板申报企业主要集中于新一代信息技术、生物医药和高端装备等产业。

我们认为，科创板为代表的资本市场改革是深化金融供给侧结构性改革的重要一步，将有助于股本融资在全社会融资体系占比的提升。但同时，为全面提升中国金融资源配置的低效率，解决当前中国金融资源配置存在的六大问题，仍然有如下举措可以多管齐下。

给予专业服务小微、民营企业的金融机构更大的政策支持。目前看，城商行、农商行是最适合进行小微企业和民营企业贷款投放的专业金融中介。对于此类机构，监管应当在资本管理和考核标准上更加宽松。例如当前中国中小型银行适用的存款准备金率为 11.5%，仍然显著高于海外同业，存在降低的空间，监管可以通过进一步面向民营和小微金融的定向降准，提升这些区域性中小银行的信贷投放能力。此外，也可以通过公开市场操作的形式定向注入流动性，例如可以通过近期创设的定向中期借贷便利（TMLF）为小微和民营贷款注资。监管机构还应当对此类贷款给予税收和利率上的进一步优惠。

但同时应当注意，对于小微民营贷款，政策制定不能搞“运动式”的大干快上。例如鼓励并不具备此类信贷投放经验的大型国有大行放贷；再例如为此类贷款的收益率水平设置人为上限，这都是与金融资源投放的市场化规律相违背的，最终结果往往会引发更大的资产质量问题。

适当松绑监管，鼓励金融机构混业经营。科创板等政策能够较好地提升股本融资的占比，但需要注意的是，科创板将推行保荐机构的跟投制度，以完善保荐机构的风控要求。这一要求直接将投资银行业务转化成重资本业务。而中国的金融体系以商业银行为主导，商业银行业的资本实力远强于证券公司。截至2018年底，中国商业银行业合计资本净额为证券行业的12倍。如果适当放松混业监管要求，允许商业银行从事证券业务，则有望凭借强大的资本优势，快速做大直接融资规模。

此外，从历史经验看，金融行业的分业和混业经营存在跨市场的竞争效应，即如果海外金融机构开始采用混业经营模式，而中国坚持采用分业经营模式，则有可能在金融行业对外开放过程中，丧失本土金融机构的优势。从美国情况看，特朗普就任以来多次表达了对于《多德－弗兰克法案》的不满，2018年5月，特朗普签署改革《多德－弗兰克法案》，改革的主要内容包括放松对中小银行的监管压力。随着美国金融行业重回混业经营的道路，中国需要对当前金融机构的严格分业监管适当松绑。

发展高收益债券市场，帮助小微和民营企业更好地债务融资。高收益债券通常是指信用评级低于投资级或者无评级的债券。美国拥有全球最发达的高收益债券市场。特别是20世纪70～80年代，随着美国产业结构调整，涌现出大量的新兴企业。这些企业往往倾向于通过较高成本债务融资的方式进行筹资。而在20世纪90年代，美国金融市场进一步创新了高收益债券的信用分析体系和风险管理工具，例如由摩根大通银行首创的CDS，随后发展成为非常成熟的信用风险管理工具。整体上看美国的高收益债券市场发展大大推动了中小企业的发展和产业结构转型。

高收益债券同样能够帮助中国做大债务资本融资市场。2012年开始，上交所、深交所推出了中小企业私募债，以试点解决中小企业融资难问题，但随后由于流动性欠佳、发行企业资质较差等问题，发展不尽如人意。2015年随着公司债发行主体的扩大，中小企业私募债逐步退出历史舞台。2018年10月，国常会决定设立民营企业债券融资支持工具，帮助民营企业解决融资难问题，通过信用风险缓释凭证（CRMW）改善市场风险偏好，从而降低民营企业债务融资成本，取得了较好的效果。

监管到位前提下，支持互联网银行、网络支付等新兴金融行业发展。在宏观经济的下行期，以P2P为代表的新兴金融行业在2018年前三季度风险集中暴露，大量P2P平台倒闭、停业。但我们认为，这主要是由于此前监管的缺位。对于P2P等金融创新，不能一棍子打死。核心原因在于，中国的小微企业与个人信贷的边界相对模糊。例如，一个小企业主往往既可以选择以小微企业作为信用主体融资，也可以选择以个人作为信用主体融资。支持这些新兴金融行业的发展，也能较好地解决小微企业融资问题，但需特别注意这些新兴金融行业的监管。例如，应当建立P2P行业的多头借贷监管体系，以防范共债造成的传染风险。

（李海涛）

论金融进化之道①

金融进化原则并没有因数字技术而发生改变。金融从业者和监管者都需考虑本质问题。金融有道，这个道不在于消灭风险，而在于从支持实体经济发展的角度判断金融的价值，根据风险本质经营和监管风险，并且根据实证经验在修正中进化。这或许是金融的智慧。

熟悉金融历史的人经常为一些现象所困惑。比如美国1933年通过的《格拉斯－斯蒂格尔法》明确规定分离商业银行和投行业务，到1999年这一规定被废止，转而鼓励金融的综合经营。2010年金融危机之后，美国又通过了《多德－弗兰克法》，其中的沃尔克规则禁止商业银行从事某些证券自营业务。而近期特朗普执政后，一个讨论的热点是废止这个法案。我们禁不住会问：如果是好的金融法案，为什么还会有如此反复？

在中国，因为1995年“327国债期货事件”，证监会暂停了国债期货交易，部分相关人员也锒铛入狱。2018年以后，国债期货在中国重启，并且获得了当年的金融创新奖。半年前的代币发行融资活动（ICO）与3年前的个体网络借贷（P2P）一样，在社会上风靡一时，但不久之后，我们看到了这些创新本身泡沫的破灭，以及监管对它们的颠覆式影响。

上述种种事例所反映的一个普遍现象，就是金融创新发展的周期性。这

① 2018年4月1日，《清华金融评论》。

种周期性可能伤害行业和社会，也增加了行业发展的不定性。如果要消减这一影响，就必须了解其中的规律，探索降低周期性波动的方法论。无论金融从业者还是监管者，都必须考虑一些最本质的问题：什么是好的金融创新？什么才是好的金融进化之道？

从历史看进化之道

为寻找这个“道”，我们可以从历史中溯源。金融发展史告诉我们三大原则：

第一，正确的金融价值观原则（Value-Based）。评价金融好坏的标准不是有无风险，而是在经营和监管风险的基础上金融能不能有效地服务实体经济。

第一个例子是银行。六七百年以前，跨国贸易对货币兑换和融资的需求，催生了银行的雏型。早期的放贷显然没有很好的监管机制，《威尼斯商人》中描绘的借贷违约、割肉偿还的现象，用恶意催收来形容并不过分。即便到了20世纪，在美国大萧条期间，有1万多家的银行倒闭。1934年3月4日，美国38个州所有的银行被迫停止运营。这被认为是美国金融史上最黑暗的一天。所以银行在发展过程中暴露了大量的风险和不规范行为，相对应的政策不是取消银行，而是更好地经营和监管风险，因为银行有服务实体经济的价值。

第二个例子是股票市场。1929年10月美国股市崩盘，当月先是银行家联合救市失败，接着纽约股票交易所被迫休市3天。这些措施当然都无法阻止股市下滑。到1933年，美国股市已经下跌90%以上，在这之后推出了《美国证券法》和《证券交易法》，成立证监会。美国2008年金融危机爆发，从3月美联储开始救助投行，7月救助大金融机构，9月禁止做空金融股，基准利率降低到零并且开始量化宽松，到2010年推出《多德－弗兰克法》。

股票市场的波动性及风险毋庸置疑，但是美国的发展史可谓一部金融立国史，企业创新创业的背后离不开发达的资本市场支持。股票市场并不因为巨大的波动而关闭，而是更好地经营和监管风险，充分发挥其对实体经济的支持作用。

历史的教训是，正确的金融观是管理风险而非杜绝风险。金融的一大特点是其风险和回报的滞后性。只要提供金融服务，这个风险本质就存在。消灭风险就等于消灭金融。那么我们为什么要容忍金融风险呢？因为金融的本质价值在于服务实体经济，随着实体经济的发展，对金融会产生新的需求，就会催生新的金融物种，这是金融生命力的来源。金融是经济发展的命脉，没有任何一个经济发达的国家和地区，金融是不发达的。为了让金融推动经济的进步，需要做的就不是消灭风险，而是经营和管理风险。

这个原则看似简单，但是我们在现实中见过太多对风险的讨论，都是就风险谈风险，而不注重讨论该项金融服务对实体经济的价值。这样的讨论在逻辑上是不完整的，其自然的结果，往往是在风险爆发前过于宽松，而在风险爆发后过于严苛。

第二，风险为本原则（Risk-Based）：经营和管理风险的核心是风险为本。在微观层面，让适当的人承担风险和收益；在宏观层面，防范风险系统性的传导。

不消灭风险不意味着放任风险。数百年来金融史告诉我们，金融风险有三个来源。一是来自融资者：融资者可能利用信息不对称欺诈投资者，监管需要做的是要求真实充分的信息披露，比如对企业上市后的信息披露要求。二是来自金融中介：因为金融风险滞后，金融机构在当下销售金融产品，但其风险却是在一定时间以后，这其中可能存在道德风险和经营风险，因此对金融中介需要一定的准入门槛和相关要求。三是来自投资者：投资者参差不齐的金融知识水平，与自身的贪婪和短视结合，最终往往伤害自己。所以，对不同的金融产品需要建立投资者适当性机制。

数百年来演化出的监管逻辑，就是围绕这三个风险源做机制安排。以融资方式为例。金融体系里有间接融资和直接融资。间接融资里是让银行这样的机构帮助不懂金融的人管理钱财。这对金融机构的风控能力有非常高的要求，监管通过资本金、杠杆率、流动性、限制期限错配等种种方法来限制金融机构的风险敞口，但是并不需要银行向投资者（储户）披露很多信息。所以管的核心是金融机构担责，同时限制金融机构的风险敞口。

直接融资是让适当的投资者自己承担风险和收益。主要监管方法是要求金融产品对投资者有足够的信息披露，同时对投资者的资质，即所谓投资者适当性，有合适要求。所以直接融资监管的核心不是让金融机构担责，而是设计合适的机制，让投资者获得充分的信息，可以甄别风险，同时承担投资的风险和收益。

再以风险分类为例。支付的主要功能是便捷安全地传递资金，没有滞后风险，不存在融资机构的信息披露或者投资者适当性问题。如果是债权或股权融资，取决于投资者是机构投资者还是公众。基本原则是，风险越大，则信息和风险披露以及投资者适当性的问题就越重要。

所以落实风险为本的原则需要分类（金融风险有多大？是直接融资还是间接融资?）、分级（金融中介的资质是否合格？融资金额有多大？投资者是否有承受能力?）。风险为本不是消灭风险，而是通过合适的机制安排，尽量让合适的金融用户得到合适的金融服务，同时让合适的投资者和机构承担合适的风险和收益。

第三，实证经验原则（Evidence-Based）：判断风险为本原则是否被有效实施的关键依据是实证经验。

平衡风险和社会效益永远是一个挑战。一方面，如果放任风险蔓延，可能酿成危机；另一方面，又很容易以防止风险的名义阻碍金融创新。那么如何判断风险为本的措施是否有效呢？所幸的是，金融的本质并不改变，过往的实践经验成为判断的宝贵依据。

回到金融应该分业还是综合经营的例子。《格拉斯－斯蒂格尔法》规定分离商业银行和投行业务。从逻辑上来说，这样的分离似乎合理，但后面大半个世纪的实践提供了不同的答案。首先，以功能为核心而非以用户为核心的分业经营是低效的运作方式，直接导致美国银行业相对欧洲、日本等未做严格分业规定的国家和地区，整体发展速度明显下降。其次，没有证据表明分业的金融机构更能够抵御危机的冲击。实际上，美国几大百年投行机构在金融危机期间的覆没，一个关键原因就是没有储蓄和央行的支持。所以，看似合理的金融法案，仍然需要根据实践经验而改变，否则会阻碍金融的健康发展。

从支持经济发展角度理解风险的金融价值观原则（Value-Based）、以风险为本的机制安排原则（Risk-Based）和以实践经验为准绳的判断原则（Evidence-Based），构成了降低金融创新周期性的三个有效原则。

从三原则看互联网金融发展

习近平总书记在中共中央政治局第二次学习会议时指出，我国的网络购物、移动支付、共享经济等数字经济的新业态走在了世界前列。从金融的角度看，数字经济共同的支持点就是移动支付。没有移动支付，就不会有网络购物和共享经济的大力发展。所以，让移动支付健康发展，对支持数字经济的增长做出了重大贡献。

从金融观原则的角度看，移动支付脱胎于新消费方式对支付的需求，与移动消费相伴成长，促进了消费经济的发展。从风险为本原则的角度，支付本身的滞后风险和不定性都很低，比较容易通过互联网技术发挥其普惠的优势；而移动互联、生物识别和大数据的结合，让支付风控能力从原来的只知道银行卡的真伪，到能准确判断支付者、支付行为和支付账户之间的关系。从实践证据的原则看，移动支付不但有效支持了新消费的发展，而且其资损率也从银行卡的万分之二左右降低到百万分之一的水平。

中国央行在支持移动支付的健康发展方面表现出了极高的智慧。2010 年《非金融机构支付服务管理办法》正式出台，2012 年银行业金融机构《反洗钱和反恐融资管理办法》出台，2013 年《支付机构客户备付金存管办法》出台，2015 年《机构分级、账户分级的管理办法》出台。监管者循序渐进的智慧，结合支付本身风险小的特征，以及技术带来的风控能力的提升，造就了今天中国引领世界的移动支付的成果。

相比之下，P2P 和 ICO，因为其融资存在滞后风险，并且从固定收益到权益的不定性越来越高，风险和信息披露、投资者适当性和金融中介的恰当资质，都成为重要的风险源。依据风险为本的原则，除非投资者能获取足够信息，并具备甄别风险的能力，否则其投资不可持续；从实践经验原则看，到 2017 年末不少 P2P 平台跑路，主要原因就是没有风险甄别能力。从监管政策的角度，安排恰当的风险披露、投资者适当性和中介准入机制，是行业健康发展的关键。前期引发市场乱象的问题现金贷，对整个消费金融行业造成了较大影响。但是问题现金贷只是消费金融市场中一个较小分支。消费贷既包括中长期的抵押贷款，如房贷和车贷，也包括期限较短的信用类贷款。后面这一类消费贷包括有消费场景依托的购物分期，以及无明确资金用途的现金贷。问题现金贷主要集中在无明确资金用途这一类，具有超短期高利率、高违约率、催收不规范的特点，与其他类型的消费贷有本质区别。以风险为本的原则，就不能将这些产品都视为同等级的风险，应区分产品性质和经营主体资质进行更精细化的分类分级管理。

所以，从移动支付、P2P、ICO 到现金贷，因为其风险本质的不同，结合数字技术发展的路径不同，所需要的监管机制也不同。这是风险为本原则发生作用的结果。

金融本质不变，数字技术改变了什么

金融进化的这三个原则，并没有因为数字技术而发生改变。但这并不意味着现有的金融体系不需要进化。技术正在深刻改变金融的运作方式，金融体系也需要相应的进化。

数字技术带来的第一个大趋势，因为移动互联和物联网，让金融史无前例地实现普及，并且越来越回归实体经济，融合在从销售、供应链、销售到消费的环节中。技术不但同时驱动经济和金融的改变，而且让它们相伴生长。从新经济需求的角度看技术驱动的新金融的巨大生命力，是这个时代正确的金融价值观。

金融和实体经济的深度融合，带来的不仅仅是普惠，而且是风控能力的提升。金融的本质是一种基于信息的服务。大数据（信息）、人工智能（算法）、云计算（算力）的结合，必然带来风险甄别能力的提升，区块链更是建立在新的信任机制之上。金融的本质不变，不代表金融一成不变；在信用卡普及以前，也很少有人能够想象消费信贷的普及。依据风险为本的原则，在合适的机制安排下，应当大力鼓励具备风控能力的数字金融的发展。这是数字时代金融的与时俱进。

数字技术带来的第二个大趋势，是让金融从条块分割（B2C）越来越向以金融用户为核心的综合服务（C2B）发展。人类历史上第一次，金融用户可以有一个金融生活（Finlife）的概念，怎么花钱、省钱、挣钱，需要什么样的金融服务，可以合起来考虑；各种企业，无论大小，都可以有懂自己的首席财务官（CFO）。本来综合金融服务就是一个大趋势，数字技术的发展更进一步推动了这一趋势。这里描述的综合经营，不只是指企业，更是突破企业边界，金融机构之间、金融科技和金融机构之间的合作生态。依据金融观的价值原则，我们应当理解这个趋势不但来自金融服务的效率，更来自用户的需求。从风险为本的角度，重要的不是以风控的名义刻意条块分割，而是如何有效地监管综合经营的风险。

结语：根据风险本质经营和监管风险

获得过诺贝尔奖的经济学家约翰·希克斯曾经说过，“工业革命不得不等候金融革命”。技术带来商业和经济生活的改变，同时催生支持经济发展的金融创新。历史上所有具备生命力的金融创新，都是这样产生的。但是金融又伴有风险。如何降低金融创新的周期性波动，推动金融创新健康发展，是每一个关心金融和经济发展的人都应该在意的问题。

金融有道。这个“道”不在于消灭风险，而在于从支持实体经济发展的角度判断金融的价值，根据风险本质经营和监管风险，并且根据实证经验在修正中进化。这或许是金融的智慧。

（陈　龙）

第三章
新金融新思维

改革开放走过 40 余年，中国经济发生了突飞猛进的变化，改革创造的发展动力影响着中国社会的每个行业，金融业、资管业尤为明显。“资管新规”的正式落地，意味着中国的资管市场将会在中期迎来重新的洗牌和重塑，资本市场的改革让投资者看到了更多参与中国新经济崛起的机会。同样，中国股票市场的各项规章制度也在日益完善，科创板或能开创资本和企业间互动、互联，或能实现投资者与企业的互利共赢。

2018 年可以看作是中国资管行业发轫的元年[①]

在经过了 5 个月的准备后，“资管新规”正式落地。这是 2018 年对于金融市场和资产管理机构而言最具深远意义的文件之一。从最终出台的文件看，虽然有微调，但监管态度整体仍然严格。2018 年可以看作是中国真正的资产管理行业发轫的元年。

过度发展的中国资产管理市场将大幅缩水

借鉴海外成熟市场的经验看，一家资产管理机构要想基业长青，必须在资产端或者负债端具备较强的优势和壁垒。从中国的实践看，接近半数的资产管理机构在资产端和负债端都不具备这种能力，只是凭借自身的牌照红利在资管行业中扮演通道的角色。如果将此类机构的规模剔除，过度发展的中国资产管理市场规模将大幅缩水。

随着资管新规的落地，未来不同类型的资产管理机构需要重新审视自己的定位，并基于自身禀赋寻找资产端或负债端的专业壁垒，预计“转型”将成为未来较长时间内全行业的主题。

---

① 2018 年 7 月 16 日，《人民日报》。

过度发展的资产管理市场

经过多年的飞速发展，中国的资产管理行业已经形成了超过100万亿元的庞大规模。而过去的几年中，受益于居民财富的积累，全行业的总规模在如此庞大的基数下仍然以接近30%的年均复合增速高速增长。

资产管理业务的本质是“受人之托，代人理财”。从海外资产管理机构的经验看，从事这种业务的机构基本上可以分为两大类：

一大类机构以为客户提供优质资产作为主要竞争优势，其禀赋主要体现在资产端的优势，即“管理资产”的能力。这类机构通常深耕于某一资产类别之中，通过较强的研究能力，进而能够为投资人在该资产类别中提供超过其他机构的回报率。代表性的机构例如富达基金在股票投资领域，PIMCO在债券投资领域，KKR在私募股权投资领域，橡树资本在不良资产投资领域等。

另一大类机构是以良好的客户服务能力作为主要竞争优势，其禀赋主要体现在较强的客户粘性上，这种粘性可能来自于良好的客户体验、全面的附加服务、专业的投资建议等方面，这在私人银行等高净值客户的服务中显得尤为重要。这类机构的核心能力在于负债端的优势，即“管理财富”的能力。代表性的机构例如道富、梅隆、摩根大通等银行系的资产管理机构，再如美林、嘉信等经纪业务起家的资产管理机构等。

借鉴海外市场的经验看，一家资产管理机构要想立足并基业长青，必须在资产端或负债端中至少一方面拥有较强的专业壁垒。那么中国的资产管理公司优势何在？可以尝试通过区别不同类型机构的优势将中国的资产管理市场进行分类：

在资产端，中国的公募基金和阳光私募基金等机构深耕于股票、债券等公开市场投资工具，私募股权投资基金主要投资于未上市的私营企业。这些机构都分别在各自领域建立了较强的专业壁垒。截至2017年末，这类“资产优势型”的机构共占据中国资产管理行业22%的市场份额。相较而言，其他资产管理机构的资产投向呈现较强的趋同化，基本上都通过投资于非标准化债权资产，最终成为了银行表外的放贷工具，即通常意义上的“影子银行”类机构。

在负债端，由于间接融资在中国的社会融资体量中占据了 90% 的份额，居民对于银行体系高度依赖，因此商业银行也成为最具负债端优势的机构，银行的理财部门可以算作是“负债优势型”资产管理机构的代表。此外，由于独立的代理人营销团队的存在，中国的保险公司也在负债端建立了一定优势。截至 2017 年末，这类“负债优势型”机构共占据中国资产管理行业 28% 的市场份额。除此之外，大多数机构在募资上都严重依赖于商业银行，独立募资能力较差，不具备帮助客户管理资产和提供配置建议的能力，更难言建立良好的品牌。

可以看到，占据中国资产管理行业半壁江山的大量机构无论在资产端和负债端都没有任何优势，这类机构通常并不直接向客户募资，而是依赖商业银行等资金渠道；也并不直接承担投资的职能，不具备风险定价的能力。过去，这类机构凭借自身的牌照优势，承担着中国“影子银行”体系中的“通道”功能，虽然积累了庞大的资产管理规模，但并没有行资产管理之实。如果将这些通道类机构剔除，则中国的资管行业规模将大幅缩水。

机构转型刻不容缓

2018 年可以作为中国资产管理行业的一个分水岭。资管新规正式出台后，在资产端和负债端都不具备优势的通道类资产管理机构的“牌照红利”时代将宣告结束，未来将面临重新定位。

一方面，资管新规不再针对不同机构进行资产管理业务的监管，而是统一按照募集方式和资金投向分类，即按照负债端和资产端的特点进行分类，统一监管标准，过去通道型机构的监管套利空间大大缩小。

另一方面，资管新规的核心要求之一是去通道化，消除资管产品的多重嵌套。新规明确禁止开展规避投资范围、杠杆约束等监管要求的通道业务，此类机构的“牌照红利”将直接消失。

事实上，从2017年开始，已经有部分通道类的资产管理机构开始了转型，截至2017年底，基金子公司和券商的通道类资产管理业务分别相较年初压减了18.7%和4%。与此同时，公募基金和私募基金为代表的主动管理型机构资产规模相较年初分别增长了26.6%和40.7%。可以说，资产管理机构之间的分化已经开始。

那么中国的资产管理机构未来应当如何转型？核心是依据自身禀赋进行适当定位，寻找资产端或负债端的优势。

例如证券公司在过去通过经纪业务积累了大量零售客户，同时这类客户对于股票等公开市场的风险资产有较为浓郁的投资兴趣。券商的资产管理业务部门可以通过发掘这部分客户的财富管理需求，作为自己的负债端优势。

信托牌照的核心优势是在于风险隔离、破产保护等。海外的信托机构在家族信托等业务上都有较长时间的业务积累。国内的信托公司可以考虑通过发挥信托制度的优势，发展家族信托等高端理财产品，以积累高净值人士的负债端优势。

例如中小型的商业银行可能在资产端的风险定价上不具备优势，但负债端的存款基础较为牢固，未来可以通过将资产委托管理的形式，委托给资产端具备优势的机构，在此过程中积累为客户进行资产配置的能力，未来转型做FoF或MoM，把资产配置的能力作为核心壁垒。

总而言之，资管新规正式落地之后，所有的资产管理机构都需要对自己的定位进行重新审视。可以预见，中国的资管市场将会在中期迎来重新的洗牌和重塑。从这一点上看，将2018年定义为中国资产管理行业的元年并不为过。

（李海涛）

影子银行：银行理财产品的发展与前景分析①

2007 年以来银行理财产品规模不断上升，2007 年底理财产品资金存续余额为 0.53 万亿元，2017 年底理财产品存续规模增长至 29.54 万亿元。从性质上看，银行理财产品可以分为保证收益类、保本浮动收益类、非保本浮动收益类。其中，非保本浮动收益类属于银行的表外理财业务，是影子银行的重要组成部分。银行通过发行表外理财的方式获取资金，通过委托贷款、委外投资等方式实现资产出表，“同业存单－表外理财－委外投资”构成了金融加杠杆的资金链条，导致资金在金融系统内部空转套利，对实体经济的支持作用减弱。2017 年 11 月，央行发布《关于规范金融机构资产管理业务的指导意见（征求意见稿）》，对理财产品在期限、性质、投资方向等方面提出了新的要求。

银行理财产品的发展历程

2007 年是我国理财产品市场的元年，2007 年底理财产品资金存续余额为 0.53 万亿元。2009～2015 年是我国理财产品的爆发性增长阶段，理财产品资金余额由 2009 年底的 1.7 万亿增长至 2015 年底的 23.50 万亿元，年度增速均

① 2018 年 3 月 8 日，财新网。

在50%左右。2016年银行理财产品增速放缓，2016年底资金余额为29.05万亿元，增速降至23.62%。2017年受到金融去杠杆的影响，理财产品规模在上半年出现负增长，2017年6月理财产品资金余额下降至28.38万亿元。根据银行业理财登记托管中心有限公司发布的《中国银行业理财市场报告（2017年）》，2017年底银行理财产品余额为29.54万亿元，较2016年底（29.05万亿元）增长0.49万亿元，增速降至1.69%。

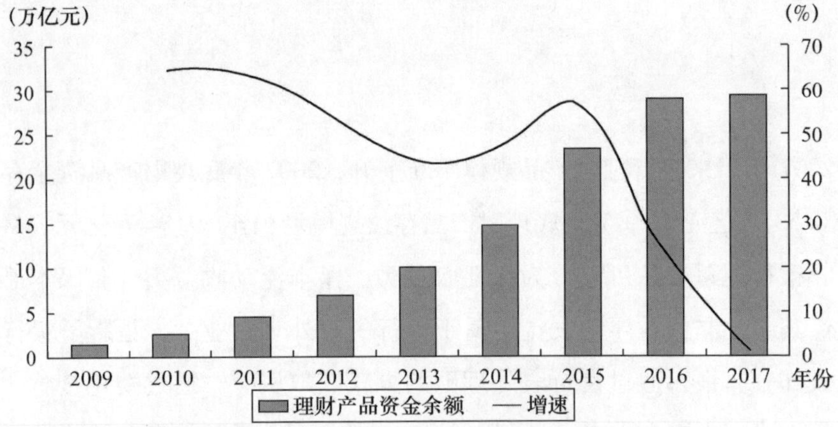

图3-1　银行理财产品余额与增速

数据来源：Wind，《中国银行业理财市场报告（2017年）》。

理财产品的出现与发展有其深刻的宏观经济原因。从供给角度看，一方面，2009年以来我国金融机构各项存款同比增速不断下降，银行资金来源受到冲击，发行理财产品成为银行拓展资金来源、参与资金竞争的重要渠道；另一方面，随着利率市场化的推进，商业银行的盈利模式不断调整，理财业务与中间业务成为银行新的利润增长点。从需求角度看，2008年金融危机后，全球货币政策趋于宽松，一些国家甚至实施了负利率政策，我国也采用宽松的货币政策与积极的财政政策应对危机，存款利率吸引力下降，居民主动寻求高收益的资金投资渠道，增大了对理财产品的购买需求。

从产品性质上看，银行理财产品以非保本理财为主，但监管逐渐趋严。根据产品性质，理财产品可以分为保本类与非保本类，其中保本类又可以分为保证收益类、保本浮动收益类。保本型理财产品具有部分存款的性质，纳

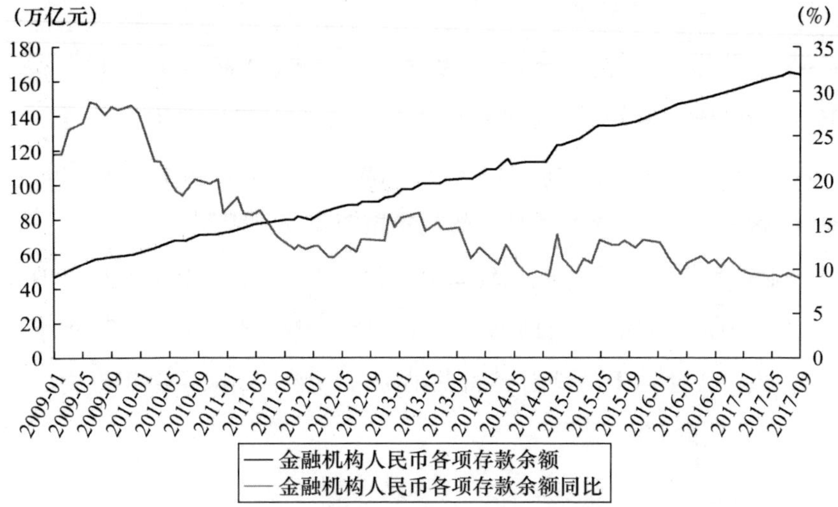

图 3-2 金融机构各项存款余额与增速

数据来源：Wind。

入表内核算，按银监会规定计提资本金和拨备。而非保本类理财产品是指银行并不对理财产品的本金与收益进行保证，是一种“代客理财”，银行不承担风险，故属于银行的表外业务。2017 年 11 月发布的《关于规范金融机构资产管理业务的指导意见》中首次提出“只有非保本理财产品才是真正意义上的理财产品”。

非保本产品是银行理财产品的发行主力。银行发行非保本理财不需要计提资本金与拨备，能够实现资金脱表、绕开表内监管。由于非保本理财产品不承诺保障本金，故理财产品的投资者承担了更大的信用风险，要求更高的收益率。但我国理财产品存在银行刚性兑付的问题，银行的隐性担保使投资者在购买非保本型理财产品时缺少风险意识，几乎不会意识到亏损本金的可能性。这导致非保本型理财产品的收益率仅略高于保证收益与保本浮动收益型（2017 年 12 月，保证收益、保本浮动收益、非保本浮动收益三类产品的平均预期年化收益率分别为 4.38%、4.39%、5.07%），这本质上是隐性担保与刚性兑付导致的银行理财产品的错误定价。2017 年上半年的金融去杠杆对非保本理财收益的监管逐渐趋严。2017 年底，非保本理财产品的余额由 2016 年底的23.1万亿元下降至22.17万亿元。2017年12月，保证收益、保本浮动收益、非保本浮动收益三类产品的发行量占比分别为16.24%、7.33%、76.43%。未来随着监管进一步加强，非保本浮动型产品的增长速度将受到一定的限制。而保本型理财产品纳入表内核算，需要计提存款准备金，对银行而言成本较高，所以理财产品整体的规模增速将受到限制。

从理财产品期限上看，截止到2016年底，发行期限为3个月以内的理财产品占比为56%，3~6个月理财产品占比为24.48%，6~12个月占比为17.40%，期限1年以上的理财产品占比为2.12%。期限在半年以内的理财产品占到整体比例的80%以上。

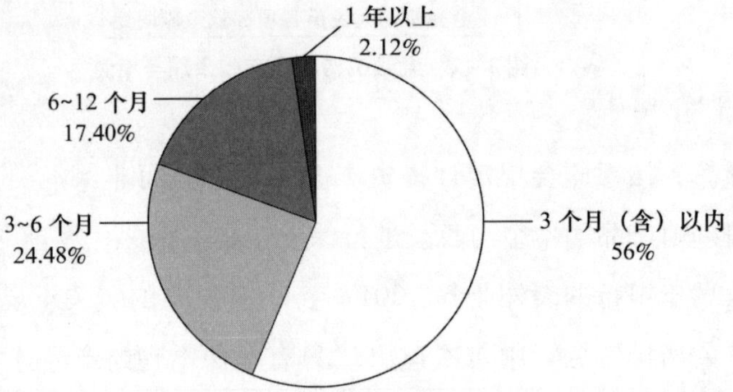

图3-3　理财产品期限分析

数据来源：Wind。

从投资者结构看，一般个人类投资者依然是银行理财产品最大的投资方。2017年底，一般个人客户产品存续余额为14.6万亿元，占比为49.42%，较年初有所下降。银行同业专属产品主要面向银行间同业市场发行。2017年受到金融去杠杆的影响，银行同业产品的存续余额为3.25万亿元，占比为11.00%，较2016年底出现大幅下降（2016年底存续余额为5.99万亿元，占比20.61%）。机构客户专属产品与私人银行客户专属产品的余额分别为6.5万亿元、2.28万亿元。

从发行方来看，股份制商业银行是理财产品的发行主体。2017年底，股份制商业银行理财产品存量为11.95万亿元，占理财产品市场整体存量的

40.45%。城市商业银行理财产品存量为4.72万亿元，占比为15.97%。国有大型商业银行理财产品存量为9.97万亿元，占比为33.7%。股份制商业银行、城市商业银行吸储能力较弱，面临更大的资金压力，故发行理财产品、拓宽资金来源的积极性更强。

从理财产品投资方向上看，债券、存款、非标资产（非标准化债权类资产）是理财产品的主要配置资产。债券作为一种标准化的固定收益资产，是理财产品重点配置的资产之一，理财产品中投资于债券的占比由2015年的50.99%下降至2017年底的42.19%。银行存款由2015年的22.38%下降至13.91%。非标资产由2015年的15.73%上升2016年底的17.49%，2017年底受到金融去杠杆的影响降至16.22%。

表3-1　　理财产品投资方向分析　　单位：%

	债券	现金及银行存款	非标准化债权类资产	权益类资产
2015-12	50.99	22.38	15.73	7.84
2016-06	40.42	17.74	16.54	—
2016-12	43.76	16.62	17.49	—
2017-06	42.51	14.95	16.14	—
2017-12	42.19	13.91	16.22	9.47

注：未在表中反映的其他投资包括金融衍生品、境外理财投资QDII、商品类资产、公募基金等。
数据来源：Wind。

银行理财产品与金融加杠杆

银行理财产品通过“同业存单-表外理财-委外投资”的资金链条构成了金融加杠杆的渠道：

第一，金融加杠杆背后的根源是货币创造机制的变化。受到国际经济格局与人民币汇率等因素的冲击，我国外汇占款在基准货币投放中的作用逐渐降低，中央银行外汇占款从2016年1月的24.2万亿元下降至2017年底的21.48万亿元。央行的货币创造机制由外汇占款逐渐转移为新型货币政策工具，包括抵押补充贷款（PSL）、常备借贷便利（SLF）、中期借贷便利（MLF）等，三者余额由2016年1月的2.5万亿元增长至2017年12月底的7.34万亿元。央行发行新型货币政策工具时需要抵押品，而大银行的抵押品数量更多、质量更优，所以基础货币投放方式呈现显著的结构性特征——大型商业银行吸收了央行投放的流动性，但中小银行获得的流动性支持则相对不足。

第二，为了增加资金来源，弥补流动性不足，中小银行通过以下方式获得流动性支持：一方面，通过发行同业存单从大型商业银行获得资金支持，之后在资产端投资于其他银行发行的同业理财产品。2016年底银行同业专属产品余额达到5.99万亿元，占理财产品整体余额的比重为20.61%；2017年受到金融去杠杆的影响，银行同业理财产品的规模与占比均大幅下降，2017年底余额降至3.25万亿元，降幅达到29.5%。另一方面，中小商业银行还通过向个人投资者发行表外理财产品获得表外资金，2017年底，一般个人客户产品理财产品余额为14.6万亿元，占理财产品整体余额的比重为49.42%。

第三，理财资金通过委外投资的方式投资于非标资产形成资产出表。非标资产指的是"非标准化债权资产"，包括但不限于信贷资产、信托贷款、委托债权、承兑汇票、信用证、应收账款、各类受（收）益权、带回购条款的股权性融资等。

上述"同业存单－表外理财－委外投资"的资金链条构成了金融加杠杆的渠道。而实际经济操作中，金融机构数量更多、金融产品更为复杂、资金运作链条更长。这种金融加杠杆的形式具有以下风险：

第一，微观视角。从金融机构自身看，表外理财的本质是银行代客理财，属于表外业务，银行不承诺兑付也不承担风险。商业银行通过表外理财的方式获得资金，不需要缴纳存款准备金，进而通过委外投资实现资金出表，不需要计提资本金与拨备。但目前银行理财产品存在隐性担保与刚性兑付的问题，银行实际承担了表外理财的部分信用风险。所以，银行这部分没有计提资本金的委外投资存在风险敞口，目前资本充足率无法准确计量商业银行的风险，存在一定的风险隐患。

第二，中观视角。从金融系统看，“同业存单－同业理财”之间的资金空转存在期限错配风险，当银行发行的理财产品到期，但投资的同业存单或同业理财尚未到期时，只能通过继续发行同业存单或同业理财进行兑付，可能导致金融系统中资金成本上升，出现流动性危机。一旦流动性危机在金融机构之间相互传染，甚至可能触发系统性金融风险。

第三，宏观视角。从实体经济看，资金在金融系统空转将拉长投资链条，抬升融资成本。同时可能影响货币政策执行效果：当货币政策宽松时，资金在金融体系内部的空转中层层加码，在到达实体企业时成本较高，宽松的货币政策无法为企业创造融资便利。而紧缩的货币政策则将直接影响金融体系的流动性，直接导致实体经济融资困难。

新监管下银行理财产品未来发展的趋势

2017 年 11 月出台的《关于规范金融机构资产管理业务的指导意见（征求意见稿）》对理财产品提出了以下监管要求：

第一，增强资产管理产品的久期管理，封闭式资产管理产品最短期限不得低于 90 天。这一规定将影响银行理财产品的期限结构，降低短久期负债，抑制银行月末或季末发行理财产品冲存款。这一规定要求银行为流动性做更充足的储备。

第二，《指导意见》要求银行将预期收益型产品做成净值型产品。预期收益类是指银行在发行理财产品时会出具一个预期收益率供投资者参考，而净值型产品则需要采用公允价值计量的净值方法确定产品的收益，不能保本保收益、不能通过轮流接盘保收益、不能用自有资金保收益。这一点本质是在纠正理财产品收益率的错误定价，用净值型产品（类基金）提示投资者投资风险，避免刚性兑付。

第三，设立子公司经营理财产品业务。《指导意见》要求主营业务不包括资产管理的金融机构应当设有独立法人地位的资产管理子公司开展资管业务，暂不具备条件的可以设立专门的资产管理业务经营部门开展业务。大部分银行的资管业务都是在独立部门中运作的，可作为缓冲期的操作，但长期来看，设立具有独立法人地位的子公司从事理财产品业务是监管的大势所趋。

第四，非标资产是银行表外理财的主要投资方向之一。《指导意见》对于非标产品进行了两方面的监管要求：一是要求披露每笔非标准化债权类资产的融资客户、项目名称、剩余融资期限、到期收益分配、交易结构、风险状况等，二是非标准化债权类资产的终止日不得晚于封闭式资产管理产品的到期日或者开放式资产管理产品的最近一次开放日，增加了对非标产品流动性的要求。

在上述监管之下，未来银行理财产品可能呈现以下发展趋势：

第一，从整体上看，理财产品规模增速将放缓。2018 年表外理财与同业存单将纳入宏观审慎监管的考核范围，“同业存单－同业理财”的资金空转将得到一定控制，理财规模的增长将受到限制。

第二，从定价上看，非保本理财产品的定价将更为合理。之前文章分析到银行隐性担保与刚性兑付使得非保本型理财产品的风险被低估了，而《指导意见》中规定银行理财产品将由预期收益率转变为净值型产品，将打破刚兑，提升投资者风险意识，从而使非保本型理财产品的定价更为合理。

第三，从行业发展看，主营业务不包括资产管理的金融机构应当设有独立法人地位的资产管理子公司开展资管业务。2019 年各大银行将成立从事理财产品与资产管理业务的子公司，行业竞争将更为规范。

（欧阳辉　刘一楠）

影子银行：信托行业的发展趋势与前景分析①

截止到2017年底，我国信托行业资产管理规模达到26.25万亿元，成为金融系统的重要组成部分。信托在我国发展出具有中国特色的融资职能，银信合作等通道业务带动了信托行业的迅速发展，信托承担部分银行信贷职能，但规避了银行贷款投向、存贷比、资本金等方面的监管，因此具有影子银行的特征。2017年金融去杠杆旨在减少资金空转、增加资金支持实体经济，对信托行业中的通道业务、多层嵌套、刚性兑付等问题加强监管，金融去杠杆背景下信托行业的转型迫在眉睫。本文将首先分析我国信托行业的特征，回顾信托行业的发展历史，并进一步聚焦金融去杠杆背景下信托未来的发展趋势。

什么是信托

“受人之托，代人理财”是信托行业最初的发展宗旨。在其他国家，信托基金作为实体法人，代表受益人管理资产，并收取管理费。而在我国以商业银行为中心的金融体系中，信托与银行合作，衍生出融资、投资等职能。2014年银监会《关于调整信托公司净资本计算标准有关事项的通知（征求意

① 2018年5月8日，财新网。

见稿)》中将信托业务按照功能划分为三种：融资类信托业务、投资类信托业务、事务管理类信托业务。其中，事务管理类即所谓的通道业务，具体业务内涵参见表3-2。

表3-2　信托业务内涵与分类

	业务内涵	判断标准
融资类信托业务	信托贷款、受让信贷或票据资产、股票质押融资、准资产证券化、非标资金池等业务	设有预期收益率
投资类信托业务	包括证券投资、非公开市场金融产品质资和非上市公司股权投资等	不设预期收益率
事务管理类信托（通道业务）	委托人自行负责前期尽职调查及存续期信托财产管理，自愿承担信托投资风险；受托人仅负责账户管理、清算分配及提供或出具必要文件已配合委托人管理信托财产等事务，不承担积极主动管理职责	信托报酬率较低；合同约定信托期满时信托财产存续状态交付受益人进行分配

资料来源：中国银监会。

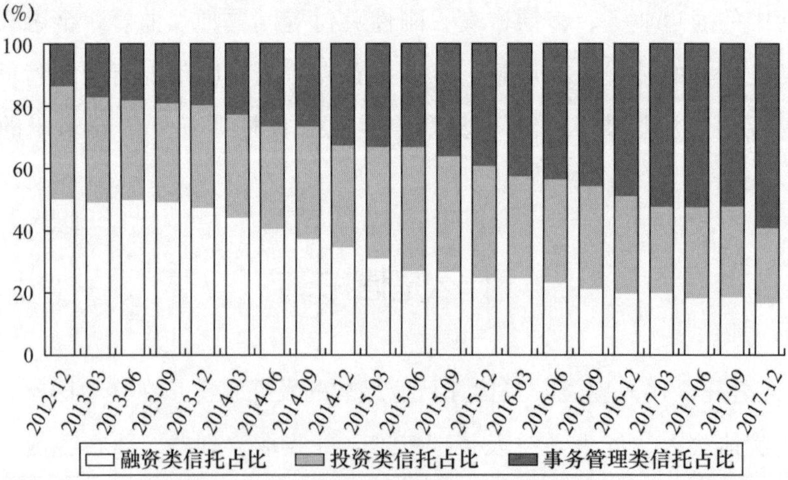

图3-4　信托业务的发展趋势（不同业务类型）

资料来源：Wind。

2017年底，我国信托行业资产管理规模为26.25万亿元，较上一季度增长29.82%，其中融资类、投资类与事务管理类占比分别为16.87%、

23.51%、59.62%，通道业务占比超过50%。同时考虑到部分通道业务隐藏在融资业务中，所以目前通道业务的占比或将更高。

我国信托的历史：通道业务的兴起、发展与变迁

1979～2007年是我国信托行业的起步阶段，信托业务模式处于摸索阶段，也曾出现变相信贷、与银行不正当竞争等非规范经营行为。2007年，《信托公司管理办法》和《信托公司集合资金信托计划管理办法》正式颁布，开始实施分类监管与行业整顿，信托行业的发展逐渐规范化。2008年底，信托业管理资产规模为1.22万亿元。

回顾2008～2019年，信托11年的发展历程可谓是我国宏观经济与资本市场的一面镜子。大致可以分为三个发展阶段：

（一）2008～2012年：通道业务爆发式增长

2008年，受到金融危机的影响，我国出台了“四万亿”的刺激政策，旨在对实体经济提供流动性支持；地方融资平台也纷纷成立，支持地方基建投资。在宏观经济逐渐企稳后，决策层开始逐渐关注信贷增长与资产价格、金融风险之间的联系。2010年10月银监会指出“房地产行业贷款风险隐患上升”，同时收紧了对贷款额度与贷款投向的监管。商业银行直接放贷进入房地产市场与地方政府融资平台受到限制，于是“银信合作”成为银行为实体经济提供流动性的重要模式，也直接导致了信托规模的快速增长。

银信合作是指银行与信托公司合作，银行利用表外理财资金购买信托公司的信托计划，再由信托公司放款给企业。从银行角度看，银信合作将信贷资产转移出表，从而绕开存贷比与贷款额度的限制，减少资本金消耗；同时，银行也可绕开资金投向的监管，将资金投入房地产、地方政府融资平台、产能过剩行业。从信托角度看，银信合作属于信托公司的通道业务，使信托公司获得通道费用，并迅速做大资产管理规模；同时银行隐性担保使通道业务风险较低，具体的是当银行是通道业务的发起人时，银行为信托资产提供隐

性担保，同时银行可能会对银行渠道销售的信托产品承担部分损失。

2012 年底，银信合作存量规模为 2.03 万亿元，占信托行业整体规模的比重为 27.18%。在以银信合作为主的通道业务的带动之下，信托整体资产管理规模不断增长，由 2008 年底的 1.22 万亿元增长至 2012 年底的 7.47 万亿元，4 年之间增长了 6 倍多，年度复合增速达到 57%。2017 年底，银信合作余额为 6.17 亿元，占信托行业整体管理资产的 23.51%。

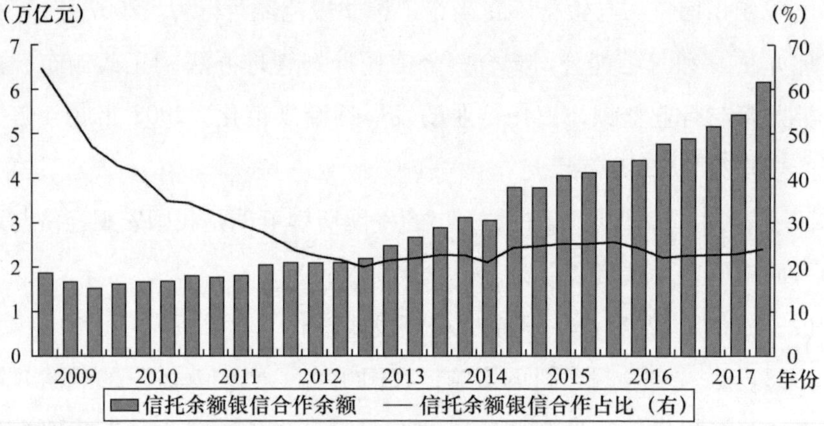

图 3-5　银信合作余额与占比分析

资料来源：Wind。

（二）2012～2015 年："泛资管"时代下信托规模受到挤压

2012 年，信托规模增速放缓，反映出金融市场环境的深刻变化。2012 年券商资管与基金子公司开始开展非标业务与通道业务，与信托形成激烈竞争。受益于宽松的政策环境，基金子公司资产管理规模由 2013 年的 0.97 万亿元增长至 2016 年底的 10.5 万亿元，券商资管规模由 2013 年的 5.2 万亿元增长至 2016 年的 16.9 万亿元，一定程度上挤占了信托的市场份额。

（三）2016～2019 年：信托与金融去杠杆

我国的融资体系以银行为主，银行与信托的合作主要有表内业务与表外业务两种范畴（表 3-3），下面将分析两方面业务如何出现类影子银行特征。

首先，在表外范畴上看，银行可直接发起通道型信托产品或发行投资于信托产品的理财产品。前者是指银行将信贷资金购买信托公司的通道型信托产品，

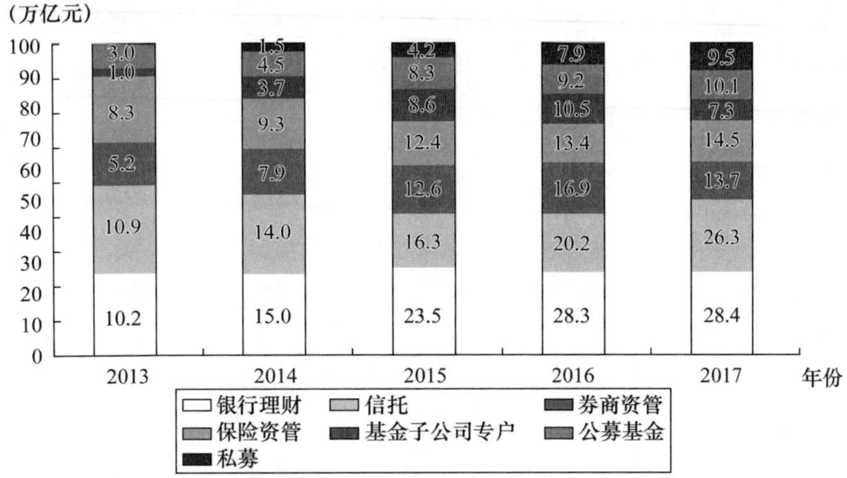

图 3－6　“泛资管”时代下不同主体资产管理规模的趋势分析

资料来源：Wind。

后者是指银行发行表外理财，筹措资金后投资于信托产品。二者的区别在于银行资金来源不同（前者是银行信贷资金，后者是发行表外理财筹措资金）。

表 3－3　银行与信托的合作模式分析

银行与信托的合作	具体业务
表外范畴	银行发起通道型信托产品 银行发行投资通道信托的理财产品
表内范畴	银行以信托收益权的形式购买其他银行的通道信托产品 银行以买入返售资产的方式为其他银行的通道信托产品提供融资支持

上述业务具有影子银行性质：一方面，银行在发放贷款时，可能受限于存贷比、资本充足率、投资方向等方面的限制，而通过与信托的合作使银行信贷资金绕开上述限制。银信合作承担了信贷的职能，但规避了信贷的监管，因此出现类影子银行特征；另一方面，投资者在购买此类信托产品时，由于对银行隐性担保与刚性兑付的依赖，放松了风险甄别与风险承担，从投资者角度也具有类存款的性质。从社会融资规模的构成上看，2010 年后新增人民币贷款占社会融资规模的比重不断下降，而信托贷款占比则迅速上升；2013

年新增人民币贷款占社融规模的比重降至51.35%，信托贷款占社融比重上升至10.63%。这与银信合作业务的崛起密切相关。2014年之后受到基金子公司与券商资管等其他资管渠道的挤压，信托贷款占社融的比重在2015年降至低点（0.28%）。

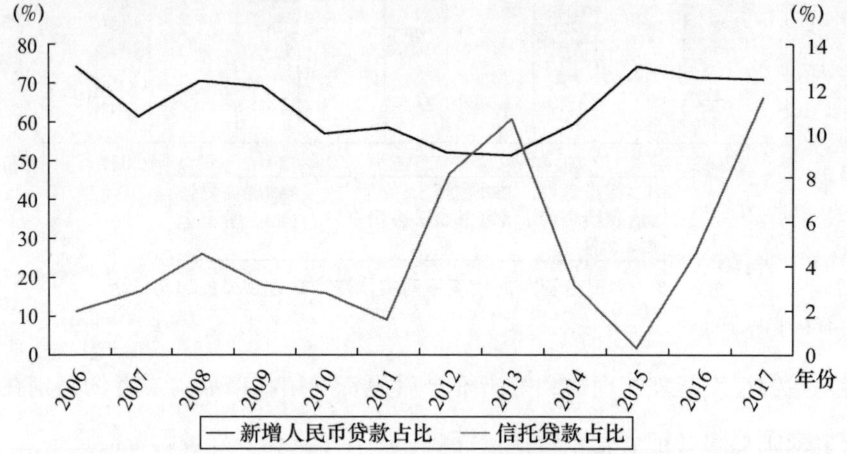

图3-7　2010年信托贷款占社融的比重迅速上升

资料来源：Wind。

其次，在表内范畴中还衍生出一种通过信托收益权隐性放贷的方式。例如银行A想借款给企业B，但受限于行业或配额等因素无法直接发放贷款，因此引入信托公司D与合作银行C。由信托D向企业B发行信托产品，由银行C发行理财产品购买信托D的信托收益权，再由银行A通过买入返售资产的方式从银行C获得信托收益权。其中，买入返售资产是指公司按返售协议约定先买入再按固定价格返售的金融资产；具体的，银行A（资金融出方）将资金融出给银行C，资产端增加买入返售资产，并约定信托到期后由银行C以约定价格买回资产（银行A享有信托收益权，并实现资金回流）。此时，银行A与企业B之间的信贷业务转变为银行A和银行C之间的同业业务，资产形式也由信贷资产转变为同业资产。

上述信托参与金融加杠杆的业务具有以下风险：从信托角度看，信托的业务范围主要集中于产能过剩、地方政府融资平台或房地产企业，这些企业与银行的直接信贷业务受到限制，信托转而承担了这部分信贷职能，但这些行业普遍风险较高，造成了信托业务较大的风险敞口；从银行角度看，银行通过与信托合作将信贷资产转移出表外，但依然承担着部分隐性担保的义务，也出现了未计提资本金的风险资产。从金融系统角度看，买入返售资产业务导致同业规模扩张，同时资金层层嵌套，加剧了金融系统内部的加杠杆进程。

我国信托的现状：金融去杠杆下的信托

金融去杠杆旨在化解金融风险、缩短资金链条、增强资金支持实体经济的能力，对信托行业的影响可以分为替代效应与直接效应。

从替代效应上看，2016 年三季度开始，基金子公司从事通道业务也开始受到风险资本的约束，监管新规要求基金子公司净资本不得低于 1 亿元、不得低于净资产的 40%、不得低于负债的 20%，净资本不得低于各项风险资本之和的 100%，抑制了基金子公司通道业务的迅速扩张。参照表 3，基金子公司资产管理规模由 2016 年的 10.5 万亿元下降至 2017 年的 7.3 万亿元。券商资管规模也由 2016 年的 16.9 万亿元下降至 2017 年底的 13.7 万亿元。在金融去杠杆的进程中（2016～2017 年），券商资管与基金子公司专户的管理资产规模分别下降 3.1 万亿元和 3.2 万亿元，资管业务部分向信托回流，2016～2017 年之间信托管理资产规模增长了 6.05 万亿元。

表 3-4　信托、券商资管与基金子公司资管规模　单位：万亿元

管理资产规模	2013 年	2014 年	2015 年	2016 年	2017 年	2016～2017 年
信托	10.9	14.0	16.3	20.2	26.25	6.05
券商资管	5.2	7.9	12.6	16.9	13.7	-3.1
基金子公司专户	1.0	3.7	8.6	10.5	7.3	-3.2

资料来源：Wind。

在政策相对紧缩的条件下，上述替代效应带来了信托资产规模的增长，参照图 3-8，信托行业资产管理规模由 2016 年的 20.2 万亿元上升至 2017 年

的26.25万亿元，但增速有所下降。信托行业受到金融去杠杆的影响，行业大规模扩张将受到一定限制。

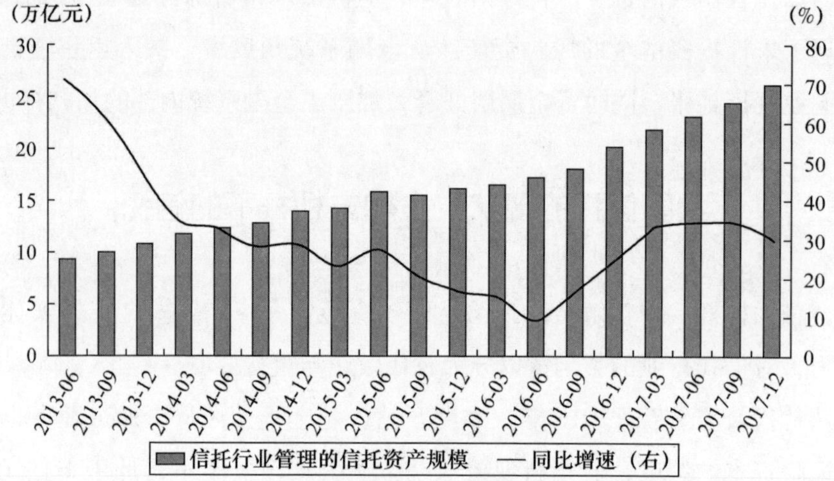

图3-8 信托行业管理资产规模的趋势与增速分析

资料来源：Wind。

不同于管理资产的规模，信托行业的固有资产是指行业信托公司拥有的资产，主要来源是留存收益积累与外源融资。解读图3-9，2017年底，全行业固有资产规模为6578.99亿元，较去年同期增长18.12%；所有者权益为5250.67亿元，较去年同期增长16.63%。对比行业管理资产、固有资产与所有者权益的同比增速，发现同比增速最低的时间是2016年6月，之后资产增速有所回升，行业整体发展较为稳健。

金融去杠杆对信托行业的影响体现也在行业收入与利润上（表3-5），2013~2015年行业营业收入与净利润均保持高速增长，而2016年受到金融去杠杆的影响营业收入出现负向增长，利润仅小幅升至771.82亿元。2017年全年全行业营业收入总额为1190.69亿元，较2016年增长6.7%；净利润总额为824.11亿元，较2016年增长6.8%。从收入构成上看，2017年全年，利息收入、信托业务收入、投资收益分别为62.38亿元、805.16亿元、284.93亿元，占比分别为5.24%、67.62%、23.93%。

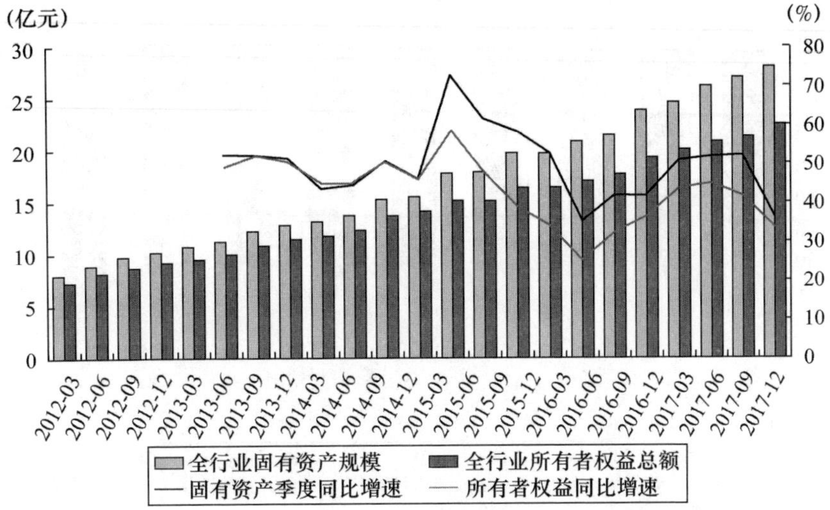

图3-9　信托行业固有资产与所有者权益分析

资料来源：Wind。

表3-5　信托行业营业收入与净利润分析　　单位：亿元

	全行业经营收入总额	全行业利润总额	营收同比增速	利润同比增速
2013-12	832.60	568.61		
2014-12	954.95	642.30	14.7%	13.0%
2015-12	1176.06	750.59	23.2%	16.9%
2016-12	1116.24	771.82	-5.1%	2.8%
2017-12	1190.69	824.11	6.7%	6.8%

数据来源：Wind。

从资产投向上看（图3-10），基础设施建设在信托资金流向中的占比由2010年的34.39%下降至2017年的14.49%，在信托资产流向上的重要性逐渐降低。房地产占比由2010年的14.95%下降至2017年的10.42%。资金流向金融机构的比重由2016年的20.71%降低至2017年的18.76%，资金流向工商企业的占比由2016年的24.82%提升至2017年的27.84%，体现出金融去杠杆一定程度上促进了信托行业的“脱虚向实”，信托支持实体经济的作用逐渐增加。

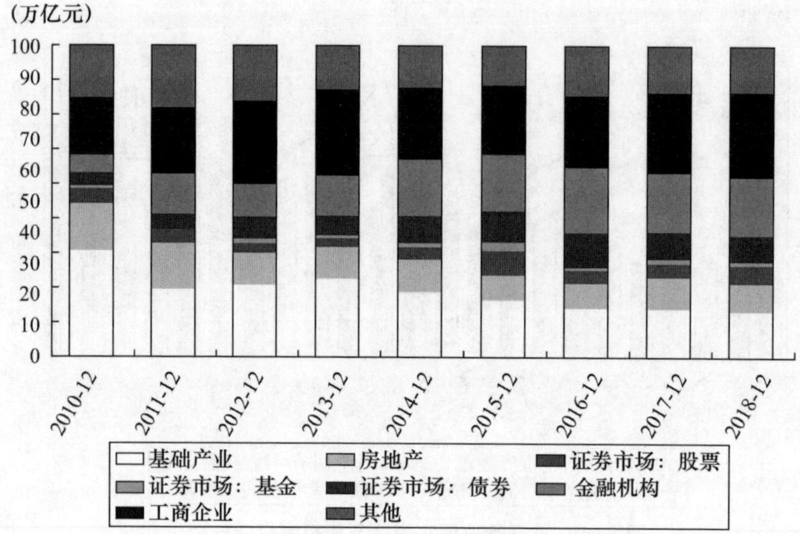

图 3－10　信托行业资金投向分析

资料来源：Wind。

我国信托的未来：监管与转型

2017 年 12 月，银监会发布了《关于规范银信类业务的通知》，将银信通道业务明确为“信托资金或信托资产的管理、运用和处分均由委托人决定，风险管理责任和因管理不当导致的风险损失全部由委托人承担的行为”。同时要求银行按照实质重于形式原则，将穿透原则落实在监管要求中；要求银行还原业务实质，不得利用信托通道规避监管要求或实现资产虚假出表。在金融去杠杆背景下，一系列监管政策旨在控制通道业务发展，信托业的转型迫在眉睫。未来的信托行业转型具有以下方向：

首先，立足信托本源业务，发展家族信托与财富管理。随着我国经济社会的发展，高净值人群不断增长。兴业银行与波士顿咨询联合发布的研究报告《中国私人银行 2017》显示，我国目前个人财富管理市场规模已超过 120 万亿元，且具有较大的成长空间。信托在私人财富管理业务上具有天然的优势：第一，信托具有风险隔离性质，能够保证私人财产与企业财产有效分割，信托资产的独立性较强，例如英美法系下的不可撤销信托。第二，信托的全牌照性质使得信托可以在货币市场、资本市场与实体经济中跨市场地寻找投资手段、实现资源配置，以保障财富增值。同时，慈善信托、消费信托也是未来发展的主要方向。

其次，房地产信托投资基金（REITS）在发达国家是重要的支持房地产发展的资本市场工具：一方面能够为房地产投资拓展直接融资渠道，降低其对银行信贷的依赖；另一方面为投资者提供较为稳定的回报，并与股票和债券等传统投资工具形成风险分散。未来在相关法律与监管政策落地后，信托公司有望在 REITS 市场中获得发展。

最后，资产证券化是发展多层次资本市场、盘活存量资产、建设直接融资渠道的重要方向，也是“非标转标”的发展趋势。非标资产是指非标准化债券资产，包括信托贷款与委托贷款等，标准化资产是指在银行间市场及证券交易所市场上市交易的债权资产（包括公司债与企业债等债券）或股权资产（股票、权证等）。非标转标趋势意味着减少通道业务，提升直接融资（股权）或标准化债权融资（债券）。从资产上看，信托行业内部具有较大体量的非标资产，可以为资产证券化业务的开展提供支持。从业务上看，资产证券化业务中要求设立特殊目的机构（SPV）以隔离风险，而信托公司在资产隔离、风险防控上具有一定业务优势。因此，未来资产证券化市场将成为信托、券商等非银行金融机构激烈竞争的蓝海市场，“信托投行化”面临较大的机遇与挑战。

（欧阳辉　刘一楠）

资本和企业相处的三种模式①

过去，按照市场经济的逻辑，所有权需要明确，股权至上，资本方和股东才是企业的所有者。

但随着创业市场的发展，物质资本和知识资本之间逐渐形成了新的模式。

物质资本和智力资本如何相处是企业治理的永恒话题。现代企业普遍实现所有权与控制权的分离，但公司治理的主题一直是以防范经理人所代表智力资本的机会主义行为，“委托－代理”难题始终没有得到有效的解决。

当前的新科技革命，不断地涌现出新科技、新业态、新产品，引发产业变革，创造出非常多的市场机会。在这种情况下，谁的预判更准确，谁就更能把握市场机会。对于资本方，如果想获得丰厚的回报，就必须比以往更加依赖创业者的专业知识。

资本与企业也正在摸索新的相处模式。比如，苹果是迄今为止市值最高的企业，可即便是创始人乔布斯，在20世纪90年代也曾经因为满足不了资本市场的业绩要求而被扫地出门，可见苹果采用的还是传统型的治理方式。现在，随着创业市场的发展，物质资本和知识资本之间逐渐形成了新的模式，这些变化可以从实践中得到印证。

第一种是华为模式。

① 2018年5月1日，《商界评论》。

华为是典型的共享型企业，只要加入华为，签署了奋斗者协议，就拥有了企业的虚拟股权，可以参与企业的分红。离职之后，这些股权要交还给企业，接着分配给新入职的员工。这种虚拟股权上体现了对知识型员工的尊重，让大家工作更有动力，同时也可以享受企业发展的红利。

但华为模式有一个缺点，就是企业不能上市。因为上市要求确权，一股一权，这就颠覆了华为一直坚持的奋斗者共享企业发展的理念，知识型员工就不能合法地获得企业的分红权。

第二种是阿里模式。

虽然阿里是市值接近5000亿美元的巨无霸企业，但以马云为首的阿里高管团队拥有的股份却特别少，而是以新的合伙人模式来经营管理企业。按照这种模式，合伙人可以选择多数董事会成员，最终使以高管团队为主的合伙人拥有企业的控制权。

第三种是小米和美团模式。

随着人们对新科技革命的认识逐渐深化，治理模式不断演变。最早是谷歌上市时采用了AB股模式，就是同股不同权的设计。创业者拥有的是A股，资本方拥有B股，A股具有更大的管理权和控制权。

2018年在我国香港上市的小米和美团也采用了这种股权设计模式。可见，在新经济环境下，资本市场已经做出了相应的调整。例如中国的存托凭证设计，因为只有彻底尊重知识资本和企业家精神，让资本市场服务于企业家精神的创业行为，才会有更多的创新成果出现。

无论是华为的虚拟股份，还是阿里的合伙人结构，抑或AB股设计，物质资本和智力资本两者来说是动态博弈的过程。

比如AB股设计，A股到底应该拥有比B股多大的投票权，这需要通过协商解决。国内企业海尔设计出“创客所有制”后，转型为创业平台，小微企业在平台上实施创新。创客所有制首先要解决的就是如何分配股权，海尔拥有多大的股份，小微主拥有多大的股份。除了根据海尔平台和小微主双方各自的出资比例，还有对于未来市场增长的预期。基于这个预期，双方会协商出一份“对赌协议”，使得新企业的股权在平台和小微主之间调整和平衡。

因此，物质资本和智力资本两者的相处需要双方各自根据自己对价值创造贡献的理解，争取自己的股份和权利。至于上市后的确权，AB 股的比例，只是这种动态博弈结果的体现。

值得庆幸的是，新科技革命的发生，使得资本方不再仅仅关注管理者的机会主义行为，创业者的企业家精神得到了前所未有的尊重。

以香港联交所为例，自从因制度僵化而错失阿里巴巴之后，急起直追，连续打破一些延续半个多世纪的监管规则，终于以创新之力，成为全球融资额最大的证券交易所。

万众瞩目的科创板，也将以这样的视角，开创资本和企业间互动、互联、互利的新契机。

（滕斌圣）

CDR：中国资本市场改革的缩影[①]

2018年3月，国务院发布《关于开展创新企业境内股票发行或存托凭证试点的若干意见》，市场传言已久的发行制度改革终于揭开面纱。符合试点条件的红筹企业，可以优先选择通过发行存托凭证的方式在境内上市融资，符合股票发行条件的，也可以选择发行股票，中国本土的存托凭证（CDR）有望落地。这一中国资本市场有史以来最重要的发行制度改革之一将很快成为现实。

CDR制度试点可以作为中国资本市场改革走进深水区的一个缩影。无论是拟上市企业、投资者，还是资本市场和交易所，都已经对发行制度改革提出了进一步的要求。但需要注意的是，未来政策制定者仍然需要解决创新企业发行上市过程中的一系列细节问题，特别是有关解决创新企业的认定、发行上市的估值要求、市场接受程度和投资者保护等问题。

此外需要注意的是，发行制度的改革不是资本市场改革的终点，其他相关改革举措需要配套跟上，建议监管层从多层次资本市场体系建设、推进境内资本市场进一步开放和进一步完善退市制度三方面着手，推动相关改革落地。

① 2018年4月16日，《经济观察报》。

改革深水区

在过去一段时间里，中国关于资本市场的相关改革进度一直低于市场预期，注册制的推进就是一个典型例子。2018 年 2 月 24 日，全国人大常委会批准将股票发行注册制改革授权决定期限延长两年到 2020 年 2 月 29 日。中国证监会负责人则表示，注册制改革延后的主要原因是目前在多层次市场体系建设、交易者成熟度等方面还存在不少与实施注册制改革不完全适应的问题。

事实上，无论多层次资本市场体系的建设，还是投资者的成熟度，要改变都需要一个漫长的过程。那么是不是可以说，资本市场改革可以暂时歇一口气？答案是否定的，从拟上市企业、投资者、资本市场、交易所等各方利益来看，中国的资本市场改革都已经到了不得不改的时候，进入了改革的深水区，特别是发行制度改革，已经迫在眉睫。

从拟上市企业的角度，境内资本市场仍然是上市的优先选择。虽然在境外交易所上市存在注册制的便利性，但由于红筹股企业的主要经营活动都在国内，在海外上市可能存在投资者对公司业务不了解的情况，因此，整体上看，大多数海外上市的中概股交投都并不活跃，成交量低迷，流动性差。投资者甚至有可能对中国企业出现误解，例如海外做空机构曾多次做空美国上市的中概股。虽然部分中国上市公司确实存在问题，但包括新东方等在内的优质龙头企业也都曾经被做空。如果在国内资本市场上市，则这样的风险将小得多。此外，由于大部分目标客群都在国内，在本土交易所上市还能起到良好的广告宣传效果。因此综合来看，大多数企业仍然倾向于在本土资本市场上市。

从投资者的角度，需要参与到分享中国新经济崛起之中。过去中资企业在境外的上市潮，已经造成了大量优质上市企业资源的流失，由于存在资本跨境流动的管制，过去中国境内的投资者并不能直接投资于这些境外上市的中概股，也因此并不能享受到这些科技企业成长带来的权益资本的增值。以腾讯为例，自2004年6月16日在我国香港上市以来，市值成长了506倍，而同期的恒生指数仅上涨了145.4%。

从资本市场的角度看，需要将代表科技方向的新蓝筹公司纳入A股指数，以增强资本市场对于中国经济的代表性。通常来讲，一个经济体资本市场中的上市公司结构，也代表着这一经济体的产业和经济结构。当前传统行业上市公司仍然占据A股市值的绝大部分，金融、工业、原材料、房地产、能源等传统“老经济”行业上市公司构成了A股超过60%的市值，而信息技术、医疗保健等代表新经济的行业占比则不到20%。

此外，资本市场还需要这种成长型的蓝筹股作为中流砥柱，例如腾讯已经成为我国香港资本市场中最重要的权重股之一，在整体港股市值中的占比也从最初的不到0.2%，提升到11%～12%。这种新经济的成长型蓝筹股持续、稳定的上涨也能够带动整体资本市场的繁荣向好。

从境内基础设施建设者——交易所的角度看，跨境资本市场的竞争也倒逼发行制度的调整。海外交易所正在以更加开放的姿态迎接创新型企业的上市。例如，我国香港联交所已经正式公布新兴及创新产业公司赴港上市的第二轮市场咨询方案，其中就“同股不同权”等热点问题都作出了修改和让步，背后意图也都在于吸引大陆和海外市场优秀企业来港上市。为了在全球资本市场中保有自己的竞争力，中国的交易所同样需要更加开放的上市制度。

标准、估值、投资者保护

虽然《征求意见稿》的落地标志着关于解决创新企业上市问题的纲要已经出台，但监管层目前并未透露更多细节。目前看，这一重要的改革举措未来仍需政策制定者考虑更多细节问题，特别是有关解决创新企业的认定、发行上市的估值要求、市场接受程度和投资者保护等问题。

需要严格规范创新企业的认定标准，避免权力寻租。当前仍然有为数众多的IPO排队企业，如果在发行制度上改革，加快创新企业的上市速度，就一定要规范创新企业的认定标准。事实上，一些较为知名的独角兽企业已经开始不断刷新上市的速度：富士康36天过会、药明康德50天过会、宁德时代24天过会。

目前看，本次试点对试点企业设置了较高、较具体的门槛，对于境外上市的红筹股要求市值不低于2000亿元人民币，对于未在境外上市的独角兽，要求最近一年营业收入不低于30亿元人民币且估值不低于200亿元人民币。但未来当试点的范围扩展开来，什么样的企业算是创新企业，能够“插队”上市，什么样的企业不能认定为创新企业，需要“排队”上市，需要更加规范和明确的认定标准，否则将为规则的执行者留出权力寻租的空间。

需要采用更加市场化的估值方法以减少投机炒作。由于发行CDR的上市公司存在海外发行的所谓基础证券，如果仍然和传统的IPO发行流程一样，设置发行指导的市盈率，则可能出现跨市场套利的空间。例如当前A股IPO发行实行23倍市盈率的红线，但BATJ几家海外上市的互联网龙头公司中，没有一家目前的静态市净率低于这一水平，最低的百度也有27倍，阿里巴巴和腾讯交易在42~43倍之间，而京东由于盈利较弱，市盈率超过3000倍。因此，如果采用CDR的模式，需要对拟IPO企业的估值放松要求。

需要考虑市场资金的接受程度，也减少对市场的冲击。可以做一测算，如果考虑符合试点要求，即2000亿元人民币市值以上的海外上市红筹股，目前看只有百度、阿里巴巴、腾讯、京东和网易满足这一标准，而这5家互联网龙头企业当前市值都比较大，市值之和超过1万亿美金。即使按照5%的CDR发行量，也需要3000亿以上的资金，A股当前每日成交金额也仅在4000亿~5000亿元之间，如果不控制好节奏，则可能引发类似股灾之前大型IPO的“抽血”效应，进而引发市场剧烈波动。

这一问题其实不难解决。一方面，本次CDR的发行并不是因为企业出现资金短缺而需要再次发行股份募资，因此预计最终的募资比例不会太大；另一方面，也可以借鉴港股上市过程中基石投资者制度，引入长线资金作为基石投资者，减少向公开市场募股的比例，以此平抑市场波动。

发行制度创新后需要更加重视投资者保护问题。在发行制度改革之后，可能会有大量不满足过去盈利能力要求的快速成长的创新型企业走入资本市场，但投资于这类企业的风险远高于投资于已经实现盈利的蓝筹股。这也是现在A股市场的主体。如何更好地保护投资者的权益就需要更加规范的制度保障。例如，需要明确境内外投资者的权益匹配问题；需要加强对企业管理层的监管；如果企业因盈利出现重大问题，需要明确退市过程中的投资者权益保护问题。

CDR不是改革终点

毫无疑问的是，发行制度的改革是资本市场改革的重中之重。资本市场对于实体经济而言最重要的功能是向企业提供直接融资的渠道，而发行制度正是这一渠道能够通畅运行的保证。而关于创新企业的相关发行制度改革，正是监管层开始啃发行制度这个硬骨头的表现。

事实上，如果创新企业的发行制度能够得到完善解决，A股是不是注册制已经显得不再重要。所谓注册制的题中之义就是企业上市更加便利、资本市场对拟上市企业更大的包容。事实上，A股近年已经在监管层的推动下实行新股发行制度的“常态化”，一家未上市企业从排队到最终挂牌上市的周期已经大幅缩短，企业上市的便利性已经大大提高。如果创新企业的发行制度能够得到妥善解决，那么A股离事实上的注册制就更近了一步。

但需要注意的是，以CDR制度和注册制为代表的发行制度改革并不是资本市场改革的终点，其他相关改革举措需要同步跟上。一个健康的资本市场生态，仅有发行制度是不能保证的，还需要其他制度安排的配合，例如更加开放的市场，更少摩擦成本的交易制度，更加完善的退市制度等。结合2018年“两会”期间以及近期相关监管部门官员的表态，预计除了发行制度相关改革外，中国未来将在以下三方面持续推进资本市场的改革：

推进多层次资本市场体系建设。多层次的资本市场体系本质上有助于培育创新型企业，也是资本市场支持新经济转型的必要制度。目前看，虽然CDR的落地标志着发行制度改革向前推进了一大步，但毕竟受益的企业数量还比较少，例如能够满足试点方案中要求的上市企业2000亿元市值和未上市企业30亿元年收入、200亿元估值的门槛要求的仍是少数。更多的代表新经济的公司仍然规模偏小，特别是处于初创早期的企业，往往更加需要权益资本融资以实现做大做强，这时以新三板、区域股权市场就为这些企业提供了很好的融资渠道。可以说，多层次资本市场体系的建设，是创新企业上市制度的良好补充，二者一起构成了A股对新经济企业支持政策的主体。

推进境内资本市场进一步扩大对外开放。CDR制度的落地本身也是中国资本市场开放中的一步，如果CDR制度能够成功施行，未来A股将可能实现海外企业在中国境内发行股票。实际上自2014年底的沪港通开通以来，A股的对外开放步伐已经逐步加大，陆港通、深港通的成交量持续放大，二者都已经成为对方资本市场中不可忽视的重要力量，未来陆港通、深港通额度的放开、交易限制的放开都将成为可能。而存托凭证制度的完善也将有助于A股的开放，例如目前正在酝酿中的沪伦通，目前提出的最具可行性的方案就是采用全球存托凭证（GDR）的模式进行。2018年注定将成为A股对外开放历史上重要的一年，A股将在2018年6月纳入MSCI新兴市场指数，又逢改革开放40周年，预计在资本市场的对外开放上仍将有政策落地。

进一步完善退市制度。退市制度同样是资本市场改革的重要组成部分，只有同样完善的退市制度才能保证资本市场的健康生态。中国证监会分别在2018年3月2日和10日发布了《关于修改〈关于改革完善并严格实施上市公司退市制度的若干意见〉的决定》和《上市公司重大违法强制退市实施办法》两份重要文件，标志着退市制度的进一步改革已经排上时间表，从目前发布文件中释放的信息看，监管层对于欺诈发行、年报造假、信息披露违法等行为都采取了更加严厉的态度，预计未来每年A股退市企业占比将大幅提升。

（李海涛）

注册制：重塑资本市场格局[①]

2019 年 4 月 19 日，中央政治局会议对科创板与注册制做出重要部署，提出“要以关键制度创新促进资本市场健康发展，科创板要真正落实以信息披露为核心的证券发行注册制”。注册制将全面改变资本市场的上市模式、监管模式、价格发现模式，同时还将极大拓宽中小企业、民营企业的上市图景，助力提升直接融资规模。

纵观国际资本市场，香港 IPO 采用具有注册制特征的双重审核制，联交所审核主要关注业务模式、业务合规与公司治理等问题。美股市场实行较为市场化的注册制，SEC 主要关注上市公司是否完整披露了所有信息，由市场进一步判断公司质量，并给出估值水平。科创板注册制由上交所进行审核，以预计市值为分类标准，再考察营业收入、净利润等指标。进一步，注册制作为资本市场的准入制度不能单兵突进，在实践中还需建立完善的信息披露制度、规范的法律体系、进退有序的退市制度作为重要配套，共同重塑资本市场格局。

① 2019 年 6 月 6 日，FT 中文网。

注册制：重塑资本市场格局

首先，全面改变公司的上市模式。具体而言，政府和证券监管部门是审批制和核准制下的市场准入审核主体，审批标准相对隐性。而注册制下资本市场对上市公司的准入不再具有行政色彩，而是由交易所制定显性上市标准，符合上市条件的企业可进行上市申请。

其次，全面改变了政府与证券监管部门的监管模式，由“上市监管”变为“市场监督”。核准制下的监管模式体现出“重上市核准、轻后续监管”的特征。而注册制下证券监管部门的职能侧重于市场监督。同时，资本市场需建立信息披露制度、法律体系与退市制度作为注册制的重要配套，从入市、市中、退市等方面，对上市公司进行全周期的规范监督。

再次，全面改变了资本市场的价格发现方式。核准制下 IPO 数量、价格均受到行政因素的影响。例如，2012 年后中国证监会开始对 IPO 进行自查与核查，2013 年全年 IPO 事实上进入关闸停滞阶段。2014 年 IPO 重启后对 IPO 价格与数量进行一定的行政干预，新股发行的首日最高涨幅限制为 44%，市盈率则建议不超过 23。而注册制下 IPO 的数量、价格、融资额、市盈率等指标均较为市场化，不受行政因素的影响。同时，注册制中审核部门仅做形式审核，而不对公司的具体投资价值做判断，赋予市场充分的价值发现权利。

最后，全面改变了中小企业、民营企业的上市图景，优化金融市场融资结构，提升金融资源配置效率。在审核制与核准制下，上市资源不可避免地向大企业、国有企业倾斜。而在注册制环境下，只要企业达到上市标准、符合交易所上市条件，均可申请上市。同时，科创板在上市标准上对企业规模、营业收入、净利润的要求均低于主板市场，大大拓宽了中小企业、民营企业的上市渠道。

因此，在总量层面，良性运转的注册制将提升直接融资占比，完善多层次资本市场，优化金融市场的整体融资结构；在结构层面，注册制有助于缓解民营企业与中小企业的融资难、融资贵问题，促进金融资源与企业融资需求的动态匹配，提升金融资源的配置效率，将进一步深化金融供给侧结构性改革，促进金融系统支持实体经济。同时对公司而言，注册制意味着机遇与挑战并存，核准制中上市对于公司而言是“鲤鱼跃龙门”式的价值飞跃，并获得显著的壳资源价值，而注册制下企业上市不再意味着“一劳永逸”，而将在信息披露、退市制度的约束下对资本市场时刻心怀敬畏，面临挑战。

他山之石：国际资本市场的 IPO 制度

港股：具有注册制特征的双重审核制、以盈利和市值为主要上市标准

2003 年起港股市场开始实施具有注册制特征的双重审核制，联交所进行实质审查（考察盈利要求、市值、公众持股比例等指标）、证监会进行形式审查（判断信息披露是否合规）。我国证监会研究中心将港股 IPO 制度归纳为核准制，但其市场化程度高于目前 A 股市场的审核制，被认为是介于审核制与注册制之间的一种发行制度。

从上市标准上看，联交所对于港股主板的上市要求分为盈利测试（三年累计净利润 5000 万港元、市值 5 亿港元）、“市值 + 收入”测试（最近一年收入 5 亿港元、市值 40 亿港元）、“市值 + 收入 + 现金流”测试（最近一年收入 5 亿港元、市值 20 亿港元、前三年现金流合计 1 亿港元）。联交所对创业板则不进行盈利要求，只需 24 个月活跃的业务记录，同时前两年现金流合计大于 3000 万港元，市值大于 1.5 亿港元，体现了对具有发展潜力但尚未盈利企业的关注。

2000 ~ 2018 年底，香港股市共有 1939 家企业上市，2015 年后每年上市公司均超过 100 家。而 2015 年后也有 31 家企业被拒绝，28 家企业主动撤回申请。联交所出于何种原因拒绝了企业上市呢？一是盈利模式问题，联交所在盈利模式上主要关注公司是否披露了足够的证据阐明盈利模式以及盈利的可

持续性，同时关注与控股股东的资金往来等。二是业务合规问题，关注主营业务是否取得牌照、是否有逃税、违反地方性法规等情况。三是公司治理问题，关注公司是否披露了主要股东、董事的法律问题等。具体标准与案例（见表3－6）。

表3－6　香港联交所对企业上市的拒绝原因一览表

香港联交所对企业上市的拒绝原因		案　例
盈利模式问题	未证明主要资产具有清晰的盈利计划、业务模式与盈利模式说明不清晰、过于依赖单一客户、过于依赖控股股东等	某公司从事卫生护理产品、但对企业模式披露不足，未说明市场占有率、利润分析、定价政策等 某公司只拥有一个矿场，且未显示出盈利能力 某公司由于主要客户流失，净利润显著下降，并未提供足够的证据表明未来业务的可持续性 某公司的营运资金来自控股股东的股东贷款（免息），并非按照商业条款订立合约
业务合规问题	业务违反本地业务法规、不符合安全规划、业务是否持牌等	某公司的主要附属子公司牵扯逃税等多项不合规事宜 某公司违反本地法规，去除不合规部分的现金流无法满足上市公司的现金流要求 某公司是金融服务供应商，但并未持有牌照，因此属于不合规收益
公司治理问题	未披露董事、股东、高长安衔存在行贿、违法等不合规行为	某公司营业期间的数起违规事项并未按照要求披露 某公司控股股东曾因违法入狱，但并未在申请材料中披露

美股：市场化的注册制审核

美国纽约交易所和纳斯达克上市审核主体包括美国证监会（SEC）和上市交易所。SEC的审核原则是“披露原则”，“只检查公开的内容是否齐全，格式是否符合要求，而不管公开的内容是否真实可靠，更不管公司经营状况的好坏……坚持市场经济中的贸易自由原则，认为政府无权禁止一种证券的发行，不管它的质量有多糟糕”。（引自SEC官方网站）。SEC审核流程是企业提交申请、SEC出具意见、再进入双方沟通的过程。SEC审核主要关注投资者需要了解的信息有无披露，而不对公司的商业模式和盈利能力做出价值判断，同时对信息的真实性要求隐含在事后保留追究的权力中。

各交易所从财务表现、市值、股本结构等方面设置了注册制的实际上市标准。以纳斯达克市场为例，目前纳斯达克市场分为三层：纳斯达克全球精选市场针对全球范围内大型市值公司，对市值较为侧重，同时增加了营业收入、现金流量、总资产等标准。纳斯达克全球市场和资本市场则针对中小规模公司，更侧重于对股东权益的要求。整体上看，纳斯达克上市标准对规模较大的上市公司侧重于市值，而对规模小的上市公司则侧重于股东权益。

表3－7　　纳斯达克全球精选市场具体上市标准一览表

类　别	具体标准
税前营业收入	前三年税前收入合计超过1100万美元；同时近两年每年超过220万美元；同时前三年中每年均有营业收入；股价最低4美元
现金流＋市值	近三个会计年度现金流总计不低于2750万美元，同时每年都有营业收入；最近一年平均市值不低于5.5亿美元；最近一个会计年度收入不低于1.1亿美元
市值＋收入	最近一年平均市值不低于8.5亿美元；最近一个会计年度收入不低于0.9亿美元
市值＋总资产	公司市值不低于1.6亿美元；总资产不低于8000万美元；股东权益不低于5500万美元

对于美股上市的企业而言，通过SEC审核也并不意味着"万事大吉"，上市最终结果还取决于市场对公司的认可。例如，2012年4月，神州租车通过SEC审核后，在路演中受到市场冷遇，融资额由3亿美元腰斩至1.5亿美元左右，于是神州租车决定撤回IPO申请。神州租车执行副总裁姚军红表示"美国投资人给我们公司的价值我觉得是有些低，同时不太想通过降价或者其他形式来上市，所以我们就暂停了"。市场遇冷，一方面由于神州租车路演期间连续曝出中概股的财务欺诈案件，使资本市场对中概股存在信任危机，另一方面则是2012年资本市场整体环境不利于IPO获得高估值。这一案例说

明，美国市场中投资者承担上市公司价值发现的职能，从融资总额、估值水平等方面对上市公司进行"隐性审核"。在引入战略投资者后，神州租车于2014年9月上市于香港联交所。

科创板注册制的上市标准

《上海证券交易所科创板股票上市规则》构建了科创板整体的制度框架。与港股与美股的IPO制度进行对比：第一，上交所负责对科创板企业进行审核，目前不需要证监会审批。第二，科创板上市标准的构建以预计市值分类，并考察净利润、营业收入、经营性现金流与研发成果等要素。这在一定程度上借鉴了纳斯达克全球精选市场"按照市值分类、考察其他指标"的思路。科创板的市值分类标准采用预计市值，不同的预计市值对应了不同的利润、收入标准。在实践中市值究竟如何预计、采用何种估值指标、参照何种市场，都需要逐步探索和规范。第三，与港股市场与美股市场相同，即使当前未盈利也有机会登陆科创板。这体现了科创板对当前未盈利但有发展前景的企业、研发型企业、高新技术企业的支持。

表3-8　　三地上市规则一览表

	国内科创板	港股市场	美股市场
审核主体	上交所	"双重审核制"（港交所、证监局）	SEC、交易所
上市标准	按照预计市值分类，进一步考察净利润、营收等指标	收入、盈利、现金流	对大公司侧重于市值，对小公司侧重于股东权益
非盈利企业是否能上市	营业收入高、有稳定现金流或有阶段性科研成果的企业也可申请上市	可以通过"市值+收入"测试、"市值+收入+现金流"测试	通过考察营业收入、总资产与股东权益

展望：注册制需要哪些制度配套

借用美国股市中的一句俗语，任何企业都可能上市，但时间会证明一切。

因此，在构建市场化的资本市场时，准入标准的变革不能单兵突进，还需建立相应的配套制度“证明”上市公司的真实质量与投资价值，重塑资本市场格局：

首先是信息披露制度，规范上市公司的经营运行与公司治理。信息披露的关键在于对其完备性与真实性的监督机制。2019 年 4 月 29 日康美药业发布公告称，2017 年公司财务报表中年末货币资金多计入 299. 44 亿元，少记存货超过 195 亿元，少记在建工程、应收账款近 13 亿元。经调整后康美药业的现金流、收入、利润等指标均大幅下滑。该案涉嫌金额巨大，显然不是简单的“会计差错”，而是涉嫌会计舞弊和财务造假。从本案中看出，目前 A 股市场对信息披露的监督机制高度依赖行政监管，即证监会审查，而市场监督机制严重缺位。康美药业案的导火索是 2018 年 12 月 28 日收到证监会的调查通知书，而其审计机构（广东正中珠江会计师事务所）与律师事务所（国浩律师〔广州〕事务所）长期以来对公司的审计和监督均形同虚设。信息披露的监督机制无疑是未来科创板市场建设中的重点之一。

其次是完善的法律环境，增加上市公司的违法成本。目前 A 股上市公司财务造假的成本远低于其他国家的资本市场。绿大地 2017 年 12 月上市，上市前通过虚假合同和虚假交易虚增营业收入 2. 96 亿元，2009 年再次虚增营收 2. 5 亿元。但事发后判罚对其仅处罚 400 万，至今该公司仍未退市（更名为 * ST 云投，代表目前存在退市风险警示）。而美国股市对上市公司财务造假的处罚力度非常大。安然公司曾是世界上最大的电力、天然气及电讯公司之一，曾连续 6 年被评为“美国最具创新精神公司”。但财务造假案导致了严重的处罚后果，导致公司破产，创始人、董事长兼 CEO 肯尼斯 · 莱被判有罪。值得一提的是，从曝出财务造假（2001 年 11 月 8 日）到公司申请破产（2001 年 12 月 2 日），仅过了不到一个月。同时，负责安然公司审计业务的安达信会计师事务所也因为该事件最终破产。美国资本市场对财务造假的惩处力度可见一斑。

最后是退市制度。注册制下需要常态有序的退市制度实现市场优胜劣汰，并形成上市公司的“达摩克利斯剑”，使公司认识到上市绝非“只进不出”，倒逼公司提升竞争力。目前科创板制度框架中退市制度更为清晰，分为重大违法类、财务类、规范类退市，同时退市流程更短，不再设定“暂停上市——恢复上市”流程，而是“实施退市风险警示 - 退市”或直接退市。科创板还新增市值退市指标，体现了对股市长期下行风险的关注。未来，退市制度将成为科创板进退有序、良性运转的关键。

（欧阳辉　刘一楠）

常态有序的退市机制是科创板稳健运行的关键[①]

提升直接融资比重、优化股票市场的资源配置职能是金融供给侧改革的内在要求。科创板为资本市场提供了探索注册制的宝贵机会。常态有序的退市机制是资本市场重要的基础性制度，也是注册制的重要配套，能够建立优胜劣汰机制，优化上市公司质量。常态化的退市制度也是美股市场能够吞吐自如、保持合适上市公司数量的关键。目前科创板退市框架整体上更为严格，新增“明显丧失持续经营能力”类与市值类退市标准，同时简化退市流程，取消暂停上市与恢复上市。科创板有望建立常态有序的退市机制，促进资本市场的稳健运行，从而提升直接融资比重，优化股票市场的金融资源配置效率。

退市机制需常态有序

深化金融供给侧改革需建设规范、透明、有活力、有韧性的资本市场，特别需要把好市场入口与市场出口两道关。发行制度与退出制度均属于资本市场重要的基础性制度，需统筹考虑。科创板将实践探索注册制，是“市场入口”方面的重要创新，而“市场出口”——退市制度则是注册制的重要配套，对科创板的稳健运行具有重要意义：

① 2019年4月29日，《经济观察报》。

其一，核准制的准入门槛在一定程度上控制了上市公司数量与质量，而注册制下企业上市采用注册方式，更需要常态有序的退市制度实现市场优胜劣汰、新陈代谢。同时，清退财务状况严重不良、严重亏损的“僵尸股”，提升上市公司的整体质量。其二，退市制度将形成科创板上市公司的“达摩克利斯剑”，使公司认识到上市绝非一劳永逸，也绝非“只进不出”，提升公司的违法、违规成本，倒逼公司提升竞争力，促进信息披露与公司规范运行。其三，退市机制赋予了投资者用脚投票、监督公司的权利。目前科创板退市制度相较于主板的重要创新在于强调了股价、市值等方面的退市因素，例如，当公司市值连续 20 个交易日低于 3 亿元时，公司将强制退市，使投资者能够通过出售股票、股价降低、市值降低的手段强化对上市公司的监督。

目前，上交所与深交所的退市机制分为主动退市与被动强制退市。主动退市系指上市公司主动申请终止股票的上市交易。我国现阶段资本市场中主动退市非常罕见。被动强制退市则是股票触发交易指定的退市规则，被迫进入退市程序。目前深交所与上交所退市制度框架基本一致，退市流程可概括为：触发强制退市条件，进行退市风险警示，暂停上市，强制终止上市，退市整理期（30 个交易日），摘牌退市。具体规定参见表 3 - 9。

资本市场的良性运转需要合理的退市机制。1999 ~ 2018 年底，A 股共 2837 家股票上市，但仅有 115 例退市案例。占比最高的退市类型为上市公司被吸收合并，由于经营实体依然留在市场中，本质上并未实现真正退出。除去此类原因后，A 股历史上真正实现退出的案例仅 77 家。第二类退出类型是暂停上市后首个年报显示亏损，共有 22 家；此外，还包括恢复上市申请未获得同意、股权分布仍不符合上市条件、未在法定期间披露年报等。实现真正退出的退市企业中，有 59 家退为三板股票。

而再看看他山之石——美国资本市场的退市制度。

纳斯达克创立于 1971 年，纽交所则有超过百年的历史。历史悠久的美国股市却能够吞吐自如、保持合适的上市公司数量。截止到 2018 年底，纳斯达克与纽交所分别有 2735、2043 家上市公司。这得益于美国股市完善的退市机

表 3-9　目前 A 股退市制度一览表

类　别	条件（满足其一）
触发退市风险警示	最近两个会计年度净利润连续为负值
暂停上市	最近一个会计年度期末净资产为负值 最近一个会计年度营业收入低于 1000 万元 最近一个会计年度的会计报告无法表示意见或者否定意见的审计报告 重大违法（期诈发行、重大信息披露违法或者其他涉及国家安全等）
强制终止上市	触及上述退市风险获救后最近一个会计年度净利润继续为负、或期末净资产为负、或营业收入继续低于 1000 万元、或继续无法出具会计意见 在暂停上市后最近一个会计年度净利润为负、或期末净资产为负、或营业收入低于 1000 万元、或出具保留意见、否定意见的审计报告 连续 120 个交易日（不包含公司股票停牌日）实现的累计股票成交量低于 500 万股（中小板为 300 万股） 连续 20 个交易日的每日股票收盘价均低于股票面值（1 元） 上市公司股东数量连续 20 个交易日每日均低于 2000 人（中小版为 1000 人）

制与较大的退市规模。2000～2018 年底，纳斯达克市场共有 1354 家公司退市，纽交所共有 852 家公司退市。下面总结美国股市的退市标准。

美国股市退市可分为主动退市与被动退市，主动退市又分为后续有交易（从纳斯达克或纽交所转入 OTC 市场或粉单市场继续交易）与后续无交易（公司被并购或回购股票进行私有化）。被动退市是指触及交易所规定的退市标准而被强制终止上市。纳斯达克全球市场与全球精选市场中必须满足两个条件：每股价格不低于 1 美元，同时总股东不少于 400 人。同时还需要满足三个持续经营标准之一，包括权益标准、市值标准与资产收入标准：

相对于 A 股强调净资产、营收与净利润的退市标准，美国股市退市标准更为多元化，更为侧重市场交易指标，包括市值、做市商数量、公众持股数量、公众持股市值等。同时，纽交所设置了连续市值指标与平均市值指标，更全面地考察上市公司的市值表现。科创板退市制度对此也有所借鉴，增加了市值退市指标。此外，纽交所退市制度除了股本结构原则外，还针对以不同标准上市的公司制定不同退市指标。例如以利润标准上市的公司需考察总市值与股东权益指标；以“市值、收入、现金流”标准上市的公司需要考察市值、总收入或平均市值（见表3－10）。

表3－10　　　　美国股市退市标准一览表

指　标	权益标准	市值标准	资产、收入标准
股东权益	1000万美元		
市值		5000万美元	
总资产、总收入（上一财年或前三个财年中至少两个财年）		5000万美元	
公众持股数	750000股	110万股	110万股
公众持股市值	500万美元	1500万美元	1500万美元
每股价格（连续30个交易日）	1美元	1美元	1美元
总股东数量	400	400	400
做市值数量	2	4	4

科创板退市：更为清晰的退市制度、更为简化的退市流程

科创板将试点注册制，上市规则的特点在于不要求企业盈利，营业收入高、有稳定现金流、有阶段性科研成果与预期市值的公司，即使当前未盈利也有机会登陆科创板，体现了科创板对当前未盈利但有发展前景的企业、研发型企业、高新技术企业的支持。

科创板的退市制度设计更为清晰，也分为被动退市与主动退市两种情况。被动退市进一步细分为重大违法强制退市、交易类强制退市、财务类强制退市、规范类强制退市等几种情况。重大违法强制退市流程更为简化，不再需要走“退市风险警示—暂停上市—终止上市”的流程，可直接由交易所认定是否进行强制退市，体现了科创板对欺诈发行、重大信息披露违法、威胁国家安全、公共安全等情况的零容忍。

交易类强制退市中增加了市值连续20个交易日低于3亿元的退市标准，意味着股价长期下行、市值负向波动也将直接终止上市。这是对美股市场退

市制度的有利借鉴，体现了科创板对市场交易类指标的重视。同时，保留了股价低于面值1元的退市规定，成交量与股东人数的具体规定也根据科创板企业的规模而有所减小。

财务类强制退市新增了“明显丧失持续经营能力”的情形，并给出细化标准，包括主营业务停滞、经营资产无法维持正常经营等。且此类情形不需实施退市风险警示，而是直接启动股票退市程序。同时，触发退市风险警示的条件对收入与利润要求更高，目前A股的退市制度中触发退市风险警示的标准是连续两年亏损，当年亏损（且营业收入大于1000万、净资产为正）则不会被实施强制退市风险警示；而科创板中企业如果当年亏损且营业收入低于1亿元将实施退市风险警示。此外，规范类强制退市中新增信息披露重大缺陷等违规情况（见表3－11）。

表3－11　　科创板被动退市制度设计一览表（与上交所对比）

类　别	内　　容
重大违法类	内容相同：重大信息披露违法＋危害国家安全、公共安全等 流程简化：可直接由交易所认定是否进行强制退市
交易类	连续120个交易日实现的累计股票成交量低于200万股 连续20个交易日股票收盘价均低于股票面值或股东数量均低于400人 连续20个交易日股票市值均低于3亿元；新增市值退市指标，关注股值长期下行波动
财务类	新增明显丧失持续经营能力的细化标准（无需风险警示，直接退市）： 主营业务大部分停滞或者规模极低、经营资产大幅减少导致无法维持日常经营 营业收入或者利润主要来源于不具备商业实质的关联交易或与主营业务无关的贸易业务；以及其他类型 实施退市风险警示： 最近一个会计年度经审计的扣除非经常性损益之前或者之后的净利润为负债，且营业收入低于1亿元 最近一个会计年度经审计净资产为负值 研发型上市公司基础研发技术失败或被禁用
规范型	增加信息披露重大缺陷规范性退市指标： 因信息披露或者规范动作等方面存在重大缺陷，且未在规定期限内改正

同时，科创板退市流程更为简化，不再设定“暂停上市－恢复上市”流程，而是“实施退市风险警示－退市”或直接退市。以财务类强制退市为例，如果一家主板企业亏损，退市流程将持续 4 年（连续亏损两年后实施退市风险警示；下一会计年度未扭亏则进入暂停上市；下一会计年度仍未扭亏则进入退市）；而科创板中从亏损起只需两年（当年亏损且营收低于 1 亿元即实施退市风险警示，下一会计年度仍未取消退市风险警示即进入退市），退市流程大为缩短。同时，不再设“重新上市”，已退市企业如果达到上市指标，可再行申请注册、审核上市，这也是对接注册制的一种安排，有助于市场的有序进退。

主动退市的规定与主板类似，分为主动撤回上市、主动解散公司、被收购或合并及其他情形。目前 A 股主板中主动退市较为罕见，而未来在科创板中，随着注册制的推行、市场准入的不断开放以及控股者的公司治理意识转型，可能出现主动退市。

问渠哪得清如许，为有源头活水来。注册制是资本市场的“源头活水”，而退市制度则是保证市场进退有序、良性运转的关键。第一，在实践中宜进一步细化科创板退市制度细则：纽交所针对通过不同标准上市企业实施不同退市标准的思路或许值得借鉴；同时可根据实践经验，进一步细化市值退市指标，例如考虑设置平均市值指标（20 个交易日内股票市值的平均值低于一定阈值）。第二，加强对退市制度的执行和监管力度，使退市制度真正如头顶高悬利剑，强化对上市公司的警示与监督机制。同时，加强配套措施，增强投资者保护意识，保障资本市场良性运行，减少“妖股”，使资本市场价格充分反映内在投资价值。第三，在科创板退市制度实施后，可根据科创板经验适时适度地修正或细化 A 股的退市制度细则，例如取消暂停上市阶段、缩短退市流程、细化退市标准、有序清退僵尸股，从而提升上市公司质量，充分发挥股票市场直接融资的资源配置职能。

（欧阳辉　刘一楠）

由香港股市下跌引发对中资美元债的思考[①]

2019年1月17日下午，在香港股票交易所交易的佳源国际控股（2768. HK）和阳光100中国（2608. HK）同时闪崩，其中佳源国际控股暴跌80.6%，市值由300多亿港元跌到只剩60多亿港元，而阳光100中国也暴跌了64.6%。其他地产股和低价股也出现了不同程度的暴跌，比如仁天科技（0885. HK）下跌73.3%，弘达金融控股（1822. HK）下跌68.2%，安领国际（8410. HK）下跌52.4%。

截至2019年2月底，还没有明确的原因可以解释此次暴跌。市面上较为合理的解释有三个：一是房地产企业买销售榜单，刷高销量，引发市场质疑。但佳源国际披露真实销售数据是在股价暴跌数日之前，将下跌归因于此似乎有些牵强。二是上市公司股东质押股票引发爆仓。但公开信息并没有显示1月17日暴跌潮的个股背后有同一股东、并且是在同一时间抛售这些股票。三是公司的美元债务危机引发市场担忧。实际上，股价下跌当日就有传言佳源国际控股3.55亿美元的优先票据已经到期、债务违约则是股价暴跌的幕后推手。虽然佳源国际控股随后发布消息确认已偿还全数款项，并强调集团目前财务状况健康、业务运作正常，但有迹象表明，佳源集团仍面临很多到期债务。虽然1月17日股价大跌的确切原因还未知，但房地产面临的巨大美元债

---

① 2019年4月3日，《债券杂志》。

偿还压力无疑是其中较有说服力的一个。

1 月 23 日，中国恒大公告称，公司将增发合计金额高达 30 亿美元，分别于 2020 年、2021 年、2022 年到期的票据，发行日期为 1 月 25 日，票面利率最高为 8. 25%。此次发债筹集的资金将为恒大现有债务进行再融资，剩余部分则用作一般用途。在两个月以前，恒大还发行过一笔利率高达 13. 75% 的美元债，总金额为 10 亿美元。

中资美元债（也叫功夫债，Kungfu Bond），是指境内企业及其控制的境外企业或分支机构面向境外发行的、以美元计价、按约定还本付息的债券。那么，为什么要发行中资美元债？中资美元债的规模有多大？中资美元债是否有还本付息的压力？1998 年亚洲金融危机发生的一个主要原因是有关国家的美元债务大规模违约，那么中资美元债会不会给中国经济带来系统性金融风险？

中资美元债发行的原因、政策与模式

（一）原因分析

首先，中资企业选择发行美元债券的一个原因是成本较低。两大因素降低了境外发债的融资成本：一方面是境外的低息环境，降低了所发行债券的票面利率；另一方面是汇率因素，前几年人民币升值使得境外融资成本进一步降低。

其次，对于跨国企业来说，发行美元债以支持自身的海外业务，无疑免除了一些外汇汇兑手续，而且也减少了企业面临的汇率波动风险。

最后，同样是境外融资，与海外公开上市发行（IPO）相对繁琐而冗长的流程相比，发行美元债显然要简便、快速很多。美元债的发行无需审批，只需要按照相关规定进行信息披露即可，发行程序被大大简化，有利于债券融资人迅速从资本市场获得资金。

（二）相关政策

虽然中资美元债的发行地在境外，但相关的境外管理规定较为宽松，相比之下，我国对于以美元债进行融资的相关管理政策更为严格。

从整体来看，境内对于中资美元债发行的管理越来越透明化、统一化、精简化。目前对中资美元债的监管，主要依据的是2015年9月14日发布并实施的《国家发展改革委关于推进企业发行外债备案登记制管理改革的通知》（发改外资〔2015〕2044号，以下简称“2044号文”）。根据2044号文，中资企业发行美元债将实行事前备案登记和事后信息报送的管理方式。此外，2044号文中的外债是指境内企业及其控制的境外企业或分支机构向境外举借的、以本币或外币计价、按约定还本付息的1年期以上债务工具，这也意味着1年期以下的外债不需备案，发行更为便捷。

在对企业境外直接融资、外币融资管理政策方面，近两年的政策口径更为谨慎。自2017年以来，无论是允许内保外贷项下资金调回境内使用、对企业和银行跨境融资政策进一步放松，还是国家发展改革委发布《企业境外发行债券风险提示》，以及国家发展改革委和财政部发布《关于完善市场约束机制　严格防范外债风险和地方债务风险的通知》（发改外资〔2018〕706号）等，都对中资美元债的发行起到了一定的政策导向作用。

（三）发行模式

从发行模式来看，中资美元债的发行可以分为直接发行、间接发行和红筹架构发行。

直接发行，是指境内企业直接在境外离岸市场发行美元债。

间接发行，是指境内企业通过其境外子公司发行美元债，主要包括跨境担保发行和维好协议（keepwell deed）发行两种架构。跨境担保发行由境外子公司发行美元债，由境内母公司担任发行主体的担保人；根据《跨境担保外汇管理规定》（汇发〔2014〕29号），若境内母公司为境外发债主体提供跨境担保，母公司须向外汇局办理外汇登记。维好协议发行是指境内母公司与境外子公司签订维好协议，由母公司为境外子公司提供支持，以保证发行主体保持适当的权益资金和流动资金等，保障其能够偿还债务。例如，在股权购买承诺的维好协议形式下，母公司向受托人承诺，一旦发生违约事项，将购买境外子公司的股权或为境外发行人提供额外流动资金。但不同于担保，在维好协议下，母公司是向其子公司注资，使子公司能够偿还债务，而不是以主债务人的身份直接向债权人偿债。

红筹架构发行，是指控股公司（实际上是壳公司）在境外、业务和资产在境内的中国企业的一种发行方式。该境外控股公司可以直接发债，也可以作为担保人通过特殊目的公司（SPV）发行美元债。该模式不属于2044号文中所规定的外债发行模式。

中资美元债发行概况

（一）历史发行情况

从市场整体发展来看，中资美元债于1993年首次出现，但此后十几年发行数量一直不多（见图3－11）。每年发行的债券只数不到10只，总发行金额在20亿美元以下，这种情况一直持续到2009年；自2010年起，中资美元债发行提速，市场持续扩张至2017年达到高点。按发行增速和市场热度划分，2010年后的中资美元债发展大致可以分为四个阶段。

2010～2014年：中资美元债市场的快速成长期。在美、欧、日三大央行实施宽松货币政策、人民币汇率单边升值以及境内流动性偏紧的大环境下，国内企业受融资刚需和负债外币化套利动机的联合驱动，加速放量发行中资美元债。2011年，中资美元债全年发行金额首次突破100亿美元，达到123亿美元，同比增长78%；2012年，中资美元债发行234亿美元，同比增长90%；2014年，中资美元债发行继续延续高增长态势，发行规模达914亿美元，同比增长242%。

2015年，中资美元债的发行热情有所回落。一方面，降息、降准政策的实施带来境内流动性宽松，境内发债规模大幅上升；另一方面，受2015年的

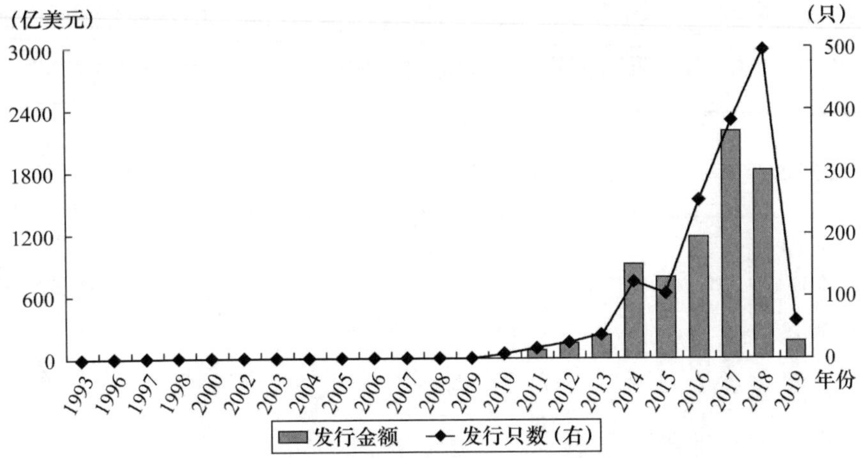

图 3-11　中资美元债历年发行数量（截至 2019 年 1 月 31 日）

资料来源：Bloomberg。

“8·11 汇改”的间接影响，美元发债成本被动上行，中资美元债的一级市场发行有所降温。

2016~2017 年，中资美元债发行再次升温。2016 年城投、房地产美元债发行数量再次快速上升；2017 年中资美元债的发行数量创下历史最高值，全年共发行 383 只，金额共计 2203 亿美元。2017 年发行大幅提升主要是因为外债资金回流限制放松，另外当年境内债市走弱，企业境内债券融资难度加大，境外发债需求增强。

自 2018 年以来，严监管及违约风险传导，中资美元债发行量再次回落。2018 年以来，境内债券发行环境较 2017 年有所放松，叠加跨境发债监管政策收紧的影响，中资美元债发行 1823 亿美元，同比下降 17%，发行规模自 2015 年以来首次回落。

（二）行业分布

从发行主体所在行业来看，中资美元债发行的行业分布广泛。其中，房地产（18.0%）、银行（16.1%）、非银行金融服务（11.5%）是美元债发行金额最大的三个行业（见图 3-12）。虽然勘探及生产（99 只）发行的债券只数只有非银行金融服务（230 只）的 40% 左右，但两者的发行金额却相差无几。此外，财政部在2017年10月26日发行了20亿美元的主权债券。这是自2004年以来中国首次发行的以美元计价的主权债，为中资美元债提供了定价基准。

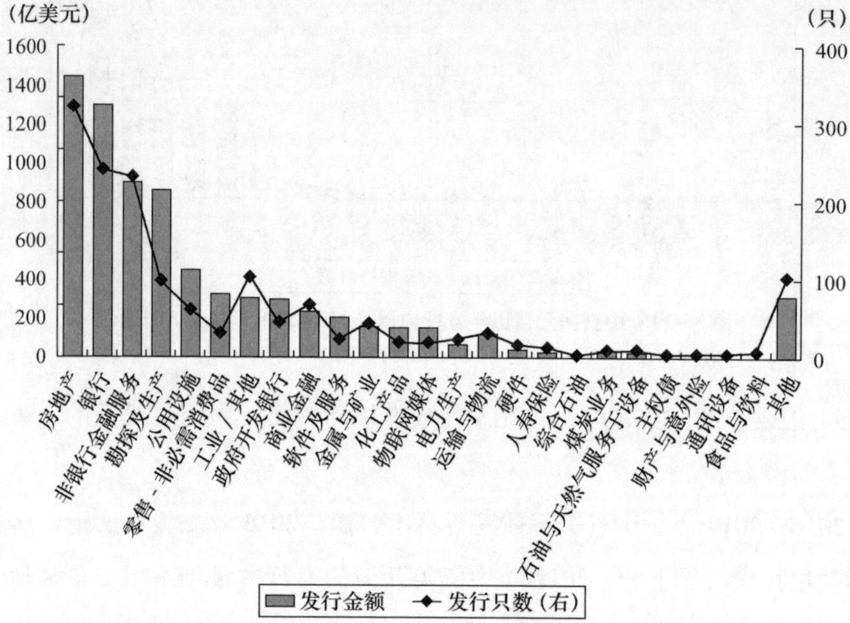

图3－12　中资美元债行业分布情况（截至2019年1月31日）

资料来源：Bloomberg。

（三）期限分布

美元债的发行期限分布较广泛，且有变短的趋势。从总体上看，5年期以下的中短期债和5年期以上的中长期债券发行规模大体相当，前期主要以中长期债券为主，后期逐渐转向中短期债券（见图3－13）。2010年以前，中资美元债的发行规模小，发行期限也多以7年期以上的长期债券为主。自2010年起，中资美元债发行提速，发行期限也逐渐向5～7年期和5年期以下的中短期债券偏移。从2016年开始，5年期以下的中短期债券发行开始提速，尤其是1～5年期债券在近几年增长明显，2016年和2017年发行的1～5年期中资美元债金额占比分别为73%和61%，2018年该占比再次突破70%。

2018年，中资美元债的发行特征是1年期以下、1～5年期债券发行占比

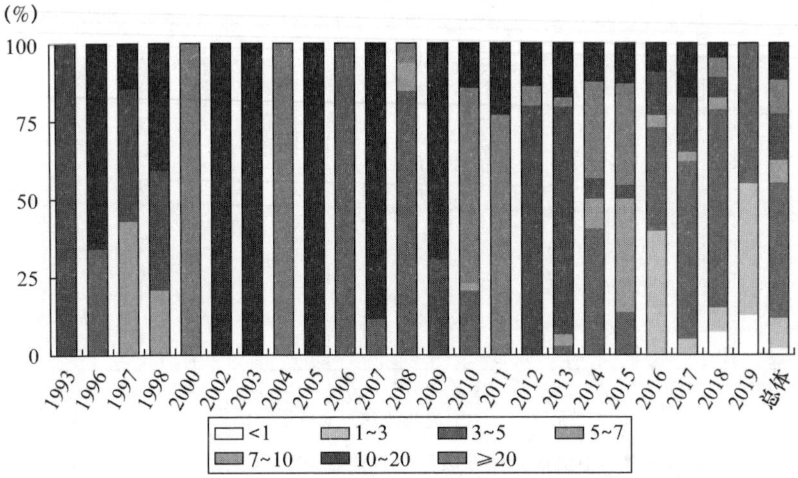

图 3-13　中资美元债期限分布（截至 2019 年 1 月 31 日）

资料来源：Bloomberg。

均有所上升，这是两方面因素所致：一方面，1 年期以下的短期债券不需在国家发展改革委备案（从境外借入 1 年期以上外债需经国家发展改革委批复，1 年期以下的外债则不需要）；另一方面，境外发债短期化反映了 2018 年企业现金流紧张程度加剧。这一特征在 2019 年体现得更加明显，截至 1 月 31 日发行的 62 只债券都是 5 年期以下的债券。

（四）评级分布

中资美元债的债项评级缺失现象较为严重，且近年来较差资质的中资美元债发行占比上升。从发行只数来看，截至 2019 年 1 月 31 日，在已发行的 1560 只中资美元债中，有 1164 只未获得评级，占比近 3/4；从发行金额来看，未获评级债券占比接近 70%。无论是从发行金额还是发行只数来看，高收益级债券在有评级债券（采用标普评级）中的占比整体呈上升趋势。在 2019 年 1 月发行的 62 只债券中，26 只获得评级，其中的高收益级债券有 19 只，在已获得评级债券中的占比为 73%（见图 3-14）。

（五）发行利率

在 2012 年以前，中资美元债的发行利率偏高。从 2012 年开始，中资美元债的发行利率整体下行，但 2016 年以来又整体上行。从发行金额来看，

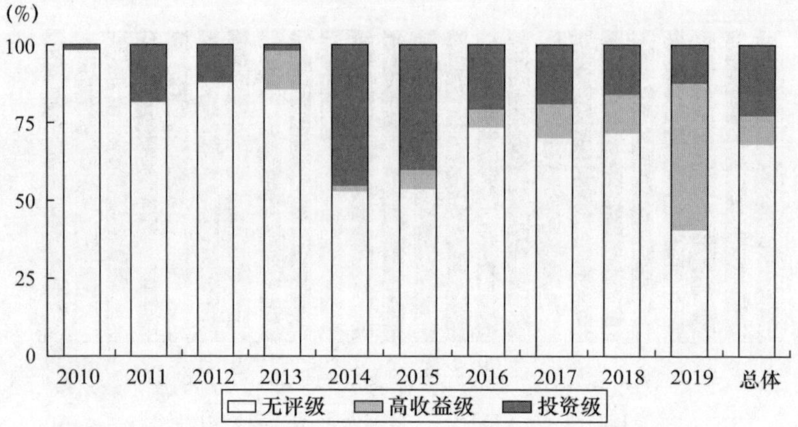

图 3-14　中资美元债评级分布（截至 2019 年 1 月 31 日）

资料来源：Bloomberg。

截至 2019 年 1 月 31 日，发行利率位于 2% ~4% 的中资美元债占比约为 48.4%，发行利率位于 4% ~6%、6% ~8% 的占比分别为 32.4%、10%，发行利率低于 2% 的占比约为 2.8%，发行利率高于 8% 的占比约为 6.4%（见图 3-15）。

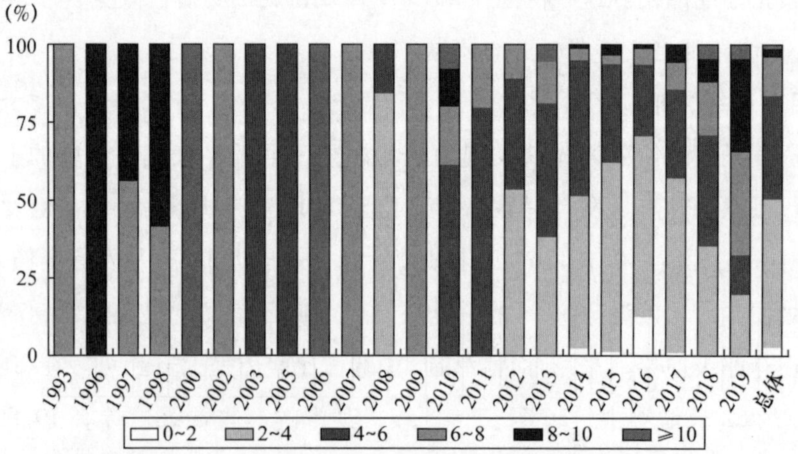

图 3-15　中资美元债发行利率（截至 2019 年 1 月 31 日）

资料来源：Bloomberg。

在 2012 年以前，中资美元债的发行利率基本上都高于 4%；但 2008 年是一个例外，大概有 80% 的债券发行利率位于 2% ~4% 的区间；而在 2000 年和

2006 年，全部债券的发行利率均高于 10%。从 2012 年开始，有大量债券的发行利率位于 2% ~4% 的范围。2013 ~2016 年间，中资美元债发行利率逐年降低，2016 年发行利率低于 2% 的债券发行金额占比甚至达到了 13%，而发行利率低于 4% 的债券占比高达 70%。但 2016 年以来，中资美元债发行利率整体上行。2017 年和 2018 年，发行利率低于 4% 的债券发行金额占比分别为 57.7% 和 35.7%，逐年降低。2016 ~2018 年，发行利率高于 8% 的债券发行金额占比分别为 7%、14.4%、29.2%。

中资美元债是否有还本付息压力

为了测算中资美元债的还本付息压力，笔者计算了未来 10 年存量美元债（不包括以后新增发行的美元债）的本息偿付额（见图 3 –16）。截至 2019 年 1 月 31 日，存量美元债约为 7173 亿美元。2019 ~2023 年将迎来存量美元债的到期高峰，每年需要支付的本息分别为 1422 亿、1540 亿、1588 亿、1122 亿、832 亿美元。

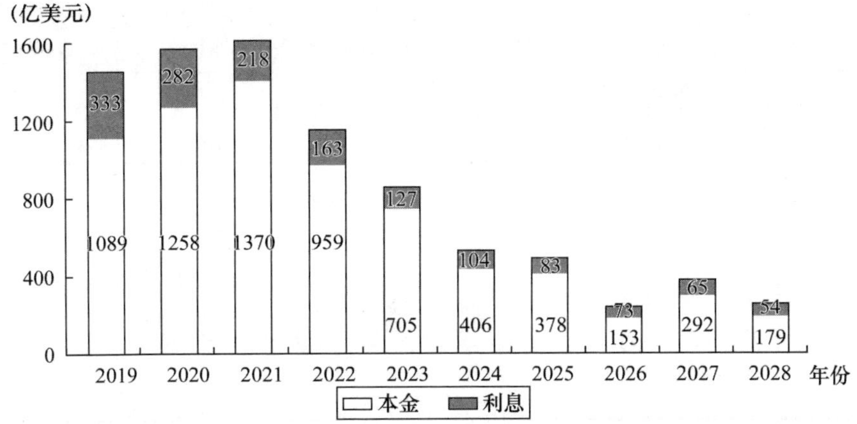

图 3 –16　存量中资美元债未来 10 年的还本付息额（截至 2019 年 1 月 31 日）

资料来源：Bloomberg。

中资美元债到期所带来的外汇需求压力将有多大？会不会给中国经济带来系统性风险？可以结合 1998 年亚洲金融危机发生前的东南亚国家案例进行

分析。表 3－12 计算了 1993～1997 年印度尼西亚、韩国、马来西亚、菲律宾与泰国这五国短期外债占政府外汇储备的比例。在危机发生前，这五个国家短期外债占外汇储备的比例都偏高。短期外债偿还压力最大的是韩国，其短期外债占外汇储备的比例长期在接近 200% 以上，且逐年升高，从 1993 年的 199.1% 飙升到了 1997 年的 751.6%。即便是短期外债偿还压力最小的马来西亚，其短期外债占外汇储备的比例在危机爆发前也达到了 71.9%。从宏观上看，在未来几年中，中资企业每年需要偿还存量美元债的本息金额均不超过 1600 亿美元，这一规模大概是我国政府近 3 万亿美元外汇储备的 5.3%。因此，笔者认为中资美元债不构成一个系统性风险因素，不会给中国经济带来系统性金融风险。

表 3－12　亚洲金融危机前东南亚五国短期外债占政府外汇储备的比例　单位:%

时间	印度尼西亚	韩国	马来西亚	菲律宾	泰国
1993	159.7	199.1	25.5	107.7	92.5
1994	160.4	227.6	24.3	95.0	99.5
1995	189.4	240.7	30.6	82.8	114.2
1996	176.6	340.2	41.0	79.5	99.7
1997（6 月）	158.5	395.3	41.6	81.5	119.9
1997（9 月）	159.0	446.5	49.9	84.6	131.4
1997（12 月）	217.1	751.6	71.9	162.3	133.1

资料来源：Berg，A.（1999，October）. The Asia crisis：Causes，policy responses，and outcomes。

总　结

中资美元债的发行规模在 2017 年达到历史高点后，在 2018 年有所回落，发行期限趋短，发行企业资质转差，同时发行利率也走高。2019 年美联储加息进程或将放缓，美债收益率有望整体下移，这可能会给中资美元债市场带来机会。另外，中资企业境外发债监管或有所放松，预计 2019 年中资美元债的发行规模仍然较大。2019~2023年将迎来存量美元债还本付息高峰。

从宏观来看，与我国的外汇储备规模相比，中资美元债并不存在很大的还本付息压力。因此，虽然存在一些问题，但中资美元债并不是一个系统性风险因素，不会给我国宏观经济带来系统性金融风险。但不排除具体的行业和企业会面临较大的中资美元债还本付息压力。如果发债企业不能做好现金流方面的匹配，那么就很有可能出现中资美元债违约的情况。

（欧阳辉　叶冬艳）

第四章

发现产业升级新动能

长期以来，产业转型升级一直是阻碍中国经济再进一步的绊脚石。随着互联网技术的日益更新，中国新经济找到了产业升级新动能，中国创新力量得以茁壮成长。无人机技术、共享经济、5G 技术、医疗行业和新零售经济的兴起，都得益于中国创新驱动发展战略纲要。科技创新所迸发的创新力量正是中国产业升级的新动能，推动“中国制造”走向“中国智造”。

2019 年产业经济最大挑战仍是产能过剩[①]

当前经济整体信心不足，消费减缓，2019 年产业仍将面临较大的不确定因素。产业面临的挑战仍是产能过剩。

我们对约 2000 家规模以上工业企业的经营状况和融资需求进行了季度调查，调查采用电话访谈形式，样本通过对国家统计局 2013 年经济普查规模以上（销售额大于 2000 万）的企业按行业、地区及规模分层的随机抽样产生。该调查从 2014 年二季度开始已进行了 5 年。

值得强调的是，虽然我们的调查只针对销售额大于 2000 万元的工业企业，但是 2000 万元销售额并不是一个很高的门槛，涵盖了绝大多数的工业企业。而工业企业在除农业、房地产、金融的 GDP 中占比近 50%，从中得出的结论是政策制定时不应忽略的。

产业景气持续五个季度扩张

2019 年一季度产业景气扩散指数为 52，呈轻度扩张态势。这是产业经济自 2014 年本调查开始以来首次出现的且持续 5 个季度的扩张。经营状况持续改善，扩散指数为 58，乃 4 年内的高位（上季度为 59）；反映投资热情的扩

① 2019 年 6 月 20 日，《第一财经日报》。

散指数与上季度相同，为45，虽低于荣枯点，但仍处历史高位。

扩散指数所基于的问题为多选题，含类似于“好”“中”“差”或“上升”“持平”“下降”的三个选项。扩散指数的计算方法为：“好”企业百分比+“中”企业百分比×0.5。扩散指数在0~100之间，越高代表状况越好，50为荣枯分界线。另外，扩散指数反映的是问题涉及的“广度”。例如，经济好转时，状况上升的企业的相对比例。但是不体现“深度”，即回答“上升”的企业到底上升了多少。产业景气指数包含当前经营状况、预期经营状况变化以及投资时机这三个子指标，为其扩散指数的平均。和现有的经济指数相比，该指数不仅能够衡量和上期相比的产业表现，而且反映经济的绝对景气程度，并具有前瞻性。

此次扩张与上季度相似，主要为国有和外资带动，扩散指数为61和56（上季度：59和56）。大型企业也高于小企业（54∶49）。而民营企业，产业的大多数，接近持平状态（扩散指数为51）。数据表明，受农历新年季节性影响，总体扩张中也有局部收缩的迹象，包括生产量、用电量呈小幅收缩状态，指数为46（上季度：53）。生产量收缩主要受民营和小型企业所拖累，指数为45和44（上季度：52和51）。收缩主要集中于消费品，生产指数下滑大约10个点。

投资虽仍疲软，进行扩张型投资的企业占比为5%（上季度：7%）。

本季度单位成本继续上升（扩散指数为61），但程度有所缓和，表现在有较大幅成本上升（单季成本上升超出5%）的企业占比继续下降，从上季度的3%降为1%。

单位成本上升主要因为原材料价格上涨，原材料成本扩散指数为59（上季度：59），劳动力成本扩散指数上升了1个点，为55。

中美贸易摩擦对制造业的影响在一季度与上季度相近，受到贸易摩擦影响的企业占比为17%（上季度：18%），有较大影响的企业占比为3%。影响主要集中在出口企业，它们占样本的33%。在这些企业中，31%受到影响，其中6%受到较大影响。预计在未来一两年内受到较大影响的企业比例为 2%。

影响比较严重的行业前五位为橡胶塑料制品业、纺织业、文教用品（文教、工美、体育和娱乐）制造业、纸制品业以及有色金属冶炼和压延加工业，分别有 29% ~41% 的企业受到影响。其中受到较大幅影响的前两位为橡胶塑料制品业（8%）和文教用品（10%）。

此外，出口占比指数下跌 1 个点至 49，呈轻微收缩（上季度：50）。主要集中于小型和生产消费品的企业（47 和 48）。

产业经济两大挑战：产能过程、成本上升

景气指数位列前三的分别为水的生产和供应业（65），电力、热力生产和供应业（61）和铁路、船舶、航空航天运输设备制造业（56）。最高两个行业分别连续 9 个和 12 个季度位于榜单前列。本季度后五名是煤炭开采和洗选业（45），黑色金属冶炼和加工业（45），金属制品、机械和设备修理业（46），金属制品业（47）和非金属矿物制品业（47）。黑色金属冶炼加工业和非金属矿物制品业分别连续 7 个和 11 个季度上榜。

产能过剩继续为产业经济面临的最大挑战。一季度 66% 的企业产品在国内市场供大于求，反映国内需求不足的扩散指数与上季度相同，为 83，仍处历史高位。产能过剩超过 10% 和 20% 的企业占比与上季度相仿，分别为 30% 和 12%（上季度：31% 和 12%）。此外，企业开工率与上季度相同，开工率超出 90% 的企业占比为 60%，而开工率低于 70% 的企业占比为 16%。

产业经济的第二大挑战仍为成本上升。如前所述，本季度因原材料价格的上涨而成本上升仍然较为突出，值得关注。

最后，融资自 2014 年二季度我们开始本调查以来一直不是现阶段产业经济的瓶颈。本季度仅有 2% 的企业认为融资是制约因素。与此相应，仅有 2% 的企业认为资金不足，而绝大多数资金不足的企业（92%）是生产性而非扩张性资金不足，仅有一家企业因亏损而造成资金紧张。反映银行借贷态度的

扩散指数为54，虽然整体仍处较宽松状态，但与2018年之前相比明显收紧。其中，小企业借贷态度的扩散指数为46（上季度：48），为2014年本调查开始以来连续两季度在荣枯线之下，显示小企业感受到了资金面收紧的压力。

我们发现，当前经济整体信心不足，消费减缓，2019年产业仍将面临较大的不确定因素。政策层面应立足长远、兼顾短期。宽货币和宽信用政策更多应在于防范金融风险的集中爆发。而激发科技创新的活力、打造长远的核心竞争力是产业振兴的必经之路，也应是产业政策的主要立足点。

中国制造业的痛点与创新探索

在过去大约十年里，我作为长江商业院的金融学、经济学教授，有幸参与了包括大疆科技在内的多个高科技企业的早期孵化，也曾参与我的前同事、大疆董事长李泽湘教授主导发起的松山湖机器人产业基地。

在这个过程中，我非常深刻地认识到了中国制造业面临的困境。我感觉，中国制造业在创新创业方面存在三个痛点：

第一，制造业的周期长，链条也长，要素很多。戴森的吸尘器经过了近十年的研发和5000多次迭代，放在中国，我觉得我们可以做得快一些，但仍然无法改变制造业周期很长的特点，需要耐心，也需要一个多要素的生态体系去支持。

第二，做“山寨”的诱惑实在太大了，所以很多企业缺乏核心技术的积累。

第三，虽然科技人才创业的时代到来了，但是科技人才普遍缺乏商业智慧和商业眼光。

所以，中国的硬件科技创业或者说制造业的科技创业、创新，需要有三个条件：一是提升技术；二是提升商业智慧；三是多要素的生态体系，要以耐心去支持和孵化这些企业。

我们这个时代需要创新的工程教育，要能够真正培养出做产品研发的、有动手能力的工程师，这是打破“山寨”的第一步。我们也需要针对硬件创新创业企业的商学院教育，中国的商学院教育长于培养职业经理人，培养成熟的企业家，像 EMBA 项目就是如此，但是对于创新创业企业遇到的新问题准备不足。我们还需要新型的孵化器，能够真正构建一个生态体系去支持孵化企业的成长。

我们想做的，就是把这三样东西整合在一起，我们称其为智造创业 MBA。智造创业 MBA 不是单纯的 MBA，它是“MBA + 工程硕士 + 创业孵化器”，把这三样东西有机结合在一起。我们内部叫它 METI，对应的英文是 Master of Entrepreneurship and Technology Innovation，就是“科技创新创业硕士”，我认为这更加符合我们这个项目的本意。

麻省理工学院工业生产力调查委员会在 1989 年发布了一个报告，当时他们担心美国的制造业衰落，在报告中提到“一国之繁荣维系于该国的先进生产力”。我们做的这个项目是为了提升我们国家和民族的先进生产力，我们希望通过教育和产业的共同努力，实现从“中国制造”到“中国创造”的飞跃。

我做的大样本工业企业调查发现，虽然中国的 GDP 在过去的多个季度里一直在超预期增长，但产业尚未真正走出低谷，而是呈现出一个 L 型走势。最大的问题还是在于产能过剩，虽然一直在去产能，但 2018 年第二季度仍然有 60% 的企业认为自己的产品供大于求。

这一方面源于企业自身的弱点，另一方面它们也陷入了恶性循环——产能过剩的企业不可能有定价权，而赚不到钱就很难有能力做研发。海外的高科技企业，像苹果、英特尔等，毛利率在 40% 至 60% 之间，而我们 70% 的企业的毛利率在 15% 以下。

海外的科技企业要支出相当于 15% 销售额的资金去做研发，而我们绝大多数的企业毛利本身都没有到 15%。所以，当海外的科技企业有核心技术作为壁垒，已经整军备战时，我们的企业却在打价格战。即使有些企业家很想走出目前的产能过剩境地，但真地很难走出“越不赚钱越没有能力做研发”

的恶性循环。

以上是我看到的许多制造业企业的弱点所在。那应该怎么做呢？我认为：一是可以做增量。制造业从来不缺创业，就缺创新，许多创业者一直都是以有创业、无创新的模式去创业。那么让我们从增量做起，我们希望我们孵化的团队能真正关注自己核心技术的积累，要不然几个产品迭代之后就会形成过剩产能。二是可以做存量。我们在调查中有一个让我特别吃惊但也可以说是意料之内的发现：我们制造业的研发投入非常弱。弱到什么地步？2016 年的调查发现，80% 的企业没有研发投入。2017 年稍微好一点，因为宏观经济整体好一些，国家也有不少补贴，这一年竟有 60% 多的企业没有研发投入。

没有研发投入，企业根本就没办法升级。这个时候，企业可以通过内部创业的形式来激发创新。比如说现有的研发能力难以支持产品创新，你可以把工程师送到我的项目中来，让我们来培养，帮助他们做出创新的产品，实现你的企业升级。

（甘　洁）

中国创新力量的崛起[1]

2006 年，26 岁的 Frank Wang（汪滔）在香港科技大学攻读硕士学位期间创办了 DJI（大疆）。儿时的汪滔便是航模迷，有一次父亲奖励了他一架昂贵的遥控模型直升机。当然没过多久，这台直升机便在操控的过程中坠毁了。从那时起汪滔就立志要做一个更好的控制器。

作为他毕业设计的一部分，他完成了一个创新的飞行控制器，这是当今无人机的一个核心技术。今天，总部位于深圳的大疆，在无人机消费领域拥有 70% 的全球市场份额，为中国未来的竞争开启了一个窗口。

西方媒体对中国经济的奇迹多持批评态度。最常见的说法是，中国在高科技方面存在很大的差距，要想赶上西方还有很长的路要走。但是，大疆证明了中国从山寨到高科技创新的重大转变。

2017 年，大疆的销售额约为 27 亿元，从 2013 ~ 2017 年间，公司的复合年增长率超过 100%。大疆的营收分别来自中国、美国和欧洲，还有 10% 来自南美洲。该公司的估价超过 100 亿元，汪滔拥有 45% 的股份，所以他成为了世界上第一个“无人机亿万富翁”。

一些资金充裕的硅谷企业，例如 GoPro，3D Robotics 和 Lily，曾经也进入过无人机的消费市场，但均以失败告终。它们的性能没有大疆的无人机好，

① 2018 年 10 月 23 日，《哈佛商业评论》。

在价格上更无优势。这体现了中国某些宝贵且难以复制的竞争优势。

大疆受益于深圳的制造生态系统，并以极低的成本生产无人机。2016 年，大疆拥有 1500 名研发人员，占总员工（4000 名）的 40%——这种奢侈的比例仅存在于那些可以低成本吸引工程人才的公司。大疆的第一个热门产品是 2013 年出品的 Phantom，从那以后，大疆就以飞快的速度推出新的产品。

大疆展示了基于一些难以复制的优势。中国的科技型企业正在不断地创新。这些优势促使它们有效地竞争，甚至在某些领域超越了西方的竞争对手。

具体而言，中国企业拥有三大优势：

第一，以供应链为核心，加上物流和生产的制造生态。

中国珠江三角洲地区拥有世界一流的电子元件制造生态系统，包括必要的基础设施、物流和制造能力。反观美国，其硬件制造力实际上已被分散和削弱。

这样的制造生态带来几个好处。首先，中国公司可以快速地进行原型设计，这缩短了新产品推出的时间。与美国不同的是，珠江三角洲地区零部件供应商的地理位置集中。原型开发在硅谷需要两周时间，但在深圳却只是一晚上的工夫。新产品通常需要多次的迭代——例如 Dyson 的真空吸尘器经历了 5000 多个原型——因此这也是从实验室进入市场的重要优势。其次，零部件制造业的规模经济在保证质量的同时为中国企业提供了 50% ~60% 的成本优势。

第二，富足的中高端劳动力。

众所周知，中国的劳动力成本一直在上升，导致低成本制造业转向越南和孟加拉等国。尽管如此，中国在研发投入和市场营销这两方面仍享有劳动力成本的优势。

工程师制造出具有新的功能和特色的硬件产品，而销售专业的毕业生以低成本的方式进行营销甚至创造出新的商业模式。除了低工资的优势外，中国的工程师和管理层在工作上特别地吃苦耐劳。根据西门子的报告，中国最大的电信设备公司华为的工程师每年工作时间为 2750 个小时，为西方同行的一倍。

美国也培养工程师和工商管理人才，但是高等教育非常昂贵。中国在高等教育方面虽存在明显不足，但以低成本培养了大量的本地人才。此外，中国还推出了一系列的激励机制吸引海外华人回流。

第三，巨大的国内市场。

中国人口超过14亿，拥有统一的语言，再加上快速的经济增长和中产阶级的崛起，形成了一个庞大的国内市场。这使得中国企业能够轻松地验证它们的产品，并形成从1～100的快速增长。通过不断完善本土化的商业模式，中国企业有更大的信心将自己的产品带出国门。例如，海尔是中国主要的低成本和高质量的家电制造商，如今已成为全球市场的领导者。

除了这些优势之外，在Apple智能手机发展的推动下，硬件技术在诸如半导体芯片、视觉和电池等很多领域取得了突破性的创新。人工智能和数据分析等数字化技术也已日趋成熟。这些都意味着在技术上集大成的可能性。

总而言之，中国正处于下一个创新浪潮的尖端，这些创新将依托于它的制造生态、低成本的中高端劳动力和巨大的国内市场这三大优势，提供高科技、高质量和低成本的产品。美国和其他发达国家将难以与之抗衡。虽然当下的中美贸易摩擦吸引了大部分观众的眼球，但两国经贸合作所带来的长期利益不容忽视。

（甘　洁）

"4 +7" 药品集采：中国医疗行业生态体系面临重构[1]

"4 +7" 药品集采中标结果令人意外，降价对医药企业利润的毁灭性打击将直接对其商业模式产生颠覆，但预计消费者将从中受益。

回顾2018年的政策脉络，政策制定者的思路非常清晰，药品一致性评价和"4 +7" 城市药品集中采购招标只是其中一环，预计短期大部分医药行业改革政策都将遵循"更有利于医保控费"的原则而制定，未来也将不断有更新和更细化的政策落地。

由于较长的行政审批流程、对于原研药过强的专利保护和扭曲的销售渠道，中国的仿制药整体维持了较高的价格和利润水平，而中国药企也因此普遍表现出"轻研发而重销售"的特点。

预计中国的医药企业将迎来"大分化"的时代。一系列改革之后中国仿制药高价的现状将显著改变。本土仿制药企过去的高额利润空间预计将被大幅压缩，商业模式和盈利水平将向一般制造业企业看齐；外资药企在中国同样不可避免地面临这一压力。这种医药企业商业模式的变革将直接影响经销环节，并改变过往"以药养医"的商业模式。

我们认为，随着中国药品审评审批机制的变革、更多优秀人才的引进和

① 2019年2月12日，《第一财经日报》。

资本市场对创新药企支持程度的加大，中国的本土创新药企业正在迎来发展的“黄金时代”，而头部的本土玩家已经通过持续加大研发投入，在这一市场抢占先机。但预计由于大部分医药企业短期内都将面临利润空间的大幅压缩，未来创新可能成为少数玩家的游戏。

“4 +7” 药品集采：一场生死存亡的较量

2018 年 12 月 7 日，上海正式公布了首次“4 +7”城市药品集中采购的竞标结果：31 个试点通用名药品中，25 种达成协议，6 种流标，成功率 81%。从最终中标价格上看，与试点城市 2017 年同种药品最低采购价相比，拟中标价平均降价幅度在 52%，其中氯沙坦钾片、富马酸替诺福韦二吡呋酯片、恩替卡韦分散片等品种降价幅度超过了 90%。此外，吉非替尼片和福辛普利钠片两个品种分别由原研企业阿斯利康和施贵宝中标，但降价幅度同样达到了惊人的 76% 和 69%。

在首次“4 +7”药品集采竞标结果公布后，A 股上市医药板块股价大幅下跌，多家医药行业上市公司股价直接跌停。截至 2018 年 12 月 21 日，已经有 23 家上市公司市值蒸发超过两成，A 股医药板块整体市值缩水接近 5500 亿元，而港股上市的多家中资药企同样出现暴跌。

对于消费品制造业而言，产品价格下降 90% 造成的将是灾难性的影响，那么对医药行业造成如此剧烈影响的“4 +7”药品集采招标是什么？又为什么会对价格造成如此大的冲击？

2018 年 11 月 15 日，上海阳光医药采购网公布了《国家组织药品集中采购试点方案》，这一方案是经过深改委讨论之后确定的方案，主要的政策目标在于让患者用上有质量保证的廉价药品，核心的竞标方案包括：（1）带量采购，单一货源中标；（2）最低价中标；（3）坚持质量标准，配合一致性评价推进。由于这一试点在 4 个直辖市和广州、深圳、沈阳、大连、西安、成都、厦门等 7 个城市进行，因此被称为“4 +7”药品集采。

"以量换价"的意思是，此次带量采购将以试点地区所有公立医疗机构年度用药总量的60%～70%，交换通过一致性评价产品以及原研产品的最低报价。值得注意的是，根据文件规定，不仅是这60%～70%的市场，剩下的30%～40%市场与未中标品规也会受到影响，因为如果与带量采购中标价格相差过大，其他价格也需要作出调整。

事实上，如果单纯从竞标规则上看，已经可以预见，最终中标价格的大幅下降是大概率事件。从参与竞标的玩家看，过往的药品采购竞标规则是原研药品单独分组，国内医药企业一组，即原研药品即使过了专利保护期，也不需要和其他仿制药厂家一起竞价，而"4+7"集采则不区分剂型、不区分类别、不区分原研药还是仿制药，所有玩家在一起进行竞标。

从具体规则上看，独家中标是影响竞标企业行为模式杀伤力最大的规则，对于所有药企而言，成了0和1的选择，如果中标，虽然降价但还可以形成垄断，通过规模效应来努力实现未来的盈亏平衡，而如果没有中标，就直接失去了这一庞大的市场。因此，参与竞标的所有企业都陷入了背对背的"囚徒博弈"，只能把价格降低到自己能够承受的最低价格，来力争夺下这一品种的独家中标资格。"4+7"药品集采招标事实上成为了医药企业间一场生死存亡的较量。

虽然对于药企而言，残酷的竞争压低了收入并将大幅压降利润空间，但从另一方面看，"4+7"药品集采将直接利好患者。整体上看，由于是"带量采购"的模式，消费者一定能够在终端购买到这些药品。同时医院受到医保局的监管：医生必须在处方中开到占同类化学药品的50%；如果没有达到这一要求，则医保将可能制裁医院，例如拒绝支付医保费用等。而从具体中标的药品种类看，多为日常慢性病或老年人常用药品，例如阿托伐他汀、瑞舒伐他汀、氯吡格雷、厄贝沙坦、氨氯地平、恩替卡韦、替诺福韦等，需要长期服药的慢病患者和老年人将直接受益。

此外，政府相关监管部门预计将会推出相关配套政策，对带量采购中标结果的执行效率进行监管，同时确保中标药企"跌价不跌质"。例如医疗保障部门需要明确违约责任，将药品使用情况纳入医保协议中，明确违约责任及处理方式；需要出台清晰明确的支付标准，明确医保对同一通用名不同商品名的药品，按相同支付标准支付的操作细则及过渡期政策，引导参保人合理用药。卫生健康部门需要将中选药品纳入临床路径管理，制定用药指南，促进医疗机构科学合理用药；将优先使用中选药品纳入公立医疗机构绩效考核体系，建立医疗机构和医务人员的激励约束机制等。

整体上看，“4 +7”药品集采中标结果令人意外，降价对医药企业利润的毁灭性打击将直接对其商业模式产生颠覆，但预计消费者将从中受益。

草蛇灰线：医保控费才是题中之义

“4 +7”药品集采招标称得上是2018 年对医药行业冲击力最大的变革，但除此之外，医疗行业随后还有多个政策落地，连点成线，从这些相关政策中，可以明显领会背后的政策制定者意图。

2018 年 12 月 12 日，国家卫健委发布《关于做好辅助用药临床应用管理有关工作的通知》，对加强辅助用药管理，提高合理用药水平作出明确规定：加强医保控费，实现辅助用药管理全国化；制订辅助用药目录，新一轮市场洗牌；规范药品使用，提高行业集中度。辅助用药是指疗效不确定且被临床滥用的品种，业内人士预计辅助用药占据2017 年医院销售额的15%左右，辅助用药的滥用实际上提升了医保成本。

2018 年 12 月 15 日，国家医疗保障局和财政部办公厅联合印发《欺诈骗取医疗保障基金行为举报奖励暂行办法》的通知，对公民、法人或其他社会组织对医疗保障经办机构工作人员，定点医疗机构、定点零售药店及其工作人员，以及参保人员等涉嫌欺诈骗取医疗保障基金行为进行举报，提供相关线索，经查证属实，应予奖励。最高奖励金额为10 万元。

2018 年 12 月 20 日，国家医保局发布《关于申报按疾病诊断相关分组付费国家试点的通知》，要求加快推进按疾病诊断相关分组付费（DRGs）的国家试点，DRGs 模式是按照患者的年龄、性别、住院天数、临床诊断、手术、并发症等因素分为不同的诊断相关组。不同于传统模式的实报实销，DRGs 模式将患者费用转化为医院的成本压力，有利于医院主动减少过度医疗，进而降低医疗费用。

接连落地的重磅政策虽然看似零散，但背后的核心思路高度一致——医保控费才是题中之义。事实上，如果再回溯 2018 年以来整体医疗行业的政策变革，国家医保局的组建成立是所有政策变革的开端。

2018 年 5 月，国家医保局正式在北京挂牌成立，中国医药市场最大的官方采购者诞生。国家医保局是将过去人社部、国家卫计委、国家发改委、民政部四部门的相关部门整合组建而成，承担了包括城镇职工和城镇居民基本医疗保险、生育保险职责，新型农村合作医疗职责，药品和医疗服务价格管理职责，医疗救助职责等主要职能。国家医保局的成立，打破了过去医保分割管理的行政壁垒，掌握了从定价、采购到支付的所有行政权力，管理职权大大提升。

整体上看，中国的城镇医保体系近年来支付压力正在不断加大。如果按照当年收支结余/城镇医保总收入，计算所谓城镇职工基本医疗保险当年收支结余率，这一指标从 2008 年之前的最高 30%，一路下行到 2014 ~ 2015 年的 17% 左右。2016 年开始，在控制辅助用药、取消药品加成及药品降价等控费政策影响下，当年结余率有所回升。但整体上看，随着医保资金的需求者逐步增多，中国城镇医保整体收支压力仍然在不断增大，而医保控费就是医保局组建成立的最重要职能之一，也是亟待解决的民生问题。

事实上，从全球市场的经验看，医疗保障体制的改革，在所有经济体都面临种种问题，即使在美国、德国、日本等成熟市场，医保体制的改革都算不上完全成功。随着多年的探索实践，中国的医保改革已经进入了“深水区”。任何改革都必将面临调整压力和既得利益者的受损。医保控费过程中，必将面临利益格局的重新划分。在医药企业、医保、患者、医院的利益相关方中，政府会首先选择保护医保和患者的利益。对于政府而言，目标函数是以最低的医疗成本覆盖最广泛的受众，进而实现“低水平、广覆盖”的民生保障基本思路。因此，对于医药企业和医院而言，面临利益的受损是必然的。

因此，如果回顾 2018 全年的政策脉络，政策制定者的思路已经非常清晰，药品一致性评价和“4 +7”城市药品集中采购招标只是其中一环。预计短期大部分医药行业改革政策都将遵循“更有利于医保控费”的原则而制定，未来也将不断有更新和更细化的政策落地。

医药行业的生态重构：大分化

中国医药行业的参与者众多，但事实上中国的医药生产企业主要以仿制药厂商为主，据 GPLP 研究统计数据，中国是除了美国之外的第二大医药消费市场，目前 17 万个药品批文号中，有接近 11 万的化学药品，其中仿制药占比高达 95%。

医药可以按照创新性从高到低分为原研药、创新药和仿制药。

原研药创新性最强，即原创性的新药，通常需要对大量的化合物进行层层筛选，进而经过漫长系统的临床试验，才得以获准上市，供终端消费者使用，通常研发流程需要耗费 10 ~ 15 年，研发资金需要投入数亿美元。目前中国企业在原研药方面研发能力较弱，只有大型跨国企业才能够进行原研药的研制。

创新药也是一类具备自主知识产权的药物，通常是在已有药物的基础上进行一些改进，例如修饰结构、提升生物利用率等，强调新颖的化学结构或新的治疗用途，并且能够打破“原研药”的专利壁垒。近年来，中国药企已经通过自主研发的方式进军创新药市场，越来越多的中国本土药企开始成为创新药的领军企业。

仿制药在剂量、安全性、效力、质量、作用以及适应症上都和原研药相同或类似。通常，原研药的专利保护期过去之后，国家为了降低这些原研药的市场价格，从而提升患者的支付能力，都会开放仿制药市场。开放的市场通常会促使原研药价格下跌。

例如，印度是一个特殊的市场，其专利制度只保护药品生产工艺，不保护产品；此外，还创立了《药物专利强制需求证书》，无论专利保护期是否结束，都允许该药品直接被仿制。因此，印度的制药工业以仿制药出名，部分药品的价格甚至能够达到原研药的1/10。但中国是个特例，原研药专利到期后，在市场上仍然保持高价并且销量不减反增。

为什么中国的原研药专利到期后仍能维持高价？主要有三大原因：

1. 行政审批流程过长，导致仿制药供给的稀缺性。原国家食药监总局主要负责药品的审批。整体上看，中国对于仿制药品的审批流程要相较海外市场更为严格，很多仿制药也需要进行临床试验，因此行政审批的流程非常长，一个仿制药品的落地，需要短则三四年、长则五六年的审批流程，一些高难度的仿制药甚至更长。因此，导致整体仿制药市场供求关系失衡，通常只有几家企业能够生产仿制药，进而导致相对于终端消费者的议价能力较强，从而造成了中国仿制药更高的终端零售价。例如，截至2015年，2008年后在全球市场上销量最高的药品中有半数以上在中国尚未获得批准上市。

2. 原研药过强的专利保护。在中国，跨国药企的产品即使过了专利保护期，仍然享受专利期内的待遇，而不降价，背后核心原因在于跨国药企宣称中国药企仿制药的生物等效性相比原研药存在差距。原研药的高价也变相带动了仿制药的高价。

3. 扭曲的销售渠道。中国的医药行业传统的销售渠道通常包括多层经销商。从药厂送达终端医院，多层加价，销售渠道在整体产业链条中占据的利润空间过大，形成了灰色的产业利益链条。中国医药不分家，医生拥有处方权，因此，医药企业和经销商通常将营销的重点对准医院和医生。中间环节价格水分过大，实际上是在用医药渠道利润补贴医院和医生的投入。而患者作为终端消费者，没有议价能力。而在医保局组建之前，医保也属于价格的被动接受者。

因此，从过往经验看，对于中国的医药企业，打通终端销售渠道远比取得药品品种上的优势更加重要，长久以来呈现出“重销售而轻研发”的特点。以 A 股上市的医药公司为例，接近 300 家上市公司中只有恒瑞、复星和迈瑞三家 2017 年投入的研发费用超过 10 亿，而就算是这三家行业引领创新的领军企业，销售费用也分别达到了研发费用的 2.95 倍、3.79 倍和 2.68 倍。行业整体情况更是触目惊心：接近 300 家 A 股医药行业上市公司 2017 年销售费用合计达到 1815 亿元，而投入的研发费用合计只有 314.5 亿元，销售费用是投入的研发费用的 5.77 倍。

2018 年以来，政策环境对于创新药和仿制药开始产生了明显的分化，带量采购的医药集采方式将直接影响中国医药企业的商业模式，而仿制药的一致性评价也将加快仿制药市场供给的释放，进而平衡供求关系，预计仿制药企业的议价能力将大幅下降。从海外市场的经验看，仿制药生物等效的一致性评价，是医药产业成熟的重要一步，未来中国医药企业必须破除依靠仿制药躺着赚钱的现状，通过参与到创新药，甚至原研药的研发中，才能够进入到更好的赛道，从而获取更高的利润空间，但短期必将面临阵痛。

对于仿制药企业而言，未来可能逐步沦为一般制造业，预计“4 +7”中标的企业将通过提升销量薄利多销，挤压销售渠道费用等方式减少损失，以压减成本的方式努力实现盈亏平衡。此外，以量补价可能也是中标企业减少亏损的重要方式，海外药企的原研药在带量采购的主要品种中目前仍然占据了较大的市场份额，预计未来将逐步被国产医药企业取代。

根据中国国家统计局公布数据，医药制造业整体毛利率水平在所有制造业中仍然处于较高水平，例如可以对比医药制造业和相似度最高的化学原料及化学制品制造业，两者的毛利率水平在 2018 年三季度分别为 42% 和 16%，医药制造业的毛利率水平达到了化工制造业的 2.6 倍。预计未来随着医保控费的逐步深入，单纯依赖仿制药的医药企业盈利空间也将被大幅压缩，向化工等一般制造业靠拢。

除中国本土医药企业外，预计跨国药企的过期原研药在中国“躺着赚钱”的日子同样将一去不复返，这一点从“4 +7”城市医药集采招标中阿斯利康和施贵宝等原研药企的大幅降价可以看到。但外资药企的行为逻辑和中国本土药企有所不同，由于研发管线更加成熟，即使当前品种大幅降价，对利润空间造成挤压甚至出现亏损，仍然可以通过后续品种提价补贴利润。

此外，这种仿制药企业利润空间的大幅压缩将影响整个医疗行业的生态体系，例如仿制药企业为实现盈利，一定会改变目前在销售渠道上的大量投入，预计医药经销环节的利润空间将迅速萎缩，而过往“以药养医”的商业模式也必须做出改变。

对于医药行业的投资者而言，也需要以新的视角来审视这一行业，未来随着仿制药和创新药企业商业模式的分化，投资关注的要点也将迥异。如果仿制药未来沦为类制造业，则规模效应和成本优势将是衡量仿制药企业是否优秀的最重要标准，可能更多体现为头部企业的“强者恒强”。与一般制造业相似，当市场成熟度提升后，为进一步扩大规模效应，仿制药企业之间的兼并重组将有望看到，市场竞争格局和供需关系将成为行业分析的核心框架。

而对于创新药企业而言，对于研发的投入和推进，在研品种管线的考察将成为核心关注变量。一些小型的优质创新药企可能通过个别重磅品种实现弯道超车，迅速崛起成为医药行业巨擘，其中蕴含的投资回报率将十分惊人；但同时风险也会加大，如果一家创新药企通过大量的研发投入，但最终没有取得成功，投资者可能血本无归。因此，未来对于创新药行业投资的壁垒和专业性要求也会提高。

我们预计中国的医药企业将迎来“大分化”的时代。一方面，一系列改革之后中国仿制药高价的现状将显著改变，本土仿制药企过去的高额利润空间预计将大幅压缩，商业模式和盈利水平将向一般制造业企业看齐，外资药企在中国同样不可避免地面临这一压力。另一方面，创新药企业将有望继续赢得发展空间。这种医药企业商业模式的变革将直接影响经销环节，并改变过往“以药养医”的商业模式。而对医药行业感兴趣的投资者同样需要修正对这一行业的研究框架，未来对于仿制药和创新药企业区别对待。

仿制到创新：迎头赶上的中国药企

在可预见的未来，医保控费都将会是中国医疗行业最重要的主题之一。那么，中国的医药企业未来将向何处去？和对于仿制药“控费”的政策思路不同，近年来中国不断出台有利于医药企业创新的政策，呈现出明显的“冰火两重天”。这些政策主要包括：

1. 支持创新药物的审批系统。中国的药品审评审批机制已经开始变革。特别是2015年以来，国家食品药品监督管理总局的改革正在加速，启动了优先审批程序，药品审评中心（CDE）审核人员也从200人增至600人。中国于今年6月获准加入了人用药品注册技术国际协调会议（ICH）。整体上看，新药临床试验效率快速提升，审批时限缩短到30个工作日左右，已经接近美国FDA标准。

2. 资本市场对于创新药企的支持。对于创新药甚至原研药的研发，资金支持至关重要。由于一致性评价和药品集采不仅直接加大了本土药企通过仿制药积累利润，而且增加了投入研发进而转型创新的难度，因此创新型药企需要另觅融资渠道来支持长周期的研发投入，而资本市场为此提供了一个绝佳的渠道。事实上，由于创新药企投资的风险较高，风险资本天然地适合这种投资，而资本市场则为这些风险资本的交易提供了更好的流动性。

例如，香港联交所2018年4月对主板上市规则进行改革，为尚未盈利的生物科技公司赴港上市降低门槛，开辟绿色通道。此后年内相继有包括华领医药、君实生物、歌礼制药、信达生物、百济神州等5家生物科技公司通过此渠道上市，合计募资金额在180亿港元，此外还有包括复星医药旗下复宏汉霖等多家在IPO流程之中。预计境内资本市场未来也将朝着这一方向进行改革。据媒体报道，上海即将推出的科创板可能放松对于未盈利的生物科技企业上市要求。

近年来企业研发费用快速增长。相比于2011年，恒瑞医药的研发费用投入年均复合增长28%，同期销售费用年均复合增长只有18.1%。可以看到，恒瑞已经开始调整自身商业模式，从过去“轻研发重销售”，逐步向更加均衡的模式进行转变。虽然真正在创新药市场确立自己的领导地位，甚至在原研药市场上争得一席之地，需要一个漫长的过程来证明自己，也需要成倍于目前研发费用的资金投入，但无论如何，中国本土龙头药企已经意识到这一点，并开始作出改变。

可以预见的是，随着一致性评价和药品集中采购政策的推进，医药企业的利润空间在短时间内将快速压缩，因此，投入研发费用的能力也快速下降。对于过去在创新上已经有所投入的企业而言，可能仍有余力在创新药市场一搏，但对于大多数过去依赖仿制药的企业而言，可能已经不具备参与这一市场的能力，创新药甚至原研药市场将成为事实上的头部玩家的游戏。

我们认为，随着中国药品审评审批机制的变革、更多优秀人才的引进和资本市场对创新药企支持程度的加大，中国的本土创新药企业正在迎来发展的“黄金时代”，而头部的本土玩家已经通过持续加大研发投入，在这一市场抢占先机。

（李海涛）

中国教育行业：长期好赛道上的短期颠簸[①]

2018年的教育行业发展整体呈现出“先热后冷”的局面。年中以民促法送审稿为代表的一系列政策落地，使得无论一级市场还是二级市场投资人，都对政策制定者的意图，以及教育行业未来的发展方向产生困惑。我们认为，民办教育的积极作用并没有被全盘否定，相关政策意在规范行业发展，将长期利好规范经营的玩家。

一系列落地的教育行业规范政策背后，折射出政策制定者的意图主要有二：

1. 推动教育公平。这种对于“公平”的强调一方面反映在对于过去监管套利较多的非营利性民办学校乱象强有力的整治上，另一方面也反映在对于不同教育细分领域迥然相异的监管态度上，例如对于校外培训行业持续整改；但另一方面大力支持职业教育行业的发展。这种“有保有压”反映出高层对于全社会教育公平的关注。

2. 降低教育成本。政策制定者的另一重要用意在于降低中国家庭面临的总体教育成本，实现“教育减负”。背后更深层次的意图可能在于推动提升中国家庭的生育意愿。这一点从对于幼教行业“普惠性”与“平抑收费”的多次强调上可见一斑。

---

① 2019年3月18日，《第一财经》。

但我们认为，长期看，教育是一条好赛道，核心原因在于供需结构的不平衡将推动教育作为一种稀缺资源，长期拥有持续提价的能力。

从需求端看，经济增长和家长的教育焦虑是需求增长的重要推力。教育作为一种可选消费品，与家庭收入水平息息相关，随着家庭可支配收入的增长，预计家长愿意在教育上做出的投入将持续增长。此外，由于高等教育将始终作为一种稀缺资源存在，家长心中的教育焦虑将成为推动教育行业发展的另一重要驱动力。

从供给端看，中国公办教育供给总量增长缓慢，结构性问题更为严峻。过去数年间，中国整体教育市场供给不仅没有跟上需求端的增长，甚至呈现出收缩态势。这种供需偏紧的格局在人口持续流入的地区表现更为严峻，例如北京、上海等区域，中等教育市场已经产生了供需缺口。这种供需不平衡是教育焦虑的重要来源之一。

政策制定者应当如何缓解这种供需紧张的格局？我们认为，“新高考”等对于人才选拔机制的改革属于“治标”的方法，需要慎之又慎。真正能够“治本”的方法则是扩大教育市场的有效供给，其中在鼓励多元化办学和推动教师人才队伍建设方面应该下更大力气。

总体上看，教育是一条难得的好赛道，短期的政策颠簸可能将为明确这一行业价值的中长期投资者提供更好的投资机会。

政策颠簸的一年：背后深意何在

2018 年的中国教育行业可谓是跌宕起伏：上半年资本市场疯狂追捧教育概念，相关上市公司市值不断走高，在二级市场的热潮带动下，多家教育企业纷纷上市融资，一级市场融资事件也层出不穷；年中以《中华人民共和国民办教育促进法实施条例（修订草案）〈送审稿〉》为代表的一系列政策出台成为重要分水岭，行业投资热情迅速冷却，无论二级市场教育相关上市公司的市值，还是一级市场的融资交易，都和上半年呈现出“冰火两重天”的鲜明对比。

二级市场上市公司市值坐上过山车，先扬后抑。由于当前教育公司大多采用 VIE 架构，在国内资本市场 IPO 难度较大，因此纯正的教育行业上市标的多分布在港股和美股市场。2018 年伊始，由于投资者对于教育行业的长期成长逻辑认可度不断提升，港股上市教育公司市值一路上扬。以枫叶教育、成实外教育、睿见教育、宇华教育、民生教育、新高教集团和中教控股 7 家在 2018 年之前上市、市值超过 50 亿港元的教育行业上市公司为例，截至 2018 年 6 月，7 家上市公司市值合计相较年初最高涨幅达到 70.4%，但从 8 月 13 日这些公司股价开始断崖式下跌，截至去年底市值相较年内高点缩水了 47.1%。

图 4-1　7 家港股上市教育公司总市值

资料来源：Bloomberg。

2018 年三季度教育公司 IPO 募资金额达到顶峰。由于资本市场认可度提升，港股和美股教育板块上市公司估值较高，二级市场的热度为教育机构上市融资提供了良好的外部环境。2018 年全年共有 15 家教育机构走向资本市场，其中 4 家选择在美股上市，11 家选择在香港上市。在 2018 年以前，中资教育机构上市募资金额普遍偏小，但这一情况在 2018 年发生了明显改变，全年有包括中国新华教育、精锐教育、天立教育、希望教育、宝宝树在内的五家教育机构 IPO 募资金额超过 10 亿元人民币。分季度看，三季度成为全年 IPO 募资的高点，共有 6 家教育企业上市，合计募资接近 57 亿元人民币；四季度开始，教育行业 IPO 市场明显趋冷，募资金额也迅速下降。

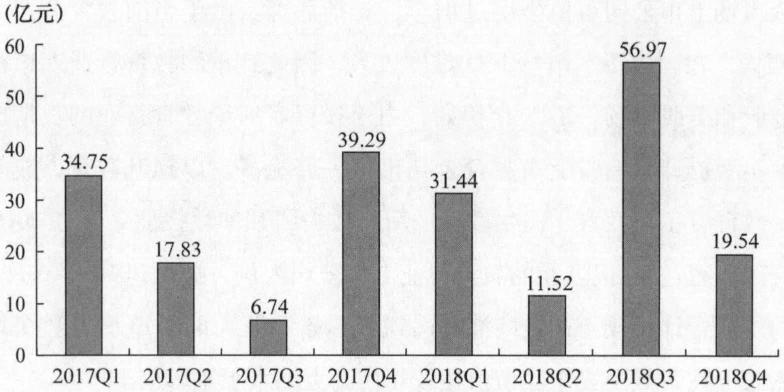

图 4－2　中资教育机构 IPO 募资金额

资料来源：Capital IQ。

一级市场教育机构募资事件数量从 2018 年下半年开始明显减少。同 IPO 市场趋冷相比更加明显的，是未上市教育机构股权融资难度的加大。从月度的一级市场教育行业募资事件的数量看，在 2018 年上半年整体景气度较高，月度平均发生 57 笔股权融资事件。8 月开始一级市场景气度明显变差，8～12 月平均每月仅有 44 笔。2019 年 1 月，教育行业全行业仅发生 33 笔一级市场融资，同比 2018 年 1 月下降 54%。

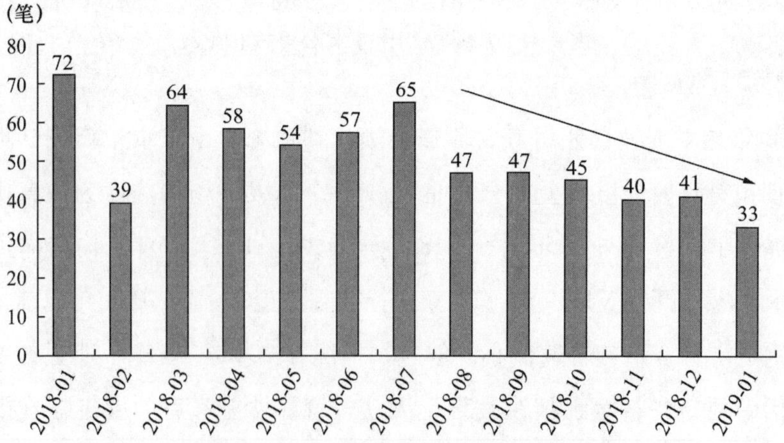

图 4－3　月度教育行业融资事件数量图

资料来源：36 氪。

2018年，无论一级市场还是二级市场的“冰火两重天”，都见证了中国教育行业发展的一个重要拐点：从2018年8月开始，一系列重磅政策接连落地，多项政策直接由国务院办公厅牵头各部委发布，其中民促法送审稿是行业关注度最高的一项。

2018年8月10日，司法部发布《中华人民共和国民办教育促进法实施条例（修订草案）〈送审稿〉》，虽然整体政策基调仍然以“促进民办教育发展”为主，但民促法送审稿针对民办学校的营利性问题给出了更多细节要求。例如，限制了公办学校举办或参与举办营利性民办学校；参与举办非营利性民办学校的，也不得以品牌输出的方式获得收益。民促法送审稿中要求实施集团化办学的，不得通过兼并收购、加盟连锁、协议控制等方式控制非营利性民办学校。

整体上看，民促法送审稿使得民办教育的经营基础受到了较大冲击。无论一级市场还是二级市场教育行业的投资者都开始困惑，民办教育是否存在原罪，以“教育”之名营利是否不再可行，政策背后深意何在，将指引行业去向何方。

政策真实意图之一：教育公平

我们认为，民办教育不存在所谓原罪，2018年下半年出台的以民促法送审稿为代表的一系列政策，核心用意是整治民办教育行业当前的乱象，规范行业长远发展。推动实现教育公平是政策制定者的真实意图之一。

一方面，民办教育行业经历长期的发展，通过占用更少的资源，扩大了全社会教育产品的供给，弥合了教育行业整体供给和需求的不平衡，发挥了积极的作用。根据教育部公布数据，全国不同教育阶段的民办学校总数已经从2004年的7.73万所，增长到2017年的17.76万所，占全国总学校数的比例也从12.6%提升到35.4%。

更加重要的是，这种行业的快速发展，建立在对于社会资源更少消耗的

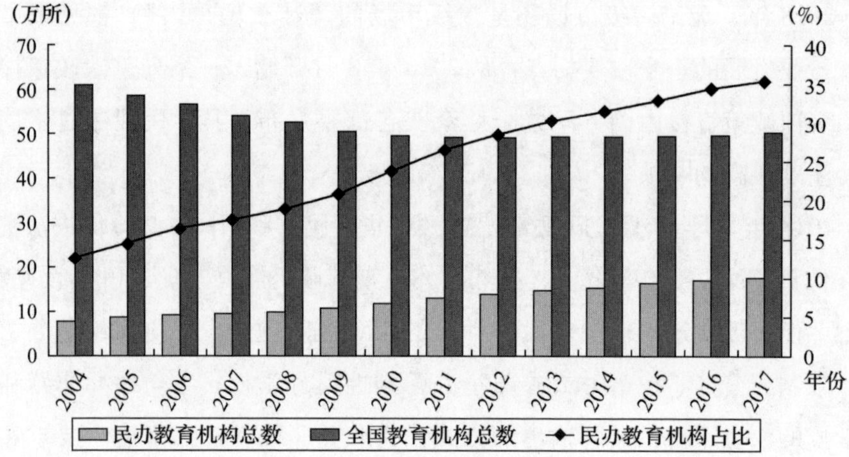

图 4-4　中国民办学校占比图

资料来源：教育部。

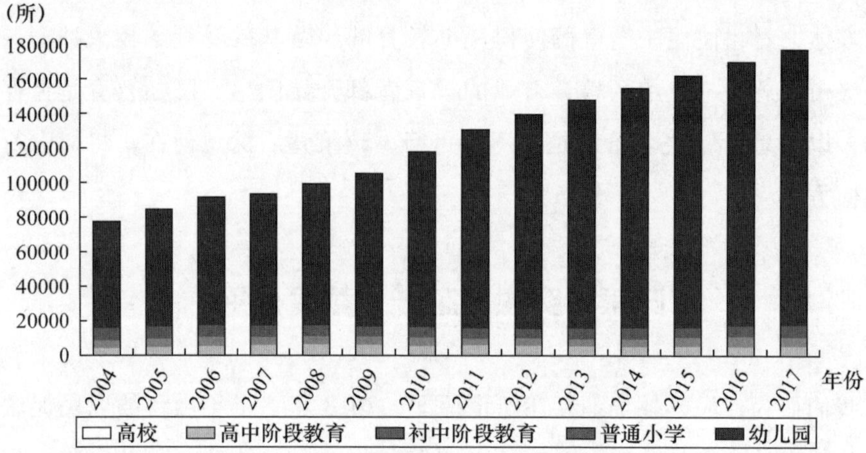

图 4-5　中国民办教育机构数量

资料来源：教育部。

基础上。根据国家统计局公布数据，2016 年民办教育办学经费为 203 亿元，仅占全国总教育经费的 0.52%。此外，民办教育生均财政性经费也明显低于公办教育。

另一方面需要注意的是，民办教育在快速发展的过程中，也存在多种多样的发展不规范问题，民促法送审稿要解决和规范的正是这些过去高速增长阶段累积的监管“盲区”。在民促法规范之前，民办学校可以选择要求“合理

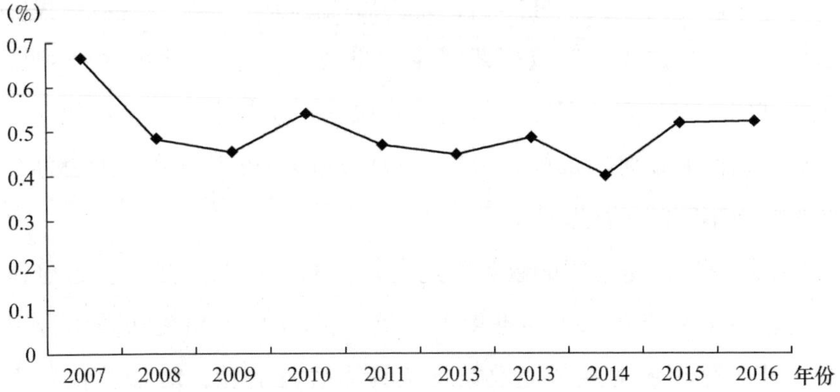

图 4-6　民办学校办学经费占比

资料来源：国家统计局。

回报”，但在现实中，存在多种多样的营利性民办学校以非营利性身份变相套利的现象，关联交易成为重要手段之一。民促法送审稿中规范的集团化办学行为，过去经常被营利性民办学校采用，即通过集团化的方式，控制非营利性学校，进而通过关联交易从非营利性学校中抽取利润。民办学校的种种乱象中，对于税收优惠和土地政策的监管套利最为常见。

例如，非营利性民办学校可以享受公办学校的同等政策，通常采用无偿划拨的形式获得土地，但营利性民办学校则需要缴纳土地出让金，这是一笔不小的数目，因此，许多经营不规范的营利性民办学校通常没有负担这一成本。

再例如，民办教育机构过去多被作为公益性机构，在增值税、企业所得税等税种税率上都有明显的优惠，大多数省份的《民促法实施细则》中都规定，非营利性民办学校免征非营利性收入的企业所得税，而营利性民办学校则需要缴纳税率在15%左右的所得税。如果营利性民办学校顶着非营利性学校的帽子则可以通过随意操作和抽取办学留存收益，形成事实上的逃税漏税。

进一步讲，这些乱象是明显有违教育公平原则的。这些民办教育学校一方面享受着国家针对公办学校和非营利性民办学校的优惠政策，另一方面以非营利之名攫取丰厚的利润。

民促法中确定的分类管理体制正是为解决这种不公平的现状。民办教育机构需要自行选择成为营利或非营利性学校。如果是营利性学校，则需要注册在工商部门，作为企业存在，依法缴纳税款，规范审计经营；如果是非营利性学校，则注册在民政部门，保持公益性身份，可以享受接近公办学校的优惠政策，但不能随意抽取利润。

“教育公平”正是中国的政策制定者真实的政策意图之一。这也体现在对于不同教育细分行业的不同态度上。例如，2018 年相关部委出台了针对各教育主要细分领域的规范性政策，从具体政策上看，对于教育的不同环节呈现出明显“有保有压”的特点，其中针对义务教育阶段校外培训机构出台了多项更为严格的监管要求。可以管中窥豹，看到政策制定者对于教育公平的追求。

表 4-1　　2018 年针对教育行业的相关政策条例落地一览表

时间	部门	政策
2018-01	国务院	《关于鼓励社会力量兴办教育促进民办教育健康发展的若干意见》
2018-02	教育部	《教育部 2018 年工作要求》
2018-02	教育部、发改委等六部门	《职业学校校企合作促进办法》
2018-02	教育部办公厅	《关于切实减轻中小学生课外负担开展校对培训专项治理行动通知》
2018-03	教育部等五部门	《教师教育振兴行动计划（2018—2022 年）》
2018-04	教育部办公厅	《教育信息化 2.0 行动计划》
2018-05	国务院	《关于推行终身职业技能培训制度的意见》
2018-05	工信部	《关于推进网络扶贫的实施方案（2018—2020 年）》
2018-08	国务院办公厅	《规范校外培训机构发展的意见》
2018-08	司法部	《中华人民共和国民办教育促进法实施条例（修订草案）（送审稿）》
2018-08	教育部	《关于切实做好校外培训机构专项治理整改工作的通知》

续表

时间	部 门	政 策
2018－08	国务院办公厅	《关于进一步调整优化结构提高教育经费使用效益的意见》
2018－09	教育部办公厅	《关于面向中小学生的全国性竞赛活动管理办法（试行）》
2018－10	国务院办公厅	《完善促进消费体制机制实施方案（2018—2020年）》
2018－10	财政部、国家税务总局	《个人所得税专项附加扣除暂行办法（征求意见稿）》
2018－11	教育部办公厅	《关于健全校外培训机构专项治理整改若机制的通知》
2018－11	中央深改委	《国家职业教育改革实施方案》
2018－11	国务院	《中共中央国务院关于学前教育深化改革规范发展的若干意见》
2018－11	教育部、国家市场监管总局	《关于健全校外培训机构专项治理整改若干工作机构的通知》
2019－01	国务院办公厅	《关于开展城镇小区配套幼儿园治理工作的通知》

资料来源：作者整理。

2018 年 8 月 22 日，国务院办公厅发布《规范校外培训机构发展的意见》，对校外培训行业的场所条件、师资要求、培训结束时间等提出了更加细致的要求，此外提出校外培训机构需要向所在地县级教育部门备案。同日，教育部发布《关于切实做好校外培训机构专项治理整改工作的通知》，一方面要求各培训机构要尽快将所办培训班的名称、培训内容、招生对象、进度安排、上课时间等报县级教育部门备案审核，未通过备案审核的班次不得招生培训，另一方面对于校外培训机构的教师资格提出更规范要求，2018 年下半年仍未通过资格认证考试取得教师资格的，培训机构不得继续聘用其从事学科类培训工作。

为什么政策制定者如此关注校外培训行业？核心在于校外培训行业是影响教育公平性的重灾区。高考作为当前中国最重要的高等教育人才选拔考试，旨在面向全国不同地区和不同能级的城市公平录取选拔人才。但现实中，部分校外培训机构通过“超纲教学”“强化应试”等不良行为，事实上推动了针对高考、中考、小升初等升学考试的恶性竞争。更有甚者，部分校外培训机构通过“奥数”等杯赛，直接与升学相挂钩。

教育部基础教育司司长吕玉刚公开表示，将于2018年底前完成所有校外培训机构集中整改，2019年上半年进行督导检查。相关部门开启了一系列针对减轻中小学生课外负担、规范校外培训的治理“组合拳”。2019年1月16日，教育部公布了校外培训机构整治情况：截至2018年12月30日，全国共摸排校外培训机构401050所，存在问题机构272842所，现已完成整改269911所，完成整改率98.93%。

但从实际整改的结果看，效果并不好。例如虽然教育部规定中严格禁止校外培训与招生挂钩，但整体上看，升学类培训仍然是众多培训机构的招牌课程。向前看，我们认为，追求教育公平的相关政策仍然将不断落地，其中校外培训行业仍然将成为相关政策的主要规范领域。

与校外培训行业的政策高压形成鲜明对比的是对于职业教育等行业的大力支持。2018年9月的全国教育大会上，国务院总理李克强强调要大力办好职业院校，推进产教融合、校企合作，培养更多高技能人才。2019年2月，国务院办公厅发布《国家职业教育改革实施方案》，进一步强调了在产业升级和经济结构调整加快的进程中职业教育的重要地位，明确指出职业教育和高等教育具有同等重要地位。并表示要经过5~10年的时间基本完成“政府统筹管理、社会多元办学格局”的转变。

由于普通高等教育在中国仍然是入学率较低的稀缺教育资源，职业教育相当于普通高等教育的良好补充，对于义务教育校外培训行业和职业教育行业的“有保有压”正体现出了政策制定者对于全社会教育公平的关注。

政策真实意图之二：降低教育成本

除对教育公平的追求外，政策制定者的另一重要意图在于降低中国家庭面临的总体教育成本，实现“教育减负”，以提升居民生育意愿，例如对于幼教行业的相关规范政策就是意在于此。

中国改革开放以来的经济快速增长中，人口红利是背后重要驱动力之一。由于此前“婴儿潮”一代逐步成长为劳动年龄人口，占总人口比重不断提升，抚养成本比较低，整体劳动力成本低廉。但从2012年开始，根据国家统计局公布数据，15~59岁劳动年龄人口总数第一次出现了绝对下降，这意味着中国的人口红利已经开始逐步消退。但更加重要的是，中国的新生儿人数正在走低。这可能意味着中国的整体人口结构将在未来对经济增长构成较大压力。

2015年全面二孩政策放开之后，2016年全国出生总人口提升到1780万人，成为2000年以来的峰值，但随后在2017年就有所下降到1723万人。而根据国家统计局2019年1月21日披露数据，中国2018年出生总人口相较2017年进一步下行200万到1523万人。

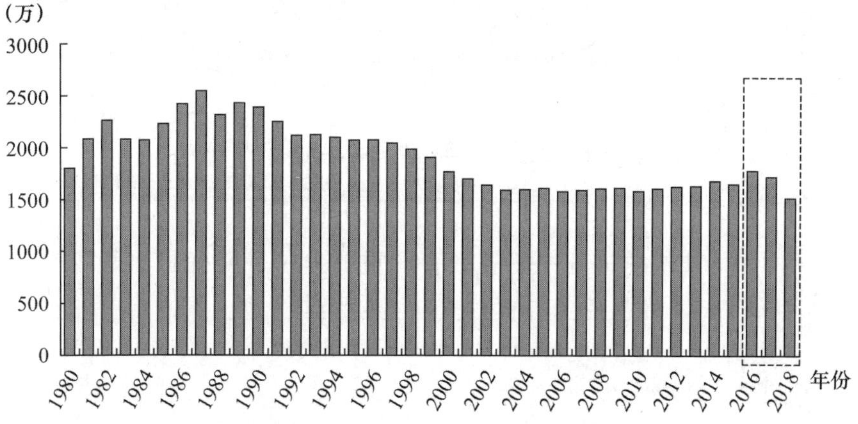

图4－7　中国新生儿人数同比图

资料来源：中国国家统计局。

中国新生儿人数的走低令人困惑。特别是近年来，人口政策已经明显转向：在2012年劳动年龄人口数下降后的2013年十八届三中全会上就提出，启动实施一方是独生子女的夫妇可生育两个孩子的政策，即放开所谓“单独二孩”政策；2015年10月十八届五中全会提出，完善人口发展战略，全面实施一对夫妇可生育两个孩子政策，“全面二孩”政策彻底放开。

但如果分年龄段考察二孩生育率可以明显看到，在2015年生育政策放松后，30~34岁和35~39岁两个年龄段育龄妇女的二孩生育率大幅提升。特别是30~34岁这一年龄段，二孩生育率相较2015年水平提升了千分之26.4到2017年的千分之51.8，已经接近25~29岁年龄段育龄妇女；35~39岁年龄段育龄妇女的二孩生育率也相较2015年提升了千分之17.0。总体上看，二孩政策放开后，年龄较高育龄妇女生育二孩的态度更为积极。

为什么更高年龄段的育龄妇女生育二孩更为积极？包括教育成本在内的生育成本过高，导致育龄妇女推迟生育年龄是重要原因，更高龄的产妇经济能力较强，对二孩政策的响应更为积极。

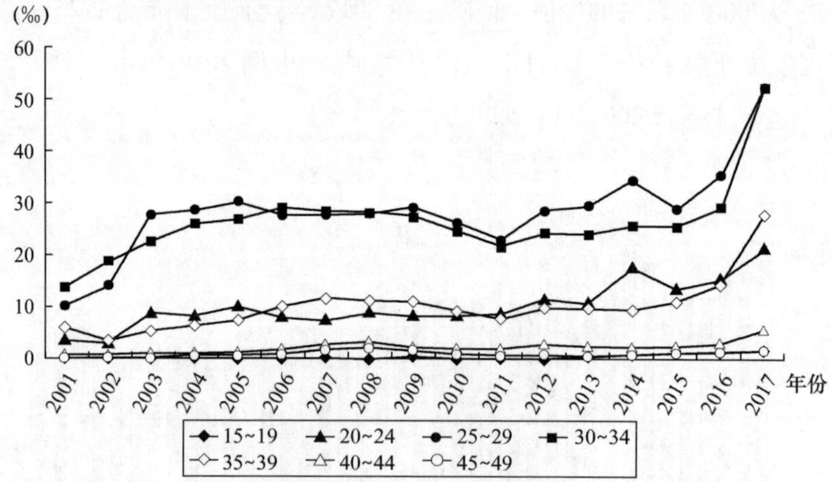

图4-8 分年龄段二孩生育率

资料来源：中国国家统计局。

事实上，在一项艾瑞咨询于2016年进行的调研中，回答不考虑要二孩的原因这一问题时，42.6%的家长选择了“抚养孩子的经济压力太大”这一答案，位列第一，33.1%的家长选择了“以后的教育成本太高”，位列第三。

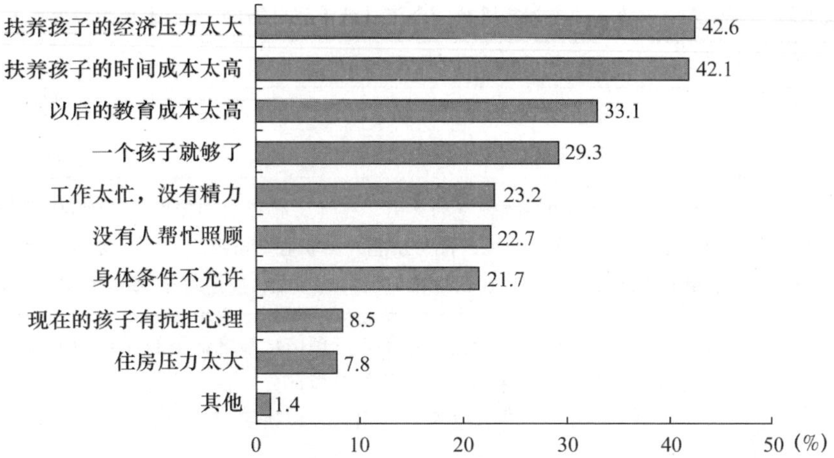

图 4－9　2016 年中国家长不考虑要二胎的主要原因

资料来源：艾瑞咨询。

中国政府已经开始着手从政策层面推动提升居民生育意愿，例如所得税优惠的方式变相降低子女教育成本。在财政部和国税总局联合发布、自 2019 年 1 月 1 日开始实施的《个人所得税专项附加扣除暂行办法》中，已经明确将子女教育开支作为可在纳税人应纳税所得金额中扣除的一项，对应子女接受学前教育和学历教育的相关支出，按照每个子女每月 1000 元的标准定额扣除。

但整体上看，这一税前抵扣对整体教育成本的降低影响有限。此外，1000 元/月的子女教育经费专项税前扣除金额也相当有限。根据艾瑞咨询在 2016 年 1 月的调研，一线城市和二线城市平均月教育产品的支出大于 1000 元的比例分别为 32.8% 和 17.2%。而在另一个针对中产阶级家庭教育开支的调研中则显示，78.9% 的中产阶级家庭每年仅单个子女在课外教育上的消费开支就超过 10000 元。

2018 年多项针对幼儿教育行业的政策落地，正是旨在扩大幼教行业供给，降低教育成本。2018 年 11 月 15 日国务院发布《关于学前教育深化改革规范发展的若干意见》，为未来幼教行业的发展定调，《意见》明确指出，“入园难”“入园贵”是困扰老百姓的烦心事之一，需要建设广覆盖、保基本、有质

表4-2　《个人所得税专项附加扣除暂行办法（征求意见稿）》专项附加扣除要点一览表

专项附加扣除	具体税前扣除金额
子女教育	纳税人的子女接受学前教育和学历教育的相关支出，按照每个子女每年12000元（每月1000元）的标准定额扣除
继续教育	纳税人接受学历继续教育的支出，在学历教育期间按照每年4800元（每月400元）定额扣除。纳税人接受技能人员职业资格继续教育、专业技术人员职业资格继续教育支出，在取得相关证书的年度，按照每年3600元定额扣除
大病医疗	一个纳税年度内，在社会医疗保险管理信息系统记录的（包括医保目录范围内的自付部分和医保目录范围外的自费部分）由个人负担超过15000元的医药费用支出部分，为大病医疗支出，可以按照每年60000元标准限额据实扣除
住房贷款利息	纳税人本人或配偶使用商业银行或住房公积金个人住房贷款为本人或其配偶购买住房，发生的首套住房贷款利息支出，在偿还贷款期间，可以按照每年12000元（每月1000元）标准定额扣除
住房租金	纳税人本人及配偶在纳税人的主要工作城市没有住房，而在主要工作城市租赁住房发生的租金支出，可以按照以下标准定额扣除： （一）承租的住房位于直辖市、省会城市、计划单列市以及国务院确定的其他城市，扣除标准为每年14400元（每月1200元）； （二）承租的住房位于其他城市的，市辖区户籍人口超过100万的，扣除标准为每年12000元（每月1000元）； （三）承租的住房位于其他城市的，市辖区户籍人口不超过100万（含）的，扣除标准为每年9600元（每月800元）
赡养老人	纳税人赡养60岁（含）以上父母以及其他法定赡养人的赡养支出，可以按照以下标准定额扣除： （一）纳税人为独生子女的，按照每年24000元（每月2000元）的标准定额扣除； （二）纳税人为非独生子女的，应当与其兄弟姐妹分摊每年24000元（每月2000元）的扣除额度，分摊方式包括平均分摊、被赡养人指定分摊或者赡养人约定分摊，具体分摊方式在一个纳税年度内不得变更。采取指定分摊或约定分摊方式的，每一纳税人分摊的扣除额最高不得超过每年12000元（每月1000元），并签订书面分摊协议。指定分摊与约定分摊不一致的，以指定分摊为准。纳税人赡养2个及以上老人的，不按老人人数加倍扣除

资料来源：财政部、国家税务总局。

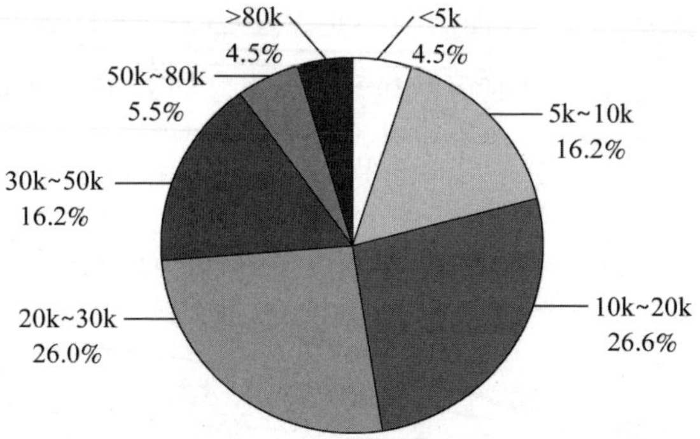

图 4－10　单个子女在课外教育上的年开支情况

资料来源：艾瑞咨询。

量的学前教育公共服务体系，并明确到 2020 年要实现全国学前三年毛入园率达到 85%，普惠性幼儿园覆盖率达 80%，到 2035 年全面普及学前三年教育的发展目标。

更加重要的是，《意见》明确定调，各地要把发展普惠性学前教育作为重点任务，结合本地实际，着力构建以普惠性资源为主体的办园体系，坚决扭转高收费民办园占比偏高的局面。公办幼儿园未来将更多发挥“保基本、兜底线、引领方向、平抑收费”的主渠道作用。

我们认为，政策制定者对于幼教行业“普惠性”功能的强调，背后折射出的正是对于当前中国家庭面临的过高教育成本和生育成本及其引致的生育意愿降低等问题的担忧。短期内，政府的政策导向仍然会遵循降低教育成本、提升生育意愿为主要目标。受此影响，幼教行业预计未来一段时间在定价上都会偏向普惠性发展。

教育：供需不平衡创造的好赛道

虽然短期政策的扰动仍将存在，但我们认为，在诸多消费和服务性行业中，教育仍然是最优质的赛道之一，是一门当之无愧的好生意。以美国为例，教育作为一种服务，价格长期大幅跑赢其他消费和服务细分行业：1991 ~ 2018

年，美国大学学费指数年均提升 5.9%，小学和高中学费指数年均提升 5.7%，幼托和幼儿园学费指数年均提升 4.1%，均大幅跑赢通胀水平。

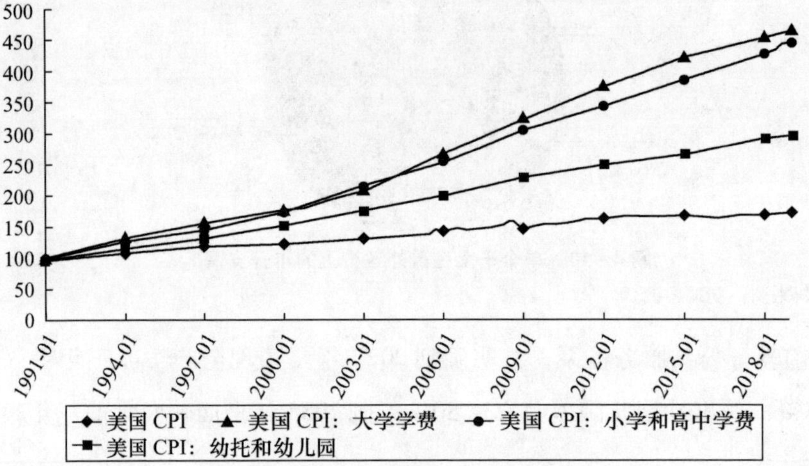

图 4－11　美国消费和服务性行业指数图

资料来源：美国劳工部。

这种不断提价的现象背后，凸显的是教育作为供需不平衡的稀缺资源品特性。而我们认为，从供给和需求两方面看，这种教育资源的稀缺性在中国表现更加突出，而这正是教育行业长期的增长驱动力所在。

需求：经济增长与教育焦虑

教育的本质是一门“人”的生意，接受教育的适龄人口总数是中国教育市场规模增长的最根本基石，虽然短期看新生儿人数可能受制于较低的生育意愿而低位徘徊，但从人口结构上看，较大的人口基数仍然为教育行业的发展提供了空间，特别是中长期经济增长下带动的消费升级将推动教育产品消费渗透率的提升。

教育产品，特别是非义务教育阶段的教育产品，本质上是一项可选消费品，那么必然与家庭可支配收入水平呈现正相关。根据北京大学中国教育财政科学研究所做的一项调查，不同收入层级的家庭，参与课外辅导的渗透率呈现出明显差异，收入和消费水平最高5%分位数的家庭，学科辅导和兴趣辅导的参与率分别达到54%和46%，远超出平均水平的38%和22%，而收入和消费水平最低5%分位数的家庭，学科辅导和兴趣辅导的参与率则分别只有8%和1%。因此可以合理预计，随着家庭可支配收入总量的增长，家长愿意投入在教育上的投资将持续增长，参与不同阶段教育的渗透率也将持续提升。

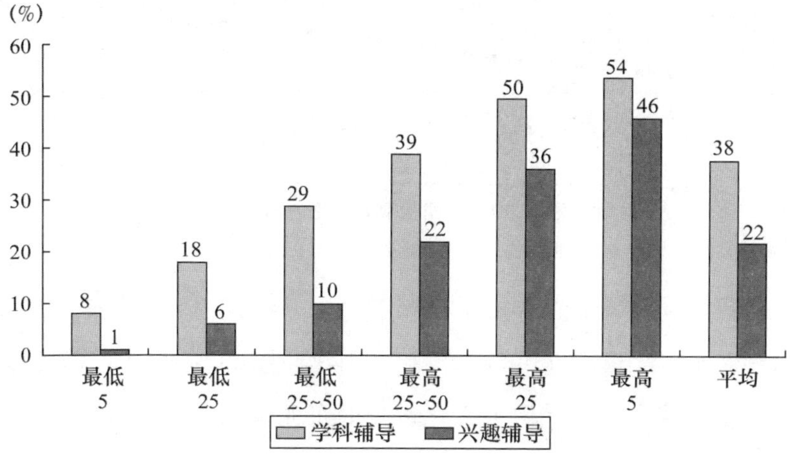

图4-12　不同消费水平课外辅导渗透率

资料来源：中国教育财政科学研究所。

贫富差距拉大和较为固化的社会阶层使得家长产生了教育焦虑，从而更加关注子女教育问题。这种教育焦虑，事实上是推动教育市场快速发展的重要驱动力之一，也是家长舍得投资更多钱在教育上的根本原因。高等教育在中国这样的人口基数较大的国家，永远是稀缺资源。也正因为此，高考才成为中国万千学生和家长心目中的“独木桥”，教育的首要功能是应试和选拔。

根据教育部公布数据，2016年中国高等教育阶段毛入学率为42.7%，虽然这一数字相较20世纪90年代初的个位数水平已经显著提升，背后是高校招生的扩招和民办教育为代表的办学主体数量增加。2017年10月教育部部长陈宝生在十九大答记者问时表示，目标到2020年中国的高等教育阶段毛入学率要提升到50%。陈部长同时指出，这意味着高等教育已经基本普及。但无论如何，高等教育阶段的入学率都远远无法达到小学和中学的水平。

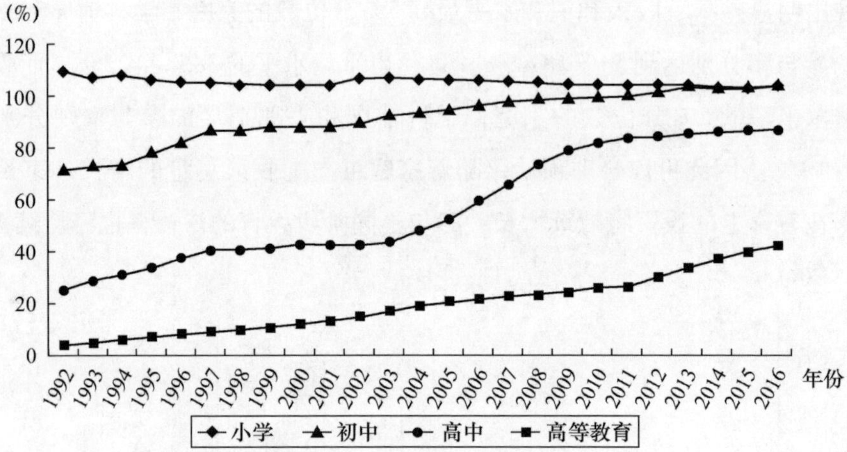

图 4－13 不同教育阶段毛入学率

资料来源：教育部。

中国的政策制定者已经开始了相关尝试，“新高考”改革是其中重要一项。但这种对于人才选拔方式的改革能够根除学生家长心目中的教育焦虑吗？从同样人口密度较高、深受儒家文化熏陶的东亚国家——韩国的情况看，似乎并不能。

韩国从 2007 年开始进行了教育体制的全方位改革，所采用的措施包括禁止提前考试、禁止超纲考试内容等方式，对于大学升学考试的改革则主要包括增加考试次数、提升学生选择自由度等方式，此外还通过设立“自由学期”等方式为学生减负。中国正在进行的“新高考”改革中可以看到多处韩国教育体制改革的影子，因而后者对于中国有较强的镜鉴意义。

但从改革过程中韩国教育行业的表现看，学生和家长的教育焦虑并没有被缓解。一方面，虽然在教育改革推行的初期，课外辅导的参与率从 77.0% 有所下降到 68.6%，但仍然持续在高位徘徊，近年又有重新抬头的迹象，2017 年再次提升到 70.5%。另一方面，学生和家长在课外辅导上的花费则是有增无减，课外辅导生均支出从 2007 年的 22.2 万韩元/人提升到 2017 年的 27.1 万韩元/人，年均复合增长约 2%。

参考韩国市场的经验看，对于人口众多的中国而言，“教育焦虑”短期内仍然将存在，并成为持续推动教育市场发展的重要驱动力。

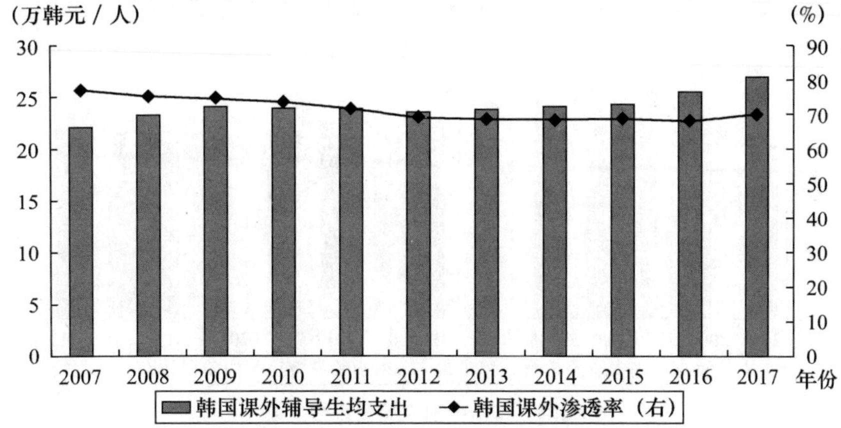

图 4－14　韩国课外辅导生均支出及渗透率

资料来源：Private Education Expenditures Survey。

供给：总量增长缓慢，结构性问题严峻

中国的教育行业整体呈现出公办教育为主体、民办教育为补充的行业现状。但从公立教育发展现状看，总量供给不仅没有跟上需求增长的步伐，反而总量持续收缩。因此，教育市场供需格局整体呈现出偏紧的态势。

抛开高等教育的稀缺性不谈，即使是初中、高中阶段等中等教育阶段，中国近年来整体教育产品供给增长也偏缓慢。根据教育部公布数据，中国初中阶段教育招生人数从 2004 年的 2095 万人持续下滑到 2015 年的 1411 万人，虽然近两年有所回升，但仍然处于较低水平；而高中阶段教育招生人数在 2009 ~ 2010 年前后达到 1704 万人的峰值后也持续回落，截至 2017 年已经下降到 1382 万人。

这种供需格局的偏紧在人口持续流入的地区表现更为严峻。以北京和上海等一线城市为例，人口持续涌入导致需求增长快于整体市场，但供给并没有跟上。例如在北京，普通小学毕业生总数持续走高，截至 2017 年已经有 12.6 万普通小学毕业生，相当于是市场的总需求；另外，受到学校拆迁、淘

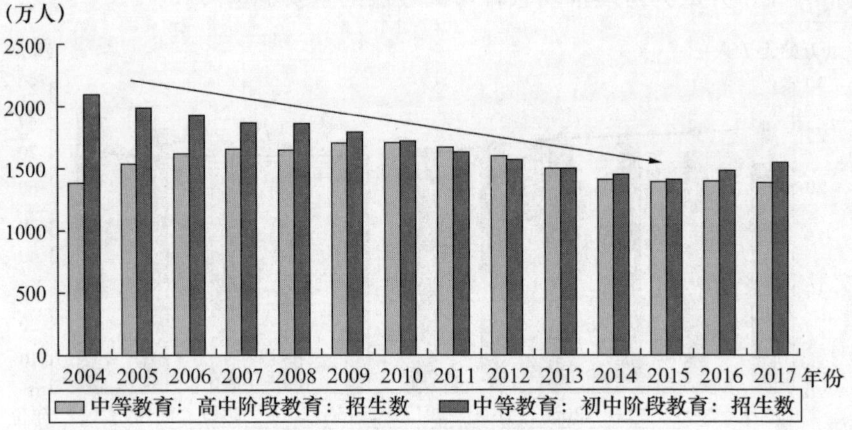

图4－15　中国中等教育招生数

资料来源：教育部。

汰、合并等因素影响，北京市普通初中的招生人数却持续下行，在2015年最低达到8.9万人，即使近年来有所回升，但截至2017年也仅有10.3万人。这相当于是初中教育作为一种产品的总供给，整体市场存在2.3万人的供需缺口。

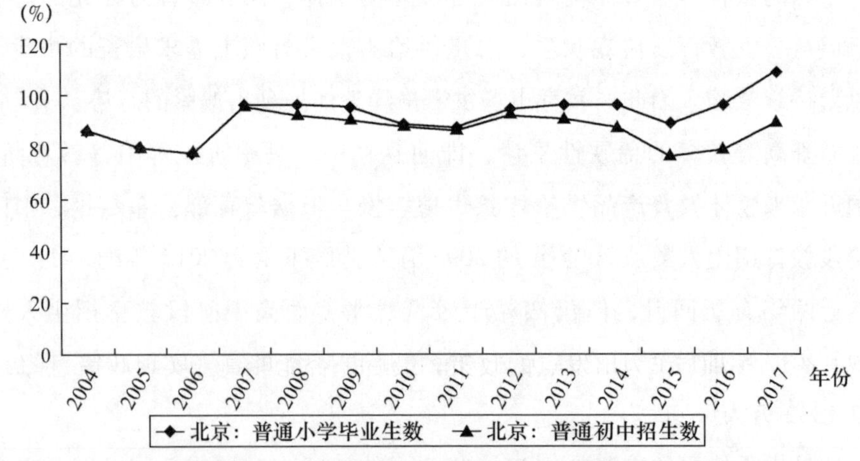

图4－16　北京普通小学毕业生及初中招生数图

资料来源：国家统计局。

这种教育市场供需格局的不平衡正是家长心中教育焦虑的来源，也是推动K12类教育快速增长的重要动力，各种小升初的教育培训机构崛起正是基于此。根据德勤预测，中国教育市场总规模将在2020年超过3万亿元人民币，其中个人培训、K12和民办幼儿园等行业市场规模都有望超过5000亿元，同时K12和STEAM类教育年均复合增速有望达到16.4%，在所有细分领域中最快。STEAM教育是科学（Science）、技术（Technology）、工程（Engineering）、人文（Arts）、数学（Mathematics）的缩写，有别于传统的单学科、重书本知识的教育方式，是一种重实践的超学科教育理念。

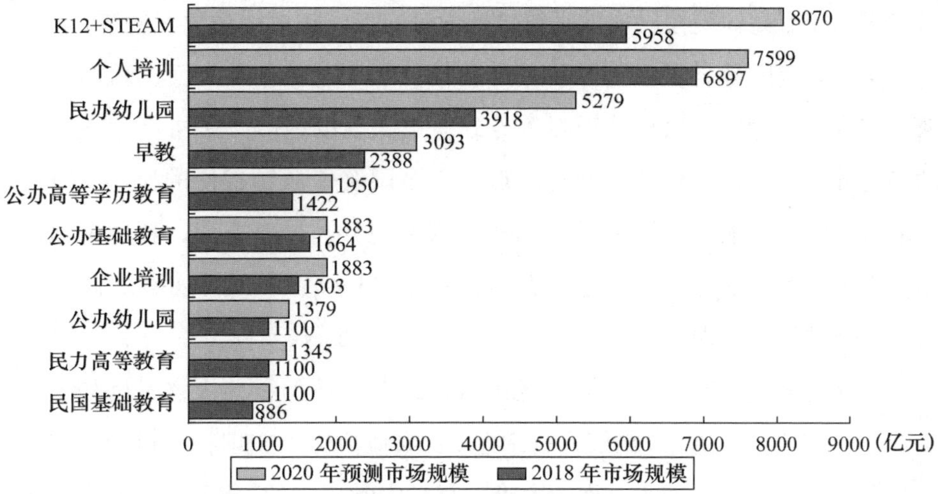

图4－17　2018年中国教育市场规模及2020年预测

资料来源：德勤。

标本兼治，缓解教育行业供需不平衡

政策制定者在推动教育行业改革时，需要慎之又慎。例如，新高考等以实现“教育公平”作为出发点的政策，最后是否能够真正实现政策意图？我们认为，这些政策属于“治标”。

教育公平永远是相对的公平，绝对公平是和人才选拔机制本身相违背的。例如政策制定者多次表示，要解决教育公平问题，重要的是从根本上转变教育质量评价理念，推动全社会建立更加合理的人才评价体系。由于高考是当前中国的教育评价体系中的最重要一环，“新高考”也因此成为所有改革中牵一发而动全身的关键环节。

“新高考改革”方案的核心要旨是从原来文理科分开、“一考定终身”的高考政策，转为更加灵活的人才选拔机制，主要内容包括：推行初高中学业水平考试和综合素质评价；加快推进职业院校分类招考或注册入学；逐步推行普通高校基于统一高考和高中学业水平考试成绩的综合评价多元录取机制；探索全国统考减少科目、不分文理科、外语等科目社会化考试一年多考；试行普通高校、高职院校、成人高校之间学分转换，拓宽终身学习通道。

从新高考的初衷看，同样是考虑教育公平和减负。一方面，新高考通过取消艺术、体育特长生加分项目等方式，最大程度地减少了可能存在不公平的隐性环节。此外，新高考通过增加高考全国统一命题省份的比例，以推动录取的公平性，缩小不同省份之间的录取率差异。另一方面，新高考通过取消高考奥数竞赛加分、严禁超纲教学、采用“3+3”模式等方式，降低考试难度，以减轻学生课业负担。

但从已经实施高考改革的地区试行效果看，并不尽如人意。例如，上海高考小三门实行6选3，浙江实行7选3，看似淡化了文理科的概念，实际上造成了大学选拔优秀人才方面的困难。复旦大学招收的2017届新生在第一次《大学物理》科目考试中，浙江和上海这两个地区的考生有多达30%的同学不及格，复旦大学老师评价这些同学的物理水平停留在初中阶段。整体上看，这种以“教育公平”作为出发点的政策，最终似乎有违教育的另一重要功能，即国民素质的整体提升。在2018年末已经有河南、四川等9个省份表示将推迟一年实施“新高考改革”。

那么什么样的政策是“治本”之道？我们认为，解决全社会的教育焦虑，最有效的解决方法是扩大教育市场的有效供给，其中在鼓励多元化办学和推动教师人才队伍建设方面，政策制定者应该下更大力气。

鼓励多元化办学，提升民营资本积极性。民营资本在扩大教育行业供给的过程中可以扮演更大的角色，政策制定者需要保障合规经营的民营资本投资于教育行业的利润空间和应有权益，进而才能激发民营资本的热情，协助公办教育主体一道改变当前中国教育市场的供需不平衡现状。

加强师资队伍建设，保障人才供给。教育行业需要解决的核心问题是教学效果，但当前面临的一个主要问题是人才的缺失，而这种教育人才的缺失呈现出明显的结构性问题。生师比是评估办学质量的重要指标之一，全国平均每 17 个普通小学生对应一名教师，而在湖南等省份这一指标在 19 个左右。因此，政策制定者应当在加强师资队伍建设、改善教师待遇等问题上多下功夫。

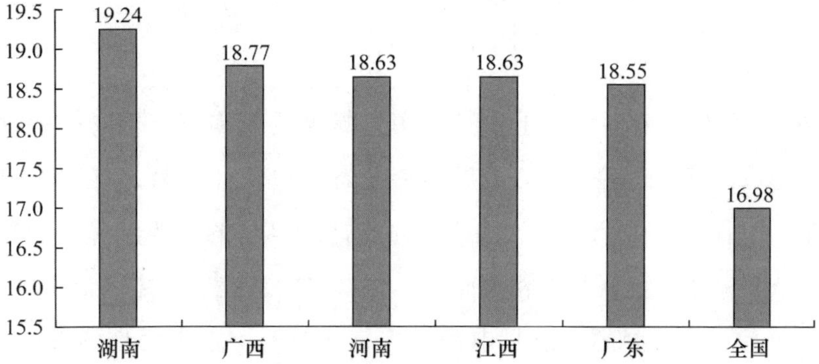

图 4－18　2017 年普通小学生师比最高 5 省市

资料来源：教育部。

（李海涛）

零售的要素与机会：看懂“新零售”逻辑①

2016年10月，云栖大会上，马云率先提出“新零售”概念——以数据驱动，构建以消费者体验为核心的泛零售业态；2017年7月，京东以“第四次零售革命”作应，强调成本、效率、体验之于零售的重要意义。于是，盒马鲜生、缤果盒子、猩便利等相继而生，并以“创新业态”之名为市场追捧。然而，无论是百货、商超，还是电商，零售之核——之于用户的多快好省、之于企业的双流整合（信息流、物流）。

我们试图提炼零售行业要素，揭示行业发展逻辑，希望为相关领域的从业者提供参考。

零售是什么

零售主要包含两方主体：（1）厂商（生产产品）；（2）消费者（购买）。商品贸易发展初期，厂商往往与消费者直接买卖；而伴随整体社会的发展，直接买卖愈发难以实现，于是，诞生了零售商。由此，衍生出零售的四个关键环节，即信息流、物流、体验及支付。无论线上线下，都在解决这四大问题，不同零售商因禀赋差异，在商业模式的选择上各有侧重，但核心都在追

① 2018年11月23日，财新网。

求以最高效率将产品从厂商售予消费者。

网络购物出现以前，零售行业未考虑过支付问题，因为现金、信用卡已足够普及并且便捷，即线下支付的基础设施已经十分完善。而支付，之于线上零售发展之初，为何尤其重要，主要在于买卖过程中钱、物异步，产生了信用问题。阿里巴巴对线上支付（乃至线上零售全局）的贡献，正在于解决了这种信用问题。同时，基于支付业务，线上零售积累了开拓金融业务的核心能力。

时至今日，对于绝大部分零售商而言，支付已不再是“问题”。因为基础设施（线上/下）已铺设完成，零售商只需接入几个支付网络即可（类似外包）。所以对于支付要素，我们不作过多讨论。

展开其他三要素之前，我们先简述两大背景。

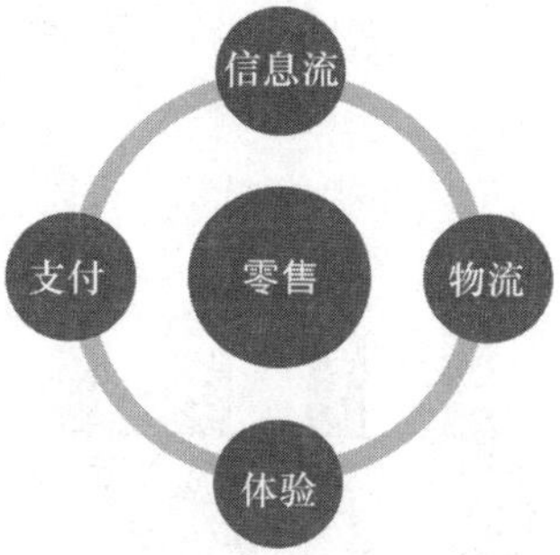

图4－19　零售要素图

从2017年数据来看，中美零售格局的差异主要表现在：（1）零售行业整体较为分散，而中国行业集中度远低于美国，仍处于发展阶段。中国CR10 18.90%，CR3 14.50%；而美国分别为36.90%，21.30%。（2）中国零售行业由电商主导，而美国仍由线下零售主导。以上差异均由两国电商起步的不同土壤所致。互联网普及之前，以百货公司、商超为代表的现代零售，在中国刚刚起步不久，业态分布极为不均，且服务落后。而彼时的美国，现代零售已发展百年有余，业态分布均衡且配套设施完善。美国家庭平均开车10分钟即可抵达沃尔玛，货品丰富，价格合理，停车方便，购物全流程足够友好。正是迥异的起步背景，为中国电商发展带来了机遇。

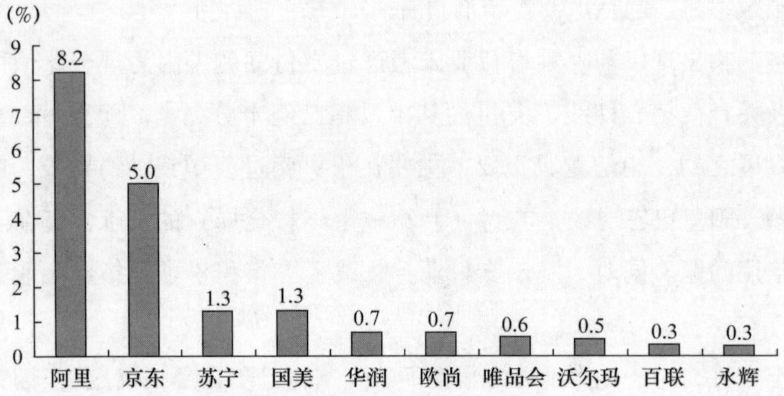

2017 年中国零售市场占有率情况

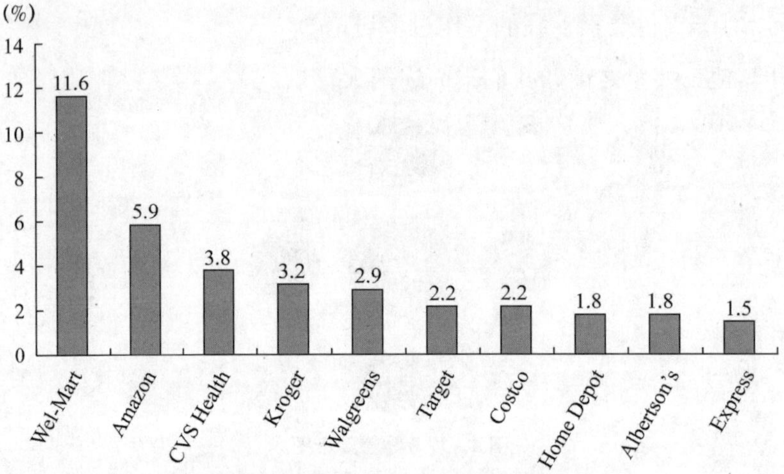

2017 年美国零售市场占有率情况

图 4-20　2017 年中、美零售市场占有率前 10 公司

资料来源：Euromonitor、凯度咨询、海通证券。

而作为成熟的零售市场标杆，美国目前的行业集中程度可以为中国零售的未来发展，提供参考，即巨头市占份额将落在 35% ~40% 区间。另一方面，美国电商龙头亚马逊，将基于稳固的信息流优势，长期冲击沃尔玛的冠首之位。2017 年，亚马逊完成对美国高端商超全食（Whole Foods）的收购。此前，全食已面临营收增速放缓之困（见图 4-21）。此次收购，与阿里、京东布局线下业态逻辑相似（见后文详述）。

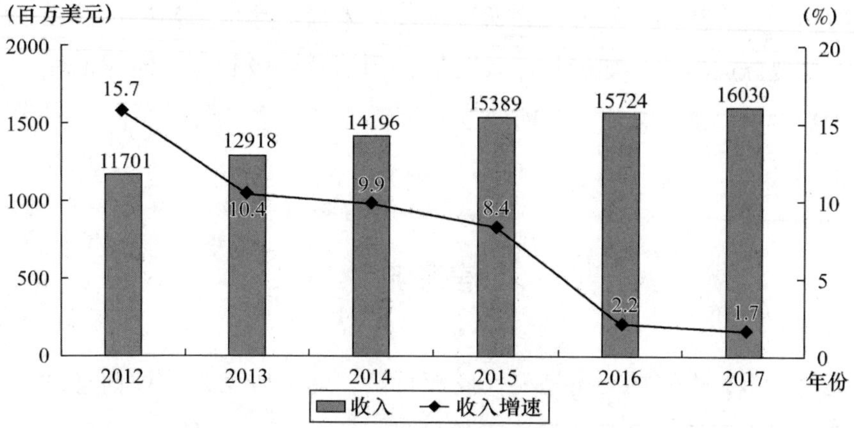

图 4－21　2012～2017 年全食（Whole Foods）营收状况

资料来源：公司年报。

技术进步与消费升级之势不可逆

技术进步（以互联网为代表）与整体社会的变迁阶段是任何行业赖以发展的基础。其中，消费升级，之于零售行业，尤其重要。以阿里为例（见图 4－22），天猫近 4 年 GMV 增速均高于淘宝。纵观电商发展，从淘宝，至京东，续以天猫，循序渐进。零售的发展需要适应消费者消费能力见长、品牌

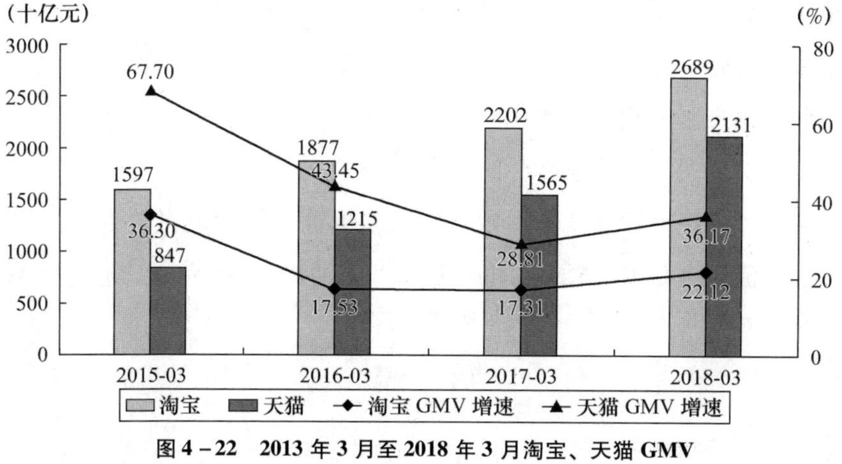

图 4－22　2013 年 3 月至 2018 年 3 月淘宝、天猫 GMV

资料来源：公司年报。

意识增强等趋势变化。如淘宝起初即定位于天猫，则很难积累足够量级的用户以支撑业务运转；再如网易，及时捕捉到消费升级趋势，同时依托其丰富的移动端产品提供信息流，从而实现在电商业务（考拉海淘+网易严选）的突出重围。

信息流

无论集市，供销社，还是现代商超百货，其实质均是一种信息入口。作为消费者，去哪里找产品，是搜索的过程。哪些产品合适，则是信息不对称问题。同样，卖家寻找匹配的消费者会经历类似流程。这期间需要大量的沟通，甚至复杂的机制设计，才能最终达成交易。如果零售商能很好地解决搜索或信息不对称问题，就有可能成长为价值巨大的信息入口。传统零售商重视选址、品类以期达到较大的销量规模，正是相似逻辑的验证。

互联网恰好长于解决以上的信息问题。无论在淘宝还是京东，消费者都能快速搜索到任何产品及信息。而通过对其全维度行为数据的处理，产品推荐也已愈发准确（几乎替代主动搜索）。再者，消费者在电商平台留下大量反馈信息（比如评价），进一步解决了买卖双方的信息不对称问题——用户更全面地了解产品。

于是，电商企业成长为最庞大的流量入口，使得线下零售难以与之抗衡。百货及商超龙头，虽然近几年仍在新增门店，但业绩增速普遍下滑，坪效走低，部分甚至出现销售增速负增长。

实际上，传统百货及商超都曾自主试水电商，但均以失败告终。主要是因为标品的流量已基本汇聚于阿里、京东，品类相似的传统业态机会不大。

物　流

物流包括采购、长途运输、仓储及本地配送，门店其实可作为仓储末端

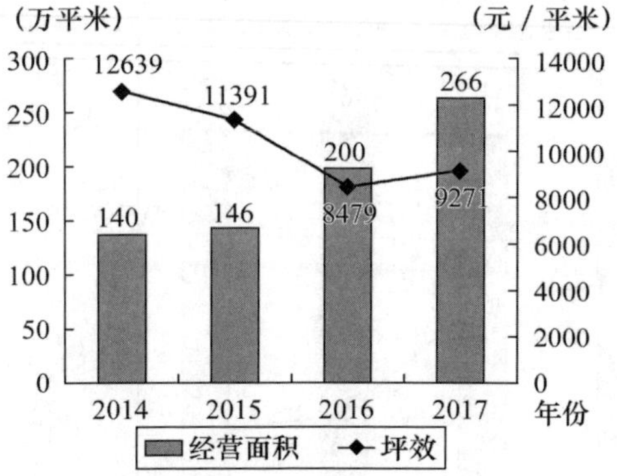

王府井百货面积与坪效情况

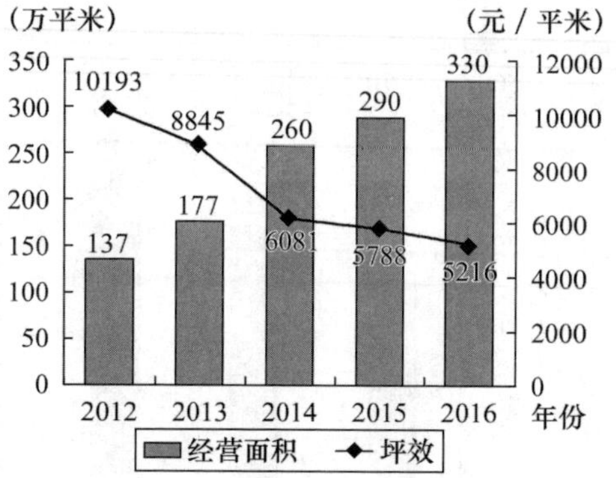

银泰商贸集团面积与坪效情况

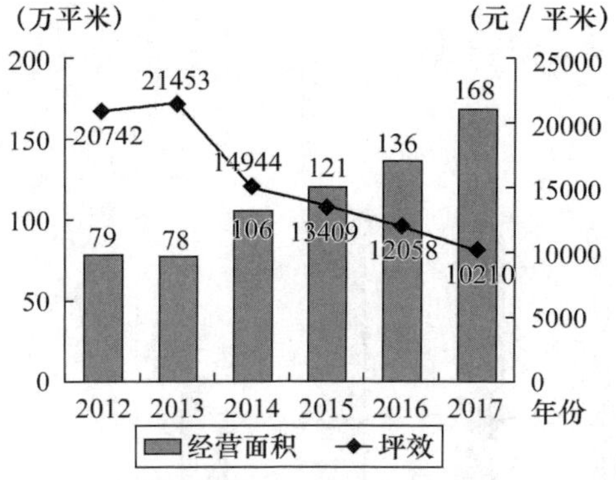

金鹰商贸集团面积与坪效情况

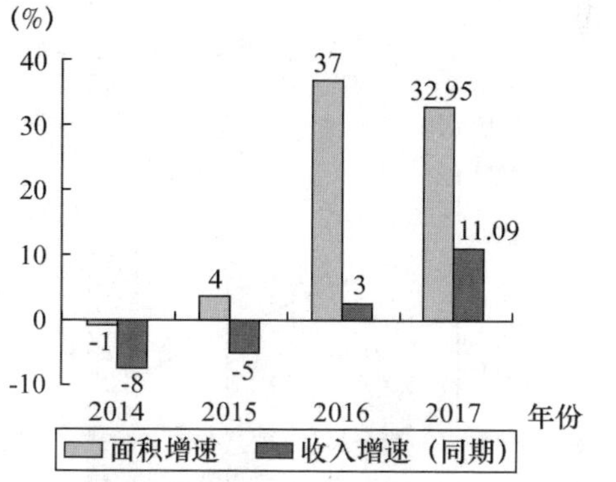

王府井百货面积增速与收入增速情况

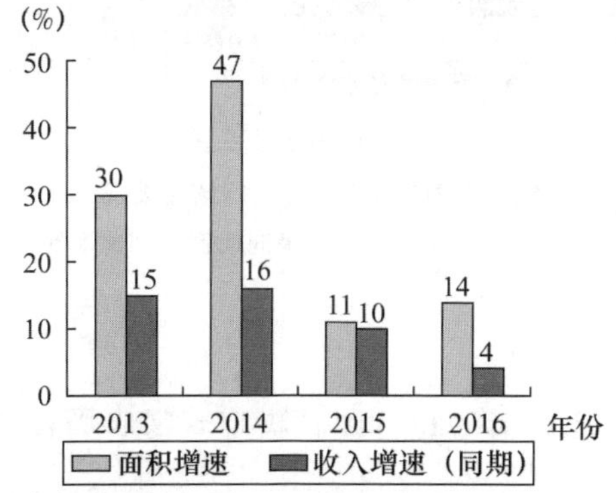

银泰商贸集团面积增速与收入增速情况

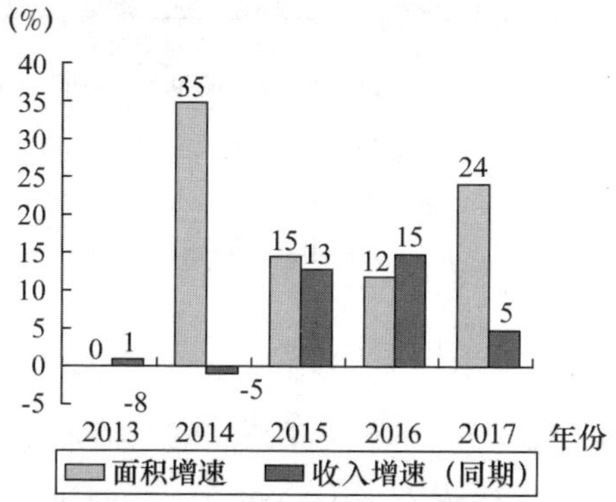

金鹰商贸集团面积增速与收入增速情况

图 4－23　王府井百货、银泰商贸集团、金鹰商贸集团的面积、坪效及收入情况

说明：①尽管各大百货零售企业持续扩大经营面积，但收入增速远低于营业面积增速，坪效普遍走低。其中，银泰商贸集团已于 2017 年 1 月被阿里巴巴私有化（74%）；②坪效 = 销售额/经营面积。

数据来源：公司年报。

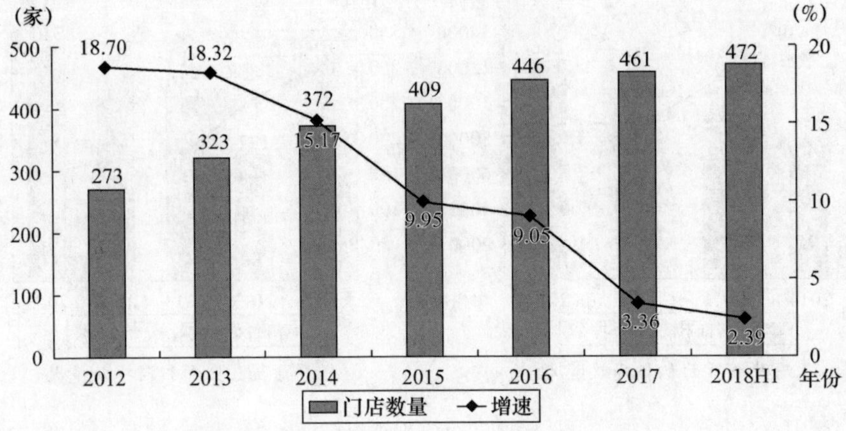

2012～2018 年上半年高鑫门店规模及其增速情况

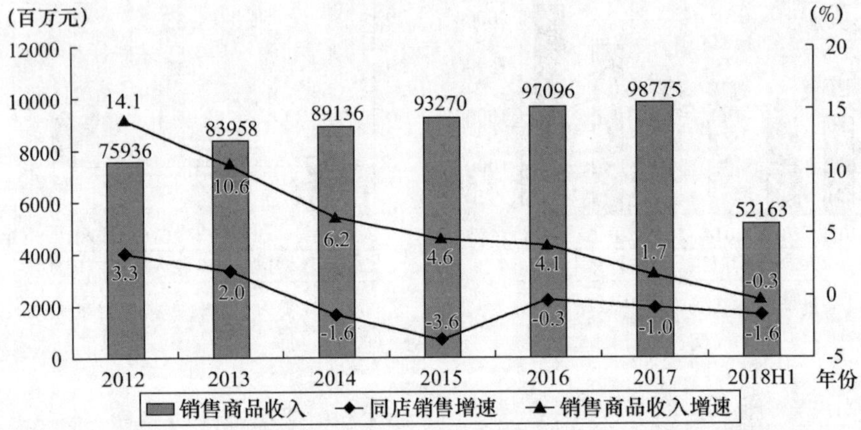

2012～2018 年上半年高鑫销售收入及其增速、门店销售增速情况

图 4－24　2012～2018 年上半年高鑫零售门店规模、销售收入、同店销售增速情况

说明：商超行业同样不容乐观。作为商超龙头，2018 年上半年，高鑫零售同店销售增速及销售商品收入同比增速均呈负增长。

数据来源：公司年报。

来分析。传统零售对高效的物流体系建设已颇具心得，因其决定着门店周转，进而直接影响收入。所以，传统业态龙头无一不是物流高手。比如美国的沃尔玛仓储经验，即为各大顶尖商学院作为案例研究、教授多年。

而回溯我国电商发展初期，除京东之外，其余企业并未足够重视物流。比如阿里，专注于信息流，通过顺丰及“三通一达”实现商品交付。彼时中国仍处于“淘宝阶段”，对假货尚不敏感，且顾不及其他。但随着社会发展，消费者对产品质量、配送速度、损耗水平等问题愈发重视，物流的重要性随之凸显。

以京东模式与阿里模式为例，阐述二者的效率差异。京东相当于传统零售将柜台完全线上化，即京东掌握全部物流及信息流。用户在王府井下单，商品已仓储于南四环，因此当天送达得以实现。阿里掌握所有消费者信息，而物流网络则通过菜鸟平台整合。各快递公司接入菜鸟以获订单，再经由各自的物流设施（运输车队、仓储及当地配送）完成交付。但由于各快递公司相互独立，且存在竞争关系，必然造成部分物流与信息流的割裂，致使仓储节点在提前备货、降低运输空置率等提效行为上，难以充分；且此割裂很难在短期内弥合，其结果自然是效率难以比得上京东。

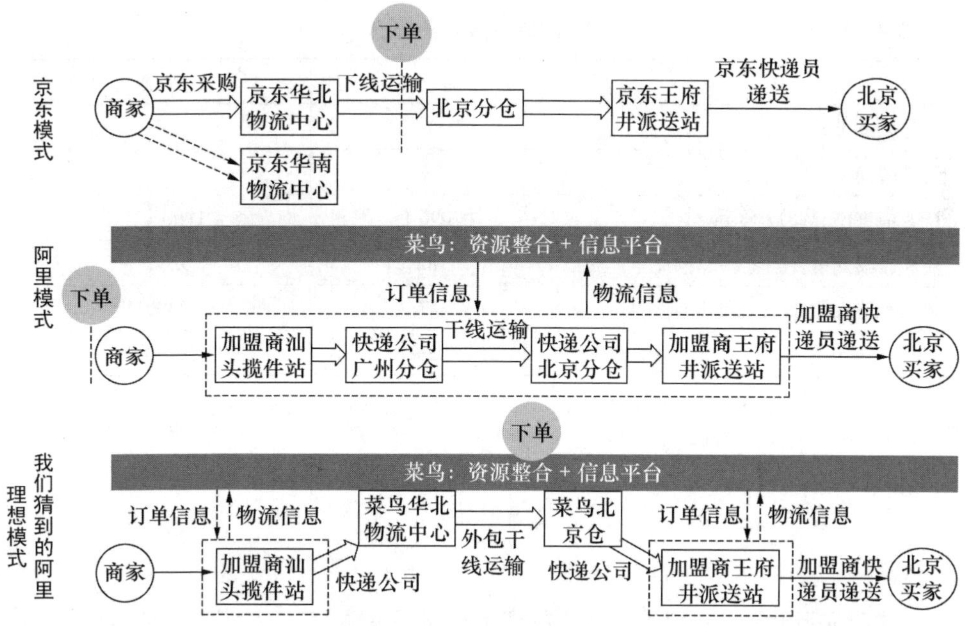

图 4－25　京东、阿里物流体系对比

数据来源：长江商学院投资研究中心（段磊团队）。

所以，阿里率先重推“新零售”策略，正是意识到日益严峻的物流缺陷，意欲系统性解决以配送速度为关键指标的效率问题。通过收购高鑫零售等线下业态，大润发、欧尚的门店即可成为仓储节点，从而实现物流与信息流集中互通，提高用户的购物体验。2017 年亚马逊收购全食（Whole Foods）正是基于相似逻辑。

从“配送速度”角度考量，便利店无疑是效率最高的一种零售业态：它们离消费者足够近，且通常都备足了附近用户的常购商品，使其能够非常便捷地完成全部购物流程（注意，此时的“配送”是由 5 分钟步行取代的）。换言之，便利店已通过其物流体系将商品运抵消费者楼下（类似零售领域的毛细血管）。而对标该业态发展最为成熟的日本，我国的单店覆盖人数远远高之，且集中度仍然较低。这就不难理解，在传统线下零售普遍低迷的环境下，便利店渠道销售额的复合增速 5 年均值仍保持在近 9% 的水平。未来中国的便利店市场机会可期。

表 4 - 3　　便利店发展现状一览表

国　家	日　本	中国
门店数量（2017 年）	55374 家	106000 家
门店增长率	2%	18%
行业销售额（2017 年）	7096 亿	1900 亿元
便利店收入占社会零售总额比重	7. 82%	0. 52%
单店覆盖人数	2427 人	12400 人
CR4	92%	56. 84%

数据来源：《2018 中国便利店发展报告》（中国连锁经营协会）、BCG、中信证券。

体　验

体验实际也是一种信息，只是易于标准化的内容常被归类为信息，而非标准化的内容则归为体验。比如买车的过程，体验即是关键一环。连汽车的关门声响都会在购物决策中扮演一定的角色，这意味着，汽车品类一定需要在线下完成交易。同样，住房也是类似。所以，互联网很难彻底解决非标产

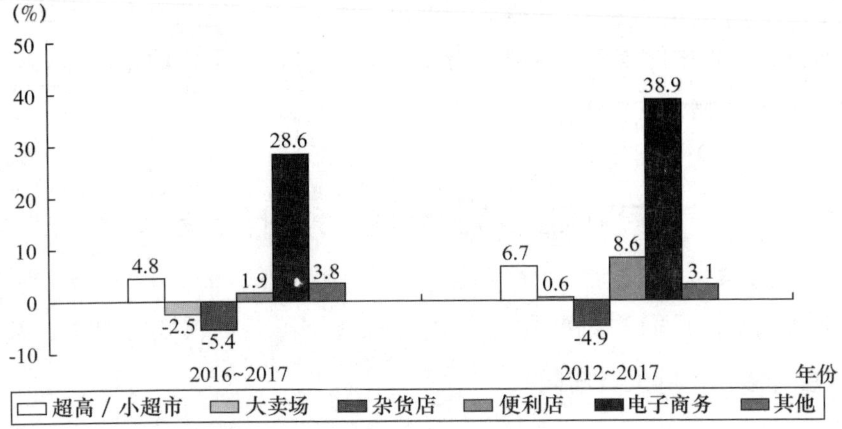

图 4－26　快消品各渠道销售额复合增长率

注：大卖场指面积在6000 平方米以上的商店；大卖场渠道包括 72 家知名大卖场零售商，市场份额达到 80%（基于 2015 年营业额）；超市/小超市指面积在 100～6000 平方米的商店。便利店包括营业时间超过 16 小时的连锁和独立商店；杂货店指面积小于 100 平方米的商店；其他类别包括百货商店、自由市场、批发商店、直营店、专卖店和海外购物等。

数据来源：贝恩咨询联合凯度中国观察《2018 年中国购物者报告》。

品的体验问题；换言之，对于线下零售，非标、高价值产品是选品的核心。

零售四要素中，谁最重要

信息流最重要。因为信息流意味着消费者，而消费者是零售行业的核心。其他要素次之。

首先，如前所述，支付可以外包。比如京东支付市场份额很小，却不影响京东的零售增长。当然，作为零售市场的头部参与者，缺少支付，会大大影响其在金融方向的发展。

物流同样可以外包，阿里在成长初期依靠顺丰及“三通一达”仍实现了高速增长。但同时，需要足够重视物流与信息流的协同整合，以提高整体物流效率（配送速度）。

体验则需按产品特征分而视之。标准化产品，体验角色相对弱（将会由线上平台占据绝大份额）；非标产品，则体验尤其重要。而标品的零售格局已基本确定，非标品将是行业新进入者的机会。

所以，纵观中国零售行业的未来，电商仍将是最重要的市场主体，因其牢牢把握着信息流。

互联网巨头在新零售行业的布局

据此框架，我们重新审视几大互联网巨头在零售领域的禀赋，及其在“新零售”战局中的策略选择。

表4-4　阿里、腾讯、京东和百度核心能力对比一览表

核心能力	信息流	物流	支付	体验
阿里	Y	菜鸟	Y	N
腾讯	入口	N	Y	N
京东	Y	Y	小规模	N
百度	入口	N	N	N
传统线下	N	Y	Y	Y

注：“Y”代表该类型企业具备相应能力，“N”代表该类型企业尚不具备相应能力，“菜鸟”代表阿里在物流方面拥有菜鸟平台，“小规模”代表京东目前在支付方面市场占有率较低。

首先，不存在四要素通吃的市场主体，大家各有所长，各有所短。

阿里，信息流与支付最强，物流和体验的短板可以通过收购线下业态解决。而由于阿里集团的零售属性及强要素优势（信息流），使其倾向于采用强控性、高比例持股策略整合线下零售，比如投资高鑫零售（36.2%），意欲将其整体互联网化。

京东，信息流具备一定优势，且作为重要股东的腾讯亦可为其赋能；自营物流的优势日渐凸显。其实京东可以效仿阿里，通过强控收购线下企业来进一步解决在体验及物流上的问题，但鉴于其目前资金有限，于是只能选择与腾讯作为合作伙伴共同投资。而京东面对支付要素，在目前的技术发展阶段，只有外包这一项选择，自建支付已基本失去机会。

腾讯，拥有极强的信息流优势，且支付能力可并肩阿里；但腾讯并未从战略层面决议做零售，一方面押注京东实现零售布局（包括与京东联合投资），一方面通过大量财务投资入股零售潜力股，以期规避阿里进驻，进而达到防御目的。

百度，尽管只具备信息流优势，却为四要素之首，其在零售领域仍有机会。

而传统线下零售，四要素中唯独缺少信息流，却是最重要的一环。所以应主动与线上企业商讨深度合作。随线上平台逐渐布局线下，剩余传统零售在谈判中的议价能力将越来越弱。

创业企业如何生存

对于头部企业而言，信息流、物流、支付均拥有绝对优势，体验相对短板。平台式竞争的时代已经结束，除非出现底层的技术创新，如人工智能。而在此之前，着力体验要素，是创业企业最大的机会。

如何将体验做到极致？“做重”是关键。主要包括两方面：（1）非标品作为选品重点，色香味声全维度打造消费体验；（2）UGC（包括浏览、点赞等行为轨迹，也包括评论、社群）激励很关键，社群越小众，粘性越强。

从未上市零售企业前十名录可见，非标品主营占据半壁江山，且用户的社群氛围浓厚（UGC）。

最后，无论传统零售还是“新零售”，高效地将产品销售至用户，永远是零售行业追求的终极目标。重续以下要点，以作结：

（1）电商平台的崛起对传统大零售产生了巨大冲击，并且冲击仍在持续；电商终将一统天下；

（2）电商之间的竞争，使得各大平台必需提高物流效率及体验，所以线下布局是必选项；

（3）线下大零售需要尽快对接线上信息入口，否则生存堪忧；而交易主

表4－5　未上市电商公司TOP10一览表

	公司名称	创始人	成立时间	简　介	融资轮次	累计融资规模	主要投资方
1	每日优鲜	徐　正	2014	生鲜精选	D轮	9亿美元	腾讯（4轮）、浙商创投（2轮）、华创资本（2轮）
2	小红书	毛文超	2013	消费类口碑库&社区电商平台	D轮	5亿美元	阿里巴巴、金沙江创投（3轮）、腾讯（2轮）、纪源资本（2轮）、天图资本（2轮）、真格基金（3轮）
3	凡客诚品	陈　年	2007	快时尚品	F轮	5亿美元	IDG资本（6轮）、策源创投（6轮）、赛富基金（4轮）
4	蘑菇街（美丽联合集团）	陈琪	2011	女性社区电商	D轮	4亿美元	启明创投（3轮）、贝塔斯曼亚洲投资基金（3轮）、IDG资本（2轮）（2018年8月赴美提交招股书，估值约40亿美元）
5	蜜芽宝贝	刘　楠	2011	跨境母婴电商	E轮	3亿美元	红杉资本、真格基金（各3轮）
6	爱回收网	孙文俊	2011	二手手机、数码回收置换	E轮	3亿美元	晨兴资本（参投4轮），京东、景林投资（各参投2轮）
7	转转	黄　炜	2015	个人闲置交易平台	A轮	2亿美元	58集团、腾讯
8	贝贝网	张良伦	2014	母婴特卖电商	D轮	2亿美元	IDG资本（3轮）、高格资本（3轮）、新天域资本（2轮）、今日资本（2轮）
9	楚楚街	吕晋杰	2012	淘宝商品分享&导购平台	C轮	1.5亿美元	腾讯（2轮）、软银中国（2轮）、基石资本（2轮）、钟鼎创投（2轮）
10	魅力惠	韦奕博	2011	尾货奢侈品闪购	D轮	1.5亿美元	阿里巴巴（2015年7月并购）

数据来源：IT桔子，统计截至2018年10月。

动权实则仍在线上平台端，线下大零售应积极寻找合作机会，否则议价能力可能完全丧失；

(4) 体验是线下零售及创业公司最重要的相对优势，所以越“重”越有持续发展的能力；离消费者最近的便利店，小超市也有独特优势；

(5) 腾讯和百度是零售领域的不确定因素；腾讯对电商进一步赋能，将对阿里造成巨大挑战；

(6) 新零售的终点是消费者像上帝一样被服务。

（刘 劲）

第五章

打开数字经济之门

数字经济时代，移动支付变得越来越便捷，几乎已经成为现代人必不可缺的生活方式。依托区块链发展而来的比特币，同样是数字经济时代下的产物，但要真正走入中国市场，仍需要一段时间与相应的政策予以规范。从未来愿景而言，区块链能够搭起一座全球交流、相互信任的通证化桥梁，但目前的技术显然无法支撑，需要技术人员进一步地探索，从而更好地处理这些新兴产物的社会责任问题。区块链、比特币到底有何魅力，能够令众多企业家、投资者为之着迷？从学术研究层面，打开数字经济之门，共同一探究竟。

从“工作量证明”解密“区块链”[①]

“以开放的心态看待科技，以理性的心态看待市场。”跌宕起伏的比特币，扑朔迷离的ICO，给本就聒噪的当下增添了不少科技的新鲜与错失的焦虑。

打着“去中心化”招牌的区块链技术，很多人觉得懂，又说不清楚；很多人感觉跟自己相关，又不知何从入手；很多人觉得这里蕴藏极大机会，又觉得风险也极大，荷兰郁金香的质疑不绝于耳。比特币到底是什么？区块链是如何“绕过”中心的？无论最后成败，了解区块链到底是什么以及它的基本原理是有必要的。不能总是用概念充当解释，用情怀预测市场。基于此，本文试图用最通俗易懂的语言来聊聊为什么比特币的正常流转需要“挖矿”，为何确认一笔比特币交易需要几十分钟和消耗电量几百度以上。这也就是Proof-of-Work（“工作量证明”）——让区块链能够去掉中心机构的核心机制。

区块链是一种技术，比特币是该技术的一个明星级应用。与支付宝、微信支付类似，比特币属于互联网支付，不需纸钞也没有摸得着的真金白银。但微信和支付宝处理的是人民币，是政府发行的法定货币，代表民众对权力机构的信任。而比特币是去中心化的虚拟“货币”，背后完全没有国家、机构或法律背书，完全是参与者的集体管理。那问题来了，信任从何而来？一个在阿根廷的比特币持有者给一个身在贵州的买家汇去三个比特币，这个贵州

① 2018年2月6日，FT中文网。

人不认识这个阿根廷人，为什么相信他发了三个币，而不是一个币？为什么相信他的账户里增加的三个币正好是阿根廷人账户里减少的三个币。既然没有一家银行管理和处理交易，我们又怎能相信比特币不是互联网虚拟世界里凭空产生、可被人随意改动的一堆数字？

比特币的惊叹之处正在于此，它用区块链技术为上述问题给出答案，达成 Trustless Consensus“无信任的共识”——比特币用户之间无需互相认识和信任即可正常交易（但也因此在全球范围内浪费了巨大的电力资源）。与银行处理汇款收款类似，比特币系统有一本账，记录了比特币用户的账户信息（账户里有多少币）和交易情况（谁给谁在什么时候汇了多少币）。为给自己牟利，账本管理人有可能在这本账上做手脚，比如往自己相关的账户里凭空增加几个币，反正都是些电脑上的数字。更何况，比特币用户都是匿名的，这让做假的成本又一次降低。作为防备，比特币系统给这本账做了很多份拷贝，将他们分散给全球成千上万的比特币“记账人”保存。记账人也被称为“矿工”，本身也是比特币用户。他们之间没有老大，没有中心，只是互联网上一个个节点。他们负责管理手上这本记录了比特币 2009 年出现至今所有汇款记录的账本拷贝。当有新的汇款请求出现，比特币系统在全球范围内按一定概率随机选择一个记账人，让他验证这笔交易并为之记账，然后把更新的账本“广播”给其他记账人。这个被选中的记账人也因此获得一定的记账报酬。

这种分布式的账本优势很明显。即使你篡改了其中一本或几本账本拷贝，全球范围内还有成千上万的真实账本拷贝在别人手中你没法改。然而实际情况远没有这么简单。心怀不轨的记账人总会琢磨怎么篡改手上这本账并且让其他记账人接受这本账来为自己获利。试想一下，如果账本有分歧，有两本账在网络里被广播的时候，其他记账人到底该相信哪本账？没有中心机构作比对，善良的我甚至不知道我手上这本账是不是那本真的账。少数服从多数的原则在这个虚拟世界里是不管用的，因为坏人总可以在网络里注册足够多的记账人账号来形成大多数优势。即使提高注册成本也无济于事，因为注册成本只是固定性投入。如果账本有风险，用户又怎能放心持有和使用比特币呢？

保持分散的账本拷贝的内容一致，防止恶意篡改，不能像共享单车那样依靠“情怀”，只能依靠提高成本，提高作假账的成本。我们先说一下比特币账本的长相。每个记账人手上的账本拷贝是一个由很多“小账本”按时间顺序串接而成的（如图5-1）。

图5-1 分布式小账本

每个小账本在内存里的大小为1M，可记录约两千条比特币汇款信息。最关键的是，每个小账本上有个类似猜数字的“谜语”，它的谜面由上一个小账本的谜底和这个小账本的两千条汇款信息共同组成，而这个小账本的谜底又成为下一个小账本谜面的组成部分。这样的谜面和谜底，环环相扣，把多个小账本连接成一个链条。小账本也被称为区块，如上述方式连接成区块链。

猜这个谜语特别无聊，就是在“凑数字”。凑对的可能性极小，需要计算机尝试许多遍。全球范围内的记账人，不停地用手上最强的计算机来猜这个谜语。而最快猜对新的小账本谜底的记账人，就能给待处理的两千条汇款信息记账，并将更新的账本链条广播给其他记账人。别的记账人虽没猜对，但他们很容易验证广播来的账本是否猜对（这是密码学的成熟技术）。之后所有记账人用这个新账本链条替换他们手上的老账本链条，然后接着猜下一个小账本的谜语。前面说过，记账是有报酬的（包括汇款的手续费和新发的12.5个比特币奖励），因此记账人会尽可能加强手中的运算能力来加大最快猜对谜语的可能性。有趣的是，无论全球范围内记账人投入的计算资源有多少，比特币系统会自动提高或降低猜谜语的难度，把最快猜对谜语的时间维持在

“十分钟”左右。换句话说，用比特币交易，最快也要等十分钟才能得到确认。

这样链条式的账本和猜谜语的记账方式是如何防止账本篡改的呢？假如当前链条上最新一个小账本是上图的013，而一个心怀不轨的记账人要篡改011上的交易记录为自己牟利。一旦011的账本信息被改动，这个小账本的谜面就变了，之前猜对的谜底就变成了错的，这个记账人必须重新猜这个小账本的数字谜底。猜对以后，下一个小账本012的谜面跟着变了，他又得猜。然后下一个小账本013的谜面也变了，还得接着猜。当他猜完三个小账本，至少30分钟过去了，这期间发生了什么？这期间其他记账人手上的账本链条早已变长，新的小账本014、015、016等已经产生，而这个使坏的记账人手中的账本长度再也赶不上网络里的那本账。有同学说，他能否用两台电脑，一边猜之前小账本的谜底，一边猜新出现小账本的谜底，两边都不耽误？当然不行。因为这些小账本的谜面和谜底是前后关联、环环相扣的。所以，从自身利益出发，这个记账人还是从良比较好，争取为新交易记账获得记账报酬，而不是得不偿失地篡改历史账本。而当网络里有两本不同的账被广播时，记账人们只需接受最长的那本账即可，因为最长的链条对应的工作量（计算量）付出最大。

上面所说的记账过程就是比特币的运作过程。那一个个小账本，就是“区块”。它们串接而成的人手一份的链条账本，便是“区块链”。那成千上万的记账人，就是俗称的“矿工”。所谓“挖矿”，无非是每个记账人用最好最多的计算机来猜数字谜语，用设备和电量消耗来证明自己的账本正确。在网络的计算资源相对分散的情况下，大家只需要在最长的区块链上工作，就能保证系统信息的真实性。换句话说，在一个互不认识、没有中心、缺乏互信的环境里，我们只能相信付出成本最大的信息记录，这就是题目中提到的“工作量证明”机制。

到现在，大家可能理解了区块链是如何做到去中心化的。没有中心机构的权威背书，区块链系统一方面提供报酬鼓励记账人参与记账，另一方面通过记账人之间的资源消耗竞赛来提高作假成本、确保账本真实性。记账人（矿工）之间为获得比特币报酬而争夺“记账权”。只要比特币兑美元价格被市场抬高，矿工群体就有动力去增添计算设备和消耗更多电量来竞争记账（挖矿）。因而区块链网络里记账所消耗的电量与比特币价格成正比。这就是为什么在当前的比特币高价之下，确认一笔交易需要耗电至少 500 度以上（全球的记账人为竞争这笔交易记账权所消耗的总电量，而且是保守估计），耗时也至少几十分钟（因为每十分钟最多确认两千条交易）。这远远超过了在支付宝或微信上做一笔支付所需要的边际电量与时间。天下没有免费的午餐，这就是区块链为了去中心化、为了信息可追溯所付出的最起码的“代价”。

（李　洋）

区块链到底可以解决哪些问题[①]

很多人会问：到底区块链可以解决哪些问题?

区块链解决的问题是有场景的。我们认为他解决了信任的问题，也就是说信任比较缺乏的场所可以通过机器来产生信任。

第一，我们首先考虑到的是跨境支付。首先数字货币和法币的流通通道非常有限，在 coinbase 开一个账户可以把这个比特币换为美元，但是它受到的监管是很强的。其次是用 USDT。USDT 在各大交易所里使用，但是它有一个很大的问题是：它是中心化的，不是通过区块链的方式来发行的，资产不透明。到底号称与美元等值的 USDT 背后支撑它的钱跟账户在哪里？有人说看到过了，但是大部分人没有看到过，所以我们不知道，不知道就有很多的不确定性，所以有很大的问题。

另外，USDT 发行也是不受监管的。也就是说今天高兴了发一百个亿，发一千亿，没有人可以管得了他。所以他有可能用 USDT 来操纵市场：知道明天要发行一百个亿，币要涨我就买一大堆。过几天降下来通过低价买了很多比特币然后就拼命卖，把这个价钱压下来后把币收回来。

非去中心化，不受监管，对大家不负公开责任的机构发行 USDT 对整个市场来说是一个灾难。所以我们需要一个透明的去中心化的币，可以做全球支

① 2018 年 8 月 27 日，曹辉宁微信公众号。

付。这需要一个底层技术比较好，可以支撑大量去中心化交易的区块链来做。

第二，适用的是中小微企业融资问题。在金融行业，全世界最大的难题就是中小微企业融资难的问题。大的银行是不愿意花这个时间来给你搞个几百万、几十万元的融资，这个成本太高，但是如果我们可以通过区块链产生信任，解决这些中小微企业融资难的问题，其实对很多创新企业是很有帮助的。在这样的情况下就避免了中介，有很多高利贷平台最后跑路并不是因为借钱的人要求更高的利润，往往是这个平台要求巨大的利润。所以通过区块链可以帮助我们降低这些中小微企业融资难的问题。

第三，万物通证化。区块链可以确权，它不仅仅可以作为数字黄金，可以给每个人一个编码确认权力来通证化。每一个人的时间，每一个人的信誉，每一个人和粉丝互动的一些方法，都可以通证化。资产不仅仅可以通证，人也可以通证。把奥巴马的时间变为通证，他到我们这个学院里面讲一个小时，我给他 1.5 个奥巴马通证，这个奥巴马通证可以在全球交易，他可以把他的限量通证捐献给慈善机构，一个奥巴马币 10 万美金，就可以捐款 15 万美金。像共享经济，比如说租房、汽车共享、分时的房屋都可以通过通证化的方式来解决沟通的问题。

此外，有很强烈的一点是大家没有注意到的：全球化的金融数据。任何一个通证发出来就不属于中国，也不属于美国，它属于全世界的。这样一个通证可以全世界流通，全世界流通的力量是巨大的。所以我们怎么样通过区块链的技术建立一个全球交易机构？目前我们可以交易股票，交易期权，交易非标准产品，资产证券化产品，机构信托产品，这就需要高频、安全、去中心化的方法。所以，我觉得首先需要探索怎么样把金融衍生品带到币币交易里面。上面提及的保险、项目方发行的数字通证以及基于以太坊发的数字货币是完全币和币之间的流通，慢慢做起来再推动其他衍生品，这个市场是巨大的，全球金融衍生品市场是 1.2 万亿美元。在美国最赚钱的交易所不是纳斯达克，不是纽约交易所，而是芝加哥期权期货交易所。参与一个项目的投资，门槛至少是一个以太坊，一个以太坊是 300 美金，2000 多人民币。对很多人来讲2000多人民币买两个币也就4000了，也挺心疼。如果通过期权的方式，相当于我有这个权利买你的币，我可以选定在大约是0.1个以太坊投资，也就是30多美金，这个门槛很多普通人来说更愿意参与投资。这也相当于用金融衍生品的方式扩大市场。所以这一块有很大的开拓空间，我们Usechain希望在这些方面有所开展。

有一些地方中心化机构要么是不存在，要么是做得很不好，要么是成本很高，这些场景可以用区块链的方法来解决。如果这个地方中心化做得很好，效率很高没有太多的问题，则并不需要区块链的技术。如果这个中心化的技术做得不是很好，做得这个成本很高，那么就可以通过区块链技术，把金融服务普及到每一家每一户。

我希望大家在这些方面多考虑，做区块链我个人来讲更多看重它对这个社会产生的影响。我们希望区块链的技术是多赢的，而不是简简单单地圈钱，通过这样的方式，通过机器创造的信任，整个社会有更多的互信、互助。这样，我认为才是区块链的本意。

（曹辉宁）

去中心化能够取代中心化吗①

一只断了一条腿的蜘蛛是什么蜘蛛呢？——是七条腿的蜘蛛；

一只断了一条腿的海星是什么海星呢？——还是一只完整的海星。

自然界中，蜘蛛是典型的中心化组织代表，而海星是典型的分布式（去中心化）组织代表。

蜘蛛的身体由大脑这个中心化结构控制，躯干没有自主再生能力，蜘蛛没有了头，便无法存活。而海星不存在大脑这样的结构，主要的器官都被复制、分布在每个躯干中。把一只海星切成两半，你能得到的是两只海星。

中心化系统 VS 去中心化系统

中心化系统是指中央控制器通过直接命令或使用权力等级制度（例如命令一个中层构成去指示较低级别的构成）来对系统的底层构成进行控制的一种系统。

该系统所表现出的复杂行为，是中央控制器对系统中底层构成施以“控制”的结果，包括对中底层构成的动态监督。

而在一个去中心化系统中所表现出的复杂行为，是通过底层构成基于本

① 2018年6月5日，曹辉宁微信公众号。

地信息的运作而产生，并不受任何命令的影响。这种形式的控制被称为“分布式控制”，或控制系统中的每个构成平等地对以适当方式作用于本地信息的全局、复杂行为负责。

Ori Brafman 和 Rod A. Beckstrom 在畅销书 *The Starfish and the Spider*：*The Unstoppable Power of Leaderless Organizations* 一书中以蜘蛛和海星为比喻，提出了“海星模式”（去中心化组织模式），书中提出了以下观点：

1. 当受到攻击的时候，去中心化组织会呈现愈加开放和分散分布的趋势，而中心化组织会呈现愈加集权的趋势；

2. 一个开放的系统很容易变异以适应环境；

3. 将人们置于分布式组织中，人们会更愿意去贡献自我；

4. 一个行业的去中心化程度与总体利润成反比。

相较之下，去中心化组织似乎有更为顽强的生命力。

在比特币及区块链收获大量信仰者的当下，“去中心化”一词也被奉为圭臬，通常伴随着无政府主义及极致平等、自由、公正的设想。然而也有另一部分人对如此设想产生强烈质疑，去中心化系统存在的问题也是老生常谈了。

其实，去中心化只是一种手段，并不是最终目标。最终的结果应该是确保像华尔街那样的中心化机构林立的地方受到制衡，无法以垄断之势行独断之举。

人体中的中心化＋去中心化

在我开始金融学研究之前，我是学生物的，研究癌症病理。在生物学领域，很典型的例子是人的神经系统，它存在着分布式存储和处理信息的特征。

人体的自主神经系统（Autonomic Nervous System）是一种受大脑支配的末梢神经系统，但它在很大程度上又是无意识的，调节着身体机能，如心率、消化、呼吸速率、瞳孔反应、排尿和性唤起等，有很多不受大脑意志支配的活动（非条件反射），因此叫自主。

在我们人体的神经系统中还有中枢神经系统（Central Nervous System），由大脑和脊髓组成。理论上它是一种集中化的控制系统，但是在我们的大脑中，我们的记忆又是分布式存储的。

在自然和人体中，更多的例子表明了中心化和分布式数据结构及信息加工都是混合在一起的，而不是蜘蛛或海星等低等生物所呈现的单一形式。这也应该是分布式账本技术（Distributed Ledger Technology）的表现形式。

法律中的中心化＋去中心化

又比如在法律制度上，存在着大陆法系和英美法系。

采用英美法系的国家，比如美国，它的陪审团制度就是一种分布式，法律判决多是依据先例，但也存在法官这样的中心化构成。

反观大陆法体系，依赖于一个中心化的立法机构，但也存在一定程度的“去中心化”构成。

两者相较而言，英美法比大陆法的去中心化程度更高，但谁又能声称一种体系在任何情况下都优于其他呢？

所以好坏不是绝对的，要看具体场景。

分布式和中心化，是你中有我，我中有你。

所以去中心化与中心化相结合才是最理想的。去中心化的分布式数据结构跟中心化组织共同协作会更高效。

分布式应用

《明朝那些事儿》里边有个故事，讲抽签式官吏任免模式。

抽签就是一种分布式方法，上级选拔是中心化的。

为什么要用抽签来选拔官员呢？听起来好像不够严肃。

这是因为如果大家对中心化选拔的结果非常没有信心，认为一定是坏人选上来的情况下，抽签的结果还有可能抽到好的，这样也就更好接受一点。

就像委内瑞拉、津巴布韦的人民对政府没有信心，认为政府胡来，法币没保障，大家宁愿用黄金，用比特币，也不愿用法币。

中心化的弊端

从津巴布韦和委内瑞拉的状况也可以看到中心化有可能的坏处，就是Moral Hazard（道德风险，从事经济活动的人在最大限度地增进自身效用的同时做出不利于他人的行动）。

在高效的中心化系统中，最大的问题是：如果中央机构腐败或堕落怎么办？

分布式系统的稳健性使其在这个问题上能通过synchronized redundancy来解决。比如比特币，我用了一个词叫currency in being。如果法币胡来，大家就用比特币。那么比特币的存在就是给法币的信马由缰加了缰绳。同样，分布式记账技术（DLT）也对华尔街的自大、误导和缺乏约束有所控制。

中心化效率高，成本是腐败，变质；去中心化效率低，但是透明，公开，公正。二者可以并行。所以最终我们可能需要的是一个等级阶梯式的分布结构。既不中心化也不完全扁平化。

对人才资源流动的影响

此外，像华尔街这样的存在吸引了许多聪明人进入金融行业，但这其实是一种脑力浪费。比如叱咤华尔街的DE Shaw从金融领域退休后转向了生物学，并成为美国国家科学院院士。

想象一下如果我们通过分布式记账技术（DLT）降低华尔街的薪酬，那么更多的人将会在其他领域从事更有意义的工作。

我们中国人常说“中庸之道”，这跟部分极客世界里追求绝对自由、隐私相比当然不够酷，但是在现实世界里，它是最符合人类社会运转常理的，也是去中心化应用的最终走向。

（曹辉宁）

区块链行业发展的三大障碍[①]

2009年中本聪把第一个代码写出来了。快十年的时间，区块链真正的应用还是很有限的。可以看到比特币是一个比较成功的案例。比特币现在价格在6000美金，再往下跌的空间比较小，也就是说作为数字黄金的概念已经深入人心，再撼动它非常困难，这是它一个最大的应用。比特币目前依然在整个数字货币的百分之五十几，曾经有人企图取代比特币，但是都失败了，现在比特币依然拥有半壁江山。

另外一个应用就是以太坊，智能发币，现在上市数币3000多种，没有上市还有好几万种。对这个社会没有产生很大的作用是什么原因呢？第一，交易速度太慢，反应时间太长，所以用起来很不方便。所谓比特币每秒只有7次交易，提交一次交易的反应时间要10～30分钟的时间。第二，能耗很高，用的电量很多。第三，规模太小。

当前区块链行业中主要有以下三大障碍：

第一，算力的集中。

这是由于最早中本聪的做法里，算力和用户挖矿的概率成正比，算力越高的人挖矿的概率越高。以前每个人一台电脑，挖矿的概率差不太多，后来有一些芯片的技术改进，像吴忌寒和姚勇杰的芯片，他可以是普通的一个苹

① 2018年8月24日，曹辉宁微信公众号。

果电脑的80万倍，也就是说人家挖一天的矿你得挖2000年。即使生物科技发展很快，但是突破2000万年这个几率是很小的。我们活到120岁，短期内是有可能，长期来看200岁也是有可能的，但是2000年也太长了一点，2000年到我们现在是什么时期？秦始皇时代了。如果秦始皇还活着那这多可怕。2000年的差距基本上不可能竞争了。现在的技术，像姚总这样的人可以控制这个大量的算力了。导致了这个比特币其实非常中心化。

也许许多人都有比特币，但是你看普罗大众，其实大多数人并没有比特币，持有的比例不超过3%～5%的样子。这样的情况下，就导致了整个扩散的速度还是比较慢，所以说矿力的计算导致了整个币的分布非常中心化，不能让大众接触到新的货币，董事也容易被操纵。所以怎么样弱化这个算力的作用，同时又让大家有动力去做交易验证做挖矿，这是我们需要考虑的问题。我们希望通过一些技术方法来解决。

第二，交易所成了财富转移的场所。

交易所通过很高的交易费，某种意义上来讲是一个转移财富的场所。说句笑话，相当于交易所割项目，项目就割韭菜，而最后很多项目都会死掉，整个生态不容易建立起来。我们本来希望通过区块链的技术给社会带来好处，但是现在反而变为了一个成本很高昂的地方，很多人不明就里，把这个成本炒得过高。如何把交易所做成真正为社区做事情的地方，最后项目也为社区做事情，这个方向还是值得我们关注的。

第三，不负责任的项目方。

区块链技术现在相对来说比较高深，往往被某些人用作传销、圈钱的方式。听说有些人宣称18天融了大概8000多万，这个话谁都可以说，谁都可以说自己是去中心化，不可删除、不可更改的东西，东凑西凑也可以凑起来。另外一个是宣称跟量子加密和AI的结合。本来区块链一个事情做起来就很难，三个一起来，实现的可能性百万分之一，却集了不少钱。所以有人说量子加密还有什么AI的概念，投资者都可以不看。先把简单的区块链技术做出来，再说跟哪些东西结合，不要一开始就糊弄人家说一些听不懂的东西，又是什么质子，什么量子，什么夸克，搞得很神秘似的。我们认为还是扎扎实实把可以做的事情做出来，走通了之后，再做什么量子、量子加密，再做成 AI。

有大量的传销的项目在这个里面，现在在交易所里面上市的项目，可能 90% 多都会死掉。这些项目有很多的钱，我也讲了 EOS 融了 42 亿，现在整个市值已经不值 42 亿，只有 30 多亿。那持有他这些货币的人是不是可以分享这 42 亿的一部分，没有，一分钱都没有。因为这 42 亿已经完全归了项目方，你拿到手里面只有 EOS 币。假如说这个人不干了，不跟你们玩了，你没有任何办法。所以怎么样把项目方的动力和投资者的动力关联在一起，也是一个很值得考虑的问题。我们希望可以通过金融的手段，可以让项目方的利益和投资人的利益关联在一起。也就是说如果你什么事情都不干，那你的钱要退回去，至少要退回去一部分，这样让他有一定的动力去做事情。

第一是算力的集中，可以通过共识机制的创新使这个算力的力量不是那么大。在 Usechain 首创性的 RPOW 算法中，我们通过一种随机的方法来抽签，抽签通过算法来抽，每个人自己算一个随机数字，算出来之后和公共随机数字一样的话就是被抽中。像北京小汽车摇号一样，摇到你了，你就可以买车了，这是你算的一个随机数字，该你挖了你就挖。所谓的挖，只是把你的公钥和私钥对照一下，并不是要算一个最好的哈希数，不是像在比特币里面大家要算万万亿，浪费大量电力的计算。这样子就把这个速度和能耗的问题解决了，不需要所有的人都来算。

这和 EOS 不一样的地方是哪里呢？EOS 是只有 21 个人轮流做验证的工作，也就是说我一定要相信这 21 个人，而万一他们作恶那我就没有办法了，这就变为一个人质中心化的行为。而 RPOW 通过随机化的挖矿抽签方式保证每个人都有份，也就是说奥巴马和奥巴马的哥哥两个人抽到的概率是一样的，不存在某些人有更多权力的这个问题。所以 RPOW 提升了速度、减少了能耗的同时，又避免了中心化的问题。另外我们还可以做一些并行验证，如果有一些人重复做了验证，他的计算也不怕浪费掉，也可以把它用起来。通过这种方式，把算力的影响降下来。

第二是交易所。对于交易所，我们希望做一个中心化的撮合。我们通过新的共识算法把速度问题解决了，把能耗的问题解决了，把规模的问题解决了，那怎么样把这些应用到交易所里面呢？我们希望做中心化的撮合，这个撮合还是有一个中心来撮合交易，保证交易速度是快的，但是到底谁来做这个撮合？它依然是随机化的，不见得是同一个人、同一个中心在做这个撮合。而交易清算和结算则是通过矿工去中心化的方式来做。我们知道有个很有名的案例叫做 ATBOT，是很多机器人相互交易，有时候你会发现账户没有币的情况下它还是在卖。有些交易所卖的币甚至比项目方发的币还多，可能交易所没有注意，一下太多了。还有一种情况是，他要某一个币涨的时候他就内部操纵。你看比特币忽上忽下的，很多时候并不是由于真实的交易，而是中心化交易所在这里面操作事情所造成的。为什么这样的现象在以前股票交易所里面没有出现？因为股票交易所是受到证监会强监管的，如果做这样的事情是要坐牢的，但是在区块链行业里由于缺乏监管，所以出现很多这样的现象，导致了这个市场对草根来讲是很不公平的，我们希望把交易的清算和结算去中心化，每一笔交易都透明，而为了让用户体验更好，交易的撮合需要中心化。

第三是项目方。很多传销项目我们怎么应对，很多人融到了币以后不作为。比特币现在价格在 6500 美元左右，以太坊从 1300 美元跌到 200 多美元，最后又回到了将近 300 美元。你会发现以太坊跌的时候没有任何支撑，也就是说比特币跌还会反弹一下，但是以太坊跌下来之后没有任何声音，一直往下跌。为什么？因为大量的传销项目用以太坊很容易融币，融了大量的币之后，就把它换成法币，套现走人，这个时候你没有任何办法。很多项目都会在一年以后可能会归零。怎么样让项目方有一定的责任感？我们有金融衍生品来抵冲保险，叫保险合约。比如说像 EOS 融了 42 个亿，做这个项目需要 42 亿吗？不见得真正需要 42 亿。所以他可以提现，但得有比如 30 亿放在智能合约里面，如果这个项目做不出来，投资者有权利把这个 30 亿拿回去。当然，不是白拿，还要买保险合约。这个保险合约比如说保30亿美金，这个项目方拿12亿，万一项目方什么事情也不干，起码投资者还有30亿可以拿回来，不要让人家一分钱都没有。所以项目方光靠自律是不够的，要拿真金白银给投资者做补偿。

总结起来，区块链行业在以下三个方面亟待解决：

1. 减小挖矿算力的差距，使得挖矿比较去中心化。

2. 让交易所成为社区服务方，使价值流动起来，而不是成为一个聚集财富的场所。

3. 项目方要负责任，真正做事情，而不是融了币以后套现跑路。

这几个问题解决之后，区块链的春天才会真正的到来，我们才能真正用区块链的技术解决社会问题。

（曹辉宁）

5G 时代：中国如何赢得先机①

中国政府正式发放了5G商用牌照，成为第五个开通5G服务的国家，中国正式步入5G时代。同此前的移动通信技术相比，5G的最核心变化是传输速率将大幅提升。在一些关键技术指标，例如用户体验速率、时延、连接密度等方面，5G要比4G提升10倍以上。

5G目前的三大应用场景主要包括：增强型移动宽带（eMBB）、大规模物联网通信（mMTC）和超可靠低时延通信（uRLLC）。

从1G至4G的发展历程看，基本上十年是一个系统级的迭代周期。中国玩家在1G至4G整体的步伐都是偏慢的，而现在已经在逐步迎头赶上。

和其他世界主要经济体一致，在3G、4G的关键代际更迭时期，中国均出台一系列相关政策扶持与指导三大运营商的通信网络建设，在5G建设中同样提供了多种政策支持。

韩国在5G发展中属于先发者。2019年4月5日，当地的通信运营商正式开始了B2C的5G商业服务，虽然目前遇到网络质量和缺乏核心应用等问题，但仍然是全球5G网络发展的先锋。

我们认为，5G商用牌照的发放节奏超预期：一方面表明，5G产业链相关配套快速成熟，已经具备商用的基础；另一方面，更加重要的是，也表明

① 2019年6月19日，《第一财经日报》。

了中国政府对于发展5G产业的决心。

虽然5G概念已经在美国国内的各大媒体风靡一时，但整体看，美国仍然处于5G发展的初级阶段。美国的四大通信运营商中，目前看，只有Sprint在5G方面有所作为。美国发展5G网络当前遇到的最大问题在于，中频频谱不足。

但得益于近年来技术水平的快速发展，中国科技企业对于5G已经做好了准备。华为自2009年起着手5G研究，已经累计投入20亿美元用于5G技术与产品研发，是全球唯一能够提供端到端5G商用解决方案的通信企业。

5G最重要的应用是工业级和企业级应用，其重要性不亚于一次新的工业革命。任何行业都能够通过5G提升效率。一些行业得益于5G技术能够衍生出新的应用场景和商业模式，进而可能引入新的竞争者，在位者的地位将可能遭到颠覆。

据全球移动通信协会（GSMA）预测，到2025年全球5G连接数为14亿，其中中国占4.6亿，超过北美和欧洲的总和，位列全球第一。得益于这一全球最广阔的消费者和工业级、企业级客户的市场，华为等中国的本土科技巨头有望凭借过去多年的研发投入壁垒，继续引领5G的创新与发展。在4G时代实现了从跟随到超越的跨越后，中国有望在5G时代继续引领全球，赢得先机。

5G时代，有何不同

2019年6月6日，中国工业和信息化部正式发放5G商用牌照，中国移动、中国联通、中国电信和中国广电分别获得一张运营牌照，中国步入5G时代，成为继韩国、美国、瑞士、英国之后第五个开通5G服务的国家。

中国的5G牌照发放有两点超出市场预期：第一，在时间上，市场普遍预计中国将在年底正式发放5G商用牌照，进度上提前了半年左右；第二，在牌照数量上，本次牌照发放除传统的三大运营商外，中国广电也拿到了一张牌照。

5G 是“第五代移动通信技术”的缩写，完整标准预计将于 2020 年完成。ITU（国际电信联盟）规定了 5G 的八大关键技术指标，指明 5G 不再追求单一目标，而是考虑不同的业务和应用场景。

5G 标准分为 LTE、LTE-U 和 NB-IoT。LTE 属于授权频道，是垄断资源，由电信运营商主推。LTE-U 是非授权频道，传输距离可以达到 300 ~ 500 米，主要为工业、科学、医疗三个领域使用。NB-IoT 属于授权频道，传输距离可以达到 10km，每个基站可以连接 20 万个终端。

5G 的第一个应用场景是增强型移动宽带（eMBB）。在这方面，5G 是对 4G 移动宽带场景的升级，满足连续广域覆盖（如办公室、工业区、大商场等大型活动场景）及热点高容量需求（如人流密集地区）。eMBB 关键的性能指标包括 100Mbps 用户体验速率（热点场景可达 1Gbps）、数十 Gbps 峰值速率、每平方公里数十 Tbps 的流量密度、每小时 500km 以上的移动性等，支持超高清视频、虚拟现实（VR）/增强现实（AR）、高速移动上网等大流量移动宽带应用。

除了“增强型移动宽带”场景，5G 还将拥有两大类应用场景：mNTC 海量物联和 uRLLC 高可靠低时延。一个着眼于链接的广度，一个着眼于链接的精度。

大规模物联网通信（mMTC）是指 5G 能够帮助更多传输设备接入网络，主要面向物联网（IOT）场景，如智慧城市、智慧家居、工业物联网等。IOT 将带来移动通信传感器的爆发，连接数将从亿级向千亿级跳跃式增长，要求承载网具备多连接通道、高精度时钟同步、低成本、低功耗、易部署及运维等支持能力。

超可靠低时延通信（uRLLC）是指 5G 能够大大提升传输的精确度，主要面向垂直行业，如自动驾驶、工业自动化、远程医疗等对可靠性及低时延极度敏感的业务。自动驾驶实时监测等要求毫秒级的时延，而汽车生产加工制造时延要求为十毫秒级，可用性要求接近 100%。

为了满足这三大类应用场景对于速度、广度和精度的需要，达到速率、流量密度、连接数、时延、可靠性等8个主要指标的提升，5G开发了一系列全新的技术。5G技术创新主要可分为无线技术和网络技术两方面。在无线技术领域，大规模天线阵列、超密集组网、无线空口技术、新型多址和全频谱接入等技术已成为业界关注的焦点；在网络技术领域，边缘计算、基于软件定义网络（SDN）和网络功能虚拟化（NFV）等新型网络架构已取得广泛共识。

ITU于2012年设立了“2020及以后的国际移动通信（IMT）项目”，在2015年将“IMT-2020”确定为5G的法定名称。全球移动通信标准化组织3GPP，也于2015年启动5G标准的制定工作，2016年开始了5G标准的预研；包含5G的移动通信协议Release 15在2018年发布。

1G到4G：技术推动产业大变革

5G移动通信技术在传输速率、可靠性与缩短时延等方面都呈现出更大程度的升级换代。从历史经验看，通信技术的革新往往也伴随着市场话语权的变更。

值得注意的是，移动通信技术的建设在相当程度上体现国家意志。由于移动通信网络属于基础设施，具有明显的规模效应，前期的资本开支巨大，往往需要国家政策扶持，为运营商大规模建网提供坚实后盾。

1G时代：美国引领，国内普及较晚。第一套移动通信系统在美国芝加哥诞生，采用的是模拟信号传输，由于传输带宽的限制，移动通信还不能实现长途漫游，因此各国制定自己的通信标准，没有全球统一标准。美国以AT&T开发的AMPS系统为主，其他国家和地区也分别拥有各自适用的系统，例如NMT、TACS等。国内在1G时代几乎处于完全落后的状态。20世纪80年代初期，移动通信产业还是一片空白，20世纪80年代末期才开始启用蜂窝移动通信系统。

2G 时代：欧洲引领，国内在 20 世纪 90 年代才建成。欧洲在 2G 时代最先启动 GSM 通信标准的研究，大力投资 GSM 通信网络，并且架设起国际漫游标准，进而脱颖而出。欧洲的 GSM 成为全世界范围内最广泛使用的移动通信标准。其他制式还包括 TDMA、CDMA 等。2G 与 1G 的最大不同是从模拟调制进入到数字调制，多了数据传输服务，声音质量比较好，此外保密性也比 1G 大大提升。从 2G 时代开始，手机可以上网。

当时中国企业在无线通信领域起步较晚，在国际上并无话语权，中国的移动通信设备及技术被国外所垄断。而此时，中兴独辟蹊径，在小灵通业务上取得了成功。小灵通严格说更像是无绳电话，实现在一定范围内的移动通话，采用固定电话的编号方式和资费。当时中兴选择发展小灵通业务主要原因有：（1）中国电信对移动业务有迫切的需求却无移动牌照，小灵通业务可以归于固话的延伸；（2）小灵通使用固话资费标准，具有资费优势；（3）小灵通在日本有规模使用的成功经验。小灵通业务极大地推动了中兴在 1999～2004 年的快速发展。

3G 时代（美欧中齐头并进）：多种标准在不同地区跨国界并行是 3G 时代的一大特征。欧洲主导设立的 3GPP 组织，开发出 WCDMA 的 3G 标准，是全球基站覆盖率最高的通信制式。美国则主导成立 3GPP2 组织加以竞争，推出了 CDMA2000。2000 年，由中国大唐电信主导推出的 TD-SCDMA 标准被 ITU 确立为 3G 主流制式，2009 年初，工信部正式颁发 3G 牌照，我国进入 3G 周期。

WCDMA、CDMA2000 和 TD-SCDMA 这三种主流通信制式都收获了一定的市场份额。网络设备快速增加到十几家，最主要的包括诺基亚、爱立信、摩托罗拉、华为、阿尔卡特、朗讯等。欧美市场 2004～2005 年进入 3G 网络建设高峰期，中国市场 2009 年后才全面开展 3G 网络建设。中兴、华为的市场份额在 3G 年代快速提升，叠加国内市场规模的快速增长。华为于 2014 年成功超越爱立信成为行业第一。

3G 时期，中国政府就开始在政策和研发经费上给予大力支持：

2004 年 7 月，信息产业部、发改委、科技部向国产 3G 联盟划拨 7 亿元专项资金用于支持国产标准的研发。

2006 年 1 月，信息产业部确立 TD-SCDMA 为国内标准，并要求三大运营商在当年上半年建设完成商用建设网。随着国内 3G 网络大规模建设的启动，运营商资本开支也自此开始了高速增长。

2010 年 4 月，3G 发牌政策落地后，工信部《关于推进第三代移动通信网络建设的意见》提出：推进 3G 网络建设向县城、乡镇、高速公路和风景区纵深发展。通信网络继续延伸触及长尾用户，运营商资本开支总量韧性持续。

虽然中国已经能够制定 3G 时代自己的通信标准，但从进度上看，中国在 3G 时代仍然落后欧美市场。2009 年 1 月，国内 3G 频谱分配与牌照发放完成，三大运营商在 2009 年 3 月进行试商用，中国电信于 2009 年 4 月正式商用。对比国际进程，同年全球首个 4G 试商用网络已在瑞典展开。3G 时代中国通信网络落后国际先进水平整整十年。

4G 时代（中国实现突破）：在 WCDMA 高度覆盖的基础上，全球运营商纷纷决定采用 LTE 作为第四代通信标准。在 4G 周期中，中国逆转了长年在标准制定领域的弱势，实现了在国际通信界话语权的突破。2013 年 2 月，中国移动 TD-LTE 的试商用在国际 4G 标准制定 5 年后展开，时间上领先于年底的牌照发放。不同于 3G 时代牌照发放与正式商用之间仍然存在着若干月的准备与试验期，在通信基础设施建设与运行完备的背景下，发牌后运营商立即开展正式商用。

4G 时期，中国政府投入了更多的资源支持：

2012 年，发改委等八部委起草“宽带中国”战略：大规模建设移动通信网络与推进光纤入户。运营商资本开支在 TD-LTE 发牌后依旧保持着高速增长，政策带来的设备采购潮使得资本开支增长韧性持续。

2015 年 5 月，国务院办公厅《关于加快高速宽带网络建设推进网络提速降费的指导意见》强调：适度超前建设高速大容量光通信传输系统，持续提升骨干传输网络容量。在移动网络基本搭建完成后，运营商以扩容为主，同时为下一轮通信网络建设升级蓄势储能。

中国能否赢得先机

同 3G、4G 时代一样，各国政府都高度重视 5G 通信技术的发展，特别的是，4G 时代和此前 1G 到 3G 的一点重要区别在于，由于标准进一步地统一化，设备商同质化竞争加剧，叠加金融危机的影响，运营商资本开支压力较大，设备商之间发生了数起大规模收购案，形成了华为、爱立信、诺基亚和中兴的四大设备商的局面。中兴、华为在国内份额不断提升，同时积极抢占海外市场份额，全球整体市场份额稳步提升。这一点也让各国的政策制定者看到了通信技术的代际变革对于全球科技市场的重要影响。

中国政府也并不例外。2013 年 2 月，工信部、发改委和科技部共同成立 IMT－2020（5G）推进组。2015～2019 年，国务院、工信部陆续在出台的规划中强调 5G 的发展。目前，我国已经将 5G 商用步伐作为 2019 年重点工作之一。同时地方各级政府高度关注 5G 进程，多地政府出台了支持 5G 产业落地的行动计划或规划方案，有的地区对 5G 基站建设提出了明确目标。截至 5 月 30 日，我国已有广东、江西、天津、上海、重庆、武汉等发布了 5G 商用基站建设目标，已公开的 5G 基站目标建设数量达到 53.22 万个，全国 24 个省份已经打通 5G 电话，意味着这些省份已经具备支持 5G 手机接入端到端 5G 网络能力。

由于中国政策制定者的重视，不仅在建设方面，在 B2B 等应用场景方面，也为 5G 建设大开绿灯。例如 2019 年 3 月 29 日，工信部部长苗圩表示，5G 技术未来最大应用之一是车联网，已与交通部长达成共识改造公路。这种政策高度的协调一致性是其他政策制定者难以达到的。

目前看，韩国在全球 5G 发展中赢得了先机。早在 2016 年，三星电子、爱立信、诺基亚、高通、英特尔等多家设备商和芯片商与韩国 KT（韩国电信公司）一起，为 2018 年平昌冬奥会制定了 5G 技术规范，内容包括了 ITU 和

3GPP 对 5G 的技术要求和关键技术。在 2018 年 2 月 9 日举办的韩国平昌冬奥会上，通过 5G 技术推出了包括同步观赛、360 度 VR 直播、互动时间切片等 5G 相关应用，大大提升了观众的观赛体验。

韩国政府在 2018 年 12 月 1 日全球范围内第一个推动 5G 频谱。此后在 2019 年 4 月 5 日，当地的通信运营商正式开始了 B2C 的 5G 商业服务，三星推出了 5G 版本的 Galaxy S10 手机。韩国政府和通信运营商承诺将在 3 年内建设一个全面的全国 5G 网络，计划在 2019 年下半年开始全国商用部署 5G 网络，同时推出具备 5G 毫米波工作频段的智能手机。

在用户的猎奇心理和运营商积极的营销下，韩国 5G 手机一度销售火爆，但这一态势随后有所冷却，核心原因在于：

第一，网络质量问题，特别是在部分尚未铺设 5G 网络地区，用户在转换回 4G 网络时会有明显网络问题；

第二，缺乏 5G 专属的杀手级应用，目前看，运营商推出的应用主要集中于视频、游戏、VR/AR 等，用户仅仅是体验更快的网络，而韩国的运营商目前在 B2B 的商用领域并没有取得任何突破性的进展。

但无论如何，韩国仍然是全球发展 5G 网络的先锋。根据韩国科学技术部披露数据，截至 4 月底，韩国的 5G 用户数已经达到 26 万人。

5G：为什么是现在

5G 商用牌照发放的时间和节奏领先市场预期半年左右，为什么中国政府会选择在这一时间点发放 5G 商用牌照？有一种观点认为，中国政府推出 5G 是为了通过加速推进建设，以对冲经济下行，但这种观点并不准确。

与此前的四代移动通信技术不同，中国政府在 5G 建设中将采用更加高效的建设模式，以减少运营商重复建设的浪费。中国政府在 2014 年成立了专门的铁塔公司。在 2015 年铁塔公司通过“现金 + 增资”的方式，与三家运营商进行了存量铁塔资产的交易，同时引入新的股东；2018 年 8 月，中国铁塔公司在香港 IPO 上市，成为年内最大的中资企业 IPO 项目之一。由于市场普遍对中国在 5G 时代的资本开支抱有较高预期，中国铁塔公司上市后也受到了资本市场的青睐，市值一度超过 3000 亿港币。因此可以预计，中国政府在 5G 相关建设开支上，将相对自律和有节制，并不存在所谓的刺激经济一说。

我们认为，5G 商用牌照的发放节奏超预期，一方面表明，5G 产业链相关配套快速成熟，已经具备商用的基础；但另一方面更加重要的是，也表明了中国政府对于发展 5G 产业的决心。

美国目前 5G 相关进展偏慢，中国 5G 科技全球领先。虽然 5G 概念已经在美国国内的各大媒体风靡一时，但整体看，美国仍然处于 5G 发展的初级阶段，美国的四大通信运营商中，目前看只有 Sprint 在 5G 方面有所作为。

Verizon：已经启动了今年计划推出的 30 多个超宽带移动 5G 市场中的首批几个，率先在明尼阿波利斯和芝加哥推出商用 5G，但目前的市场评论表明，尽管 5G 数百 MBps 的速度确实令人印象深刻，但基于 28GHz 的移动 5G 网络市场前景较为有限。

AT&T：网络性能增加。根据 Ookla 最新数据，得益于 5G 的推进，AT&T 网络速度在 2019 年一季度增长了 15%。虽然现在还不是真正的 5G，但该公司承诺将于明年在全国范围内覆盖 5G 网络，目前在 19 个城市提供 5G 服务，并计划推出三星 Galaxy S10 5G。

Sprint：5 月开始推出 5G 商用计划，计划 2019 年二季度在 9 个城市推出 5G 网络，覆盖约 1000 平方英里。Sprint 的服务利用了 2.5GHz 的频谱，因此，应该比 Verizon 和 AT&T 的毫米波覆盖范围更广。目前看，Sprint 有望在美国的 5G 网络建设中抢占先机。

T-Mobile：目前仍在全国范围内拓展 5G 覆盖，主要基于 600MHz 频谱，预计将是美国四大运营商中最晚推出 5G 服务的一家。

整体看，与其他市场的运营商不同，美国四大通信运营商在 5G 相关的资本开支上态度谨慎，2020 ~ 2021 年全年资本开支也将基本与 2019 年持平，而其中亦有相当大的比例是与现有的 4G 投资相关。

美国发展5G网络当前遇到一些问题，中频频谱不足是5G发展面临的一个重要障碍。亚洲的监管主体，包括中国、韩国和日本，都已经向运营商分配了中频频谱，这类频谱通常低于6Ghz，这将成为全球主流的5G频谱。考虑到毫米波的传播问题，预计24～28Ghz毫米波将主要起到辅助作用。但美国目前正在进行的频谱拍卖主要聚焦在毫米波上，中频频谱拍卖的时间仍不确定。

得益于近年来技术水平的快速发展，中国科技企业对于5G已经做好了准备，根据专利分析公司IPlytics的最新研究数据，截至2019年3月，全球5G专利申请数量排行中，中国以34%位居榜首。紧接着是韩国，占25%。

我们可以以华为为例，来考察中国科技巨头的技术储备。根据华为2018年年报披露信息，华为在研发方面投入超过了1000亿元人民币，在《2018年欧盟工业研发投资排名》中位列全球第五，仅次于韩国三星、美国Alphabet（谷歌的母公司）、德国大众和美国微软。正是在科技研发上的持续不懈投入，才能够铸就华为作为中国科技领军企业的护城河。华为方面表示，自2009年起着手5G研究，已经累计投入20亿美元用于5G技术与产品研发，是全球唯一能够提供端到端5G商用解决方案的通信企业。华为共向3GPP提交5G标准提案18000多篇，标准提案及通过数位居全球首位。

华为已经在多个主要国家5G应用上取得了重要进展：例如瑞士Sunrise 5G将于三月启动商用；Rain联合华为发布南非首个5G商用网络；华为与沙特电信签署5G Aspiration项目合同；印尼最大移动运营商Telkomsel与华为签署MoU；华为与德国盖尔森基兴市签署智慧城市合作MoU等。从华为2018年年报披露数据看，华为当前已经有接近一半的收入来自于海外，其中欧洲、中东、非洲占28.4%，亚太占11.4%，可以说，华为已经可以将成熟的技术输出到全世界。

至今为止，在5G商用领域，华为已在全球30个国家获得了46个5G商用合同，5G基站发货量超过10万个，居全球首位。

5G 将引领新的工业革命浪潮

与 1G 到 4G 的周期相同，5G 必然也将带动通信行业的大发展和大变革。由于全球统一标准建网，科技领先的通信运营商、服务商、设备商将势必在全球通信市场中赢得一席之地，例如历史上的摩托罗拉、诺基亚、爱立信、高通，以及后来的中国中兴、华为，但这并不是 5G 对世界经济格局最大的影响。

与 2G/3G/4G 周期不同，5G 时代将能够创造出新的应用场景，在 5G 三大应用场景中，增强型移动宽带更多的是补强 4G 时代的移动互联网络，是对宽带接入场景的升级，用户体验将更快捷更流畅，因而能够衍生出更多未来的消费场景，例如 VR、AR 相关的游戏娱乐等应用。

这一点从中国广电同样获颁了一块 5G 商用牌照可以看出，未来广播电视行业有望受益于 5G 技术对于现有宽带接入场景和移动互联网的升级，创造出更具吸引力的娱乐模式，进而吸引消费者。根据国家广电总局披露数据，中国有线电视行业用户规模在 2015 年达到 2. 36 亿户的高峰后，已经连续三年下滑。一方面，有线电视行业在电视大屏上面临着来自电信运营商和互联网视频网站的竞争，另一方面，更多的还面临着手机移动终端的竞争。

在获取 5G 牌照之后，中国广电行业有望通过超高清视频等新的娱乐方式，为用户提供更高质量、更具吸引力的内容，从而再次将用户拉回到电视机前。此外，广电行业的电视大屏资源是重要的入口之一，也具备相当多移动端没有的优势，预计未来也能享受到万物互联通信和超高精度通信的红利。

但我们认为，在升级、补强 4G 移动互联网络方面，5G 的作用并不算是革命性的。5G 网络的广度和精度也拓展出了其他两大应用场景，大规模物联网通信能够将更多终端接入网络，代表性的应用场景包括：物联网、区块链、智慧农业、智慧城市、能源互联网、智慧家居、远程控制等；超可靠低时延通信能够大大提升通信的精度，代表性的应用场景包括自动驾驶汽车、智能电网、远程医疗、工业自动化等。

以智能驾驶为例，基于车联网的智能驾驶是物联网最重要的应用场景之一，对于无缝覆盖的要求极高，此外要求网络延时低，移动性好。而5G在时延上将从4G的10毫秒缩短到5G的1毫秒，性能提升了10倍；在移动性能上，4G获得指定服务质量，收发双方间获得的最大相对移动速度在350Km/h左右，而5G能够提升到500Km/h，提升了1.43倍。因此，5G能够成为自动驾驶领域技术的关键推动者。更为重要的是，随着越来越多的汽车接入互联网，自动驾驶汽车的数据将使全球无线通信流量在目前水平的基础上增加40倍，根据Shutterstock数据，今天iPhone用户一个月产生的数据量级在1GB～2GB，而2050年的智能汽车一小时产生的数据量就是40TB，相当于3300年的iPhone用户产生的数据量，而将这么多的数据高速传输，只有5G能做到。

再例如远程医疗，由于5G通信技术满足超可靠低时延特性，对于无线内窥镜、超声波等远程诊断，实施健康跟踪，包括医疗机器人等依赖于设备终端与患者交互的新型设备而言，反馈的高敏感度、低网络时延和不间断联接至关重要，这只能通过5G技术来满足。

综合来看，5G最重要的应用是工业级和企业级应用，其重要性不亚于一次新的工业革命。任何行业都能够通过5G提升效率。一些行业得益于5G技术能够衍生出新的应用场景和商业模式，进而可能引入新的竞争者。

中国5G市场规模将领先世界

虽然韩国等小型经济体可能在5G的商业化进程中领先中国，但从市场规模上看，中国仍然将是5G最大的市场，中国拥有全球数量最多的通信网络消费者，也拥有最为多元化的产业格局，从而能够为5G相关的工业级和企业级应用提供试验田。以4G为例，根据Gartner披露数据，亚太地区占据了全球约60%的4G连接数，远超北美和西欧发达市场的总和，其中，来自中国的市场占据大头。而据全球移动通信协会（GSMA）预测，到2025年，全球5G连接数为 14 亿，其中中国占 4.6 亿，超过北美和欧洲的总和，位列全球第一。

全球的通信服务相关提供商都不愿丢失掉中国这一重要的市场。因此，在中国政府宣布发放 5G 商用牌照后，高通、英特尔、爱立信等均先后表示，已经做好准备，将持续与中国科技产业生态合作，将全力支持中国 5G 的发展。

我们认为，得益于这一全球最广阔的消费者和工业级、企业级客户的市场，华为等中国的本土科技巨头有望凭借过去多年的研发投入壁垒，继续引领 5G 的创新与发展。在 4G 时代实现了从跟随到超越的跨越后，中国有望在 5G 时代继续引领全球，赢得先机。

（李海涛）

为什么要关注数字经济时代的社会问题[①]

美国的失业率在2018年11月达到3.7%，是过去50年的新低，也远低于过去70年5.8%的均值。但美国各界对机器和技术取代工作、导致失业的担忧，却空前高涨。

这个具有讽刺意味的现象，体现了一个深刻的规律，就是技术作为改变人类命运一个最重要的力量，从来都是以机遇、挑战和不定性结合的方式呈现给世界。

从数千年前直到18世纪中叶，世界人均收入几乎没有增长。是几次技术革命，让人类从“孤独、贫穷、丑陋、粗暴、短暂”的生存状况（霍布斯）提升到了空前的繁荣。但技术和创新带来的经济进步，本质上是一种生生不息的变化，“从来不恒定，将来也不会”（熊·彼特）。如何拥抱和驾驭技术，使其带来的机遇和福祉能惠及所有的人群，同时保护劣势群体应对变化，成为人类最大的机遇和挑战（罗默）。

伴随几次技术革命诞生并一起成长的现代社会科学，其一个核心使命，是研究和推动解决技术带来的社会问题。亚当·斯密奠定了通过市场协同劳动分工、实现经济增长的理论基础，卡尔·马克思关注劳动分工对工人生存状况的影响，韦伯进一步探究工业社会异化人性的“铁笼”。

① 2019年1月24日，财经网。

如果说自然科学研究的是生产力，则社会科学研究的是生产关系。后者指的是对技术应该如何影响经济、商业和个人的研究。历史告诉我们，没有合适的生产关系，生产力将无法得到充分释放。社会对技术渗透和影响经济、商业、生活的机制和过程，犹如一个黑箱，所知甚少。其结果，是在如何拥抱技术的讨论中，往往无法区分事实、猜想和焦虑，争议甚多。

在这个背景下，罗汉堂于2018年6月应运而生。其愿景，犹如其学术委员会（包括6位诺贝尔奖经济学家）所宣布的，是结合学术思想和实践洞见，研究数字技术如何帮助实现社会的共同利益，并建立广泛的研究社区，聚合共识和力量，为解决新问题提供新范式。

2019年1月24日，罗汉堂将在瑞士达沃斯世界经济论坛发布《数字技术和普惠性增长》报告，以中国实践为范本，总结了数字技术和普惠性增长的关系以及对世界，尤其新兴国家的借鉴意义。

与此前的技术革命相比，数字革命有两个根本不同：一个是数字技术普及的低门槛。全球已经有超过42亿的人使用互联网。即便低收入国家中，超过60%的人有了移动手机；另外一个是数字化信息的低使用成本和非竞争性。和石油不同，数字化信息可以低成本地使用无数次。

这两个特征对普惠性增长有深远意义。现有的经济发展水平不再成为数字技术普及的关键要素。中国作为一个中等收入国家，已经有超过12亿的网民，其网络消费无论从规模还是占社会零售的比例，都领跑世界。2011年，中国和美国的移动支付分别为150亿和83亿美元；到2017年，中国移动支付体量已经超过22万亿美元，是美国的100多倍。

从参与者和受益者的角度看，数字技术能够成为普惠性增长的重要推动力。在消费侧，生活在偏远和低收入地区的人群，他们网络消费占零售的比例并不比更先进的地区的人群更低，而他们网络购物品类的丰富度，则大大超过了发达地区，而且落后地区的网购增长更快。在供给侧，仅仅在淘宝平台上，就有上千万的小微和初创企业活跃，其中一半创业者是女性。这些企业，因为其数字化信息可以帮助鉴别风险，在创业早期就获得了不需要抵押品的贷款。这在以往是一个不可思议的现象。仅仅蚂蚁金服的网商银行，在过去 3 年中就为超过 800 万家小微企业提供了无抵押贷款。

从帮助劳动者拥抱技术的角度看，让超过十亿的用户掌握数字技术最有效的方法，不是提高教育水平，而是降低技术在各个应用场景的使用门槛，让用户边用边学。不到十年时间，中国江苏省沙集镇，通过创业农民之间的互相学习，从一个没有制造业基础的贫困地区，转变成了中国家具电商产销第一镇，展现了知识传播、边用边学的巨大潜力。中国农村户籍人口从事电商的数据表明，电商创业者不但比其他创业者收入翻番，而且小学或者初中文化程度的电商创业者，其收入甚至可以赶得上大学程度的非电商创业者。

数字技术还从根本上改变了企业与市场的边界，催生了第三种机制——双边数字平台。数字平台不是一家企业，而是一个融合经济和社会的生态体系，消费者和小微企业都同时既是数字信息的用户，也是生产者和受益者。运营平台的企业通过提供数字技术的商业基础设施，能够赋能平台的各参与方，为有效的交换、协同提供了无穷的可能性。

中国在普及数字技术应用上的进步，还归功于政府和市场各司其职，有效协同。中国政府大力发展数字基础设施，并且构建了良性、鼓励试错的政策环境。数字经济则主要由市场创建和推动。

用我们经常联络的数位诺贝尔奖经济学家的话来说，数字技术的发展可能带来“惊人的普惠性”。同时，这些技术也带来了新的挑战，例如隐私保护和数据治理。在寻找答案的同时，我们不妨回顾亚当·斯密揭示的市场经济的真义：“我们之所以有晚餐，不是因为屠夫、酿酒师或者面包师的仁慈，而是因为他们追逐私利。”市场看不见和看得见的手的共同探索，可以解决食品安全问题和产品质量问题，相信也可以解决隐私保护问题。另外，技术带来了新的挑战，也带来了新的解决方案。将诸如脱敏、加密和多方安全计算等技术和用户许可流程结合，可以缓解很多与隐私相关的问题。

技术革命的发展史从来都是一部焦虑史。在世界为数字技术可能带来的未来担忧的当下，研究中国十几亿人运用数字技术的实践具有积极的意义。

和中国一样，很多新兴国家都在面临电力、计算机和数字技术几重技术革命的千年不遇的叠加机遇。它们可能会沿着与发达经济体截然不同的数字化道路发展。一种新的数字时代的发展范式正在形成。这种范式数据驱动，小规模、低资本，通过普惠的生产和协同方式，唤醒全球人力资本和消费者的无限潜力。

1620 年的时候，弗兰西斯·培根倡议科学研究应该基于一种新的范式，即基于采集的事实来判断。用今天的话来说，这叫数据驱动。每一次技术革命都带来了新的增长范式、新的社会问题以及社会科学的新发展。数据驱动下的研究能力和前沿实践的结合，正在重构思想的产生范式。这都要求我们继续探索用新的方法和能力，共同研究这个时代面向未来的社会问题。

（陈　龙）

第六章

拥抱智能化浪潮

从过去的“+互联网”到如今的“互联网+”，最重要的变化在于人工智能技术的兴起与成熟。不管在工业或是生活中，人工智能都能够带来翻天覆地的改变。智能商业、无人驾驶、智慧医疗、智慧零售……人工智能能够打破传统的生产、消费生态，为企业和消费者带来全然不同的智能体验。在这个即将来临的智能化时代，传统企业如何进行技术升级、新兴企业怎样走向风口，都是商界精英非常关注的问题。对于中国而言，最重要的则是主动拥抱智能化浪潮。

人工智能迎来第三次浪潮[①]

人工智能的第三次浪潮正在到来。

从产业政策看，人工智能已经成为国家战略。为应对新科技革命和产业变革的影响，2015 年国家便确定了五项工程和十大产业领域，并在《关于积极推进“互联网 +”行动的指导意见》里，明确提出将人工智能作为重点布局的 11 个产业领域之一。在随后的《“互联网 +”人工智能三年行动实施方案》中，人工智能作为通用技术，大部分时候与互联网技术混淆在一起。

2016 年，有关政策开始把人工智能作为推进智能制造的重要工具。直到 2017 年 7 月，国务院出台《新一代人工智能发展规划》，标志着人工智能作为通用技术在新科技变革中的作用越来越明显，并得到广泛的认可。同年 12 月，工信部发布三年行动计划，科技部公布新一代人工智能创新平台，中科院成立产业发展联盟，一些高校成立人工智能学院，一些城市开始建立人工智能产业园区……新一代人工智能的产业生态开始逐步完善和成熟。

从产业变革角度看，人工智能正带来颠覆性的影响。根据一份研究报告，当无人驾驶技术开始全面普及，现有 20% 的家庭轿车存量就可满足所有人的出行需求，80% 的家庭轿车可以封存。基于计算机视觉和机器学习的智能驾

① 2018 年 5 月 1 日，《商界评论》。

驶或者无人驾驶技术，将彻底改变汽车产业的制造和商业模式。与特斯拉、蔚来汽车等企业不同，百度、地平线、驭势科技、图森等行业颠覆者，将以全新的方式为用户提供更加舒适和独特的驾驶体验。

当前，人工智能产业在基础层、技术层、应用层都出现大量创业企业。在基础层，地平线公司主打智能芯片，获得了大量风险投资；在技术层，科大讯飞依托语音识别，成为国家第一批人工智能技术创新平台；在应用层，视觉识别、智能机器人、智慧医疗等行业发展迅速，一些创新的解决方案正在形成。在独角兽榜单上，旷视科技、依图科技等强势崛起。

未来，人工智能将以智能产品的形式展现在消费者面前。智能技术开始向产品或服务转化并快速向其他领域融合渗透。智能硬件从可穿戴设备延伸到智能电视、智能家居、智能汽车、医疗健康、智能玩具、机器人等领域。随着新一代人工智能技术的深入应用，汽车将会进入无人驾驶时代，成为一个智能移动终端。

如果把人工智能的应用领域区分为生产和消费两端，目前在消费端的产品更丰富，方案更成熟，主要集中在金融、医疗、教育、安防、自动驾驶、个人助理、电商零售等与人们生活息息相关的领域。但在生产制造领域，人工智能对于制造业转型升级的引领作用还未显现。国内一些企业打造的智能制造平台，号称是区别于工业 4.0 和工业互联网的“第三极”。

在制造环节，未来随着人工智能在机器视觉、语音识别、自然语言识别等方面不断突破瓶颈，工业机器人技术及其应用将更成熟，精度和柔性更高的工业机器人将会被应用在制造过程的各个环节之中。不同于简单的流水线装配，机器视觉系统根据自己的“所见”来控制机器人轨迹。

人工智能技术在制造领域的渗透使得知识与技能的产生、获取、应用和传承将从以人为主体变为人机协同，最终以智能机器为主体，其效率得以发生根本性变化，制造业创新能力因而得以极大提高。

在新一代智能制造范式下，制造过程与研发、供应链、用户等各个环节能够实现高度协同，改变过去价值链各环节的“孤岛”状态，从而更高效地组织生产，更精准地适应用户需求。但人工智能作为一项通用技术，只有同时在生产和需求两端发力，把人工智能应用于智能工厂，不断打造智能生态，才能彻底改变中国制造的现状，真正把中国制造推向全球价值链的制高点，引领全球产业变革。

（滕斌圣）

人工智能、工业革命与制度①

2017 年 7 月 8 日，国务院发布《新一代人工智能发展规划》。9 月初，俄罗斯总统普京在谈及人工智能时表示，人工智能技术发展引发了“难以预测的巨大机遇和威胁”“谁能成为这一领域的领先者，谁就是未来世界的统治者”。在普京的眼里，人工智能不仅是重大战略机遇，而且是俄罗斯存亡的关键。

迄今为止，在人类历史上，所有技术革命，所有创新性、革命性技术的产生和重大发展，都是从市场上产生出来的，都是企业家们创造出来的，都是市场优胜劣汰的最后结果。大力推动人工智能，这个大方向是非常正确的，但是我们要关心的是怎么做：是用计划的方法做吗？历史的教训和经济学的道理告诉我们，计划的方法做不出来。计划的方法充其量就是跟在市场的后面走，自己走不远。

此外，在关于人工智能和制度的辩论中，有一种重要观点：人工智能可能是新一代计划经济的技术基础。例如，人工智能很重要的一个应用是在金融领域。如果机器可以决定投资，那是否意味着部分计划经济？这涉及一个非常重要的基本问题：机器收集和处理的信息来源是什么？计划什么是有效率的？计划什么是低效率的？计划的界限在哪里？

① 2018 年 6 月 4 日，财新网。

下面我首先要解释，中国发展人工智能面临的最重要问题是制度，而不是一揽子技术问题。因为国民经济的整体状态的重要性超过一两项技术是不是全球领先。为了讨论这个问题，让我们先来看一些数据。

2016 年麦肯锡做了一次调研，发现中国的劳动生产率仅为经合组织（OECD）国家平均值的 15% ~30%，也就是说中国的劳动生产率比发达国家低很多倍。

以上我们看到的是劳动生产率低下。在比较完善的市场经济中，低劳动生产率伴随着低劳动力成本。但是，许多文献表明，中国的劳动力成本反常地高。经济学人智库的分析显示，2016 年中国单位劳动力成本高于美国和西欧。牛津经济研究院的调研结果表明，2016 年中国劳动力成本仅比美国低 4%。另一个计算方式是按照单位劳动生产率，也就是说，如果我们在中国和美国制造同样的产品，中国的劳动力成本比美国贵。

劳动力成本非常贵，是不是意味着中国的工人拿钱太多了呢？并非如此。中国的家庭收入只占中国 GDP 的 1/3 略强，为世界最低之一。世界上大多数其他国家，家庭收入占本国 GDP 的比例在一半以上。换言之，中国的工人并没有拿钱太多。

劳动力这么贵，工人却没多拿钱，成本压在企业身上，企业也没拿到，因此是国家拿走了。政府的财政收入增长率连续 20 多年超过 GDP 增长率，如今仍然如此。

工业革命的负面教训

一个流行的看法是，大数据和人工智能在引领下一轮工业革命。这一看法是有道理的。在人类历史上，国家之间拉开巨大的距离产生于工业革命。新一轮工业革命会进一步拉开国家之间的距离。

但是，工业革命的影响并非在所有方面都是正面的。我们也需要非常冷静地回顾过去历次工业革命带来的负面教训，这些教训都来自对新技术的滥用和高估。一些知识分子误认为人类有能力认识一切，误认为人类有能力掌控社会所有的方方面面，进而误认为人类有能力知道所有人的福利是什么，有能力安排所有人的福利，有能力帮助人类安排所有的技术变化和生产。

与工业革命相伴随的对技术的滥用和误解还有另一个重大负面作用，那就是对环境的破坏。

现在大数据和人工智能来了，我们应当吸取以前的教训，关注滥用大数据、滥用人工智能带来的危险。当前，有一些科学家已经发出警告，但是他们大部分讨论的是基本的道德问题，机器人会不会残杀人类。我更想强调的是另外一类问题：技术与制度的关系，市场和计划之间的关系。

当人们误认为科学技术万能，误认为某种万能的技术可以取代甚至颠覆人类文明千年积累下来的制度和人们对制度的认识，灾难就会接踵而至。比如一些政府或者垄断性的大公司，试图利用他们掌握的大数据控制社会、取代市场，这不仅会从根本上阻碍技术进步，更可能给社会带来巨大灾难。

大数据、人工智能作为新兴工业革命的基础

在没有能力处理的情况下，大数据本身并没有太大的重要性，其重要性在于它是一部分人工智能发展的基础。不光是中国、美国以及俄罗斯政府重视，世界上几乎所有的发达国家也都高度关注人工智能的发展，其原因就是现在各国政府已经清楚地意识到，人工智能是一场全新的、目前处在起步阶段的第四次工业革命的基础或者核心部分。这场工业革命引发的后果包括无人工厂、无人服务，可能是前所未有的超高效率，同时也可能引发大量失业。

在前三次工业革命中，人类最重要的资源是原材料，是能源，也就是地球上的自然资源。随着人工智能的发展，大数据开始变成了一种基本资源。一大类的人工智能用数据训练机器。因此，有数据才有训练，才有智能；没有数据就没有训练，就没有智能。数据越多，量越大，资源也就越大。于是，大数据逐渐成为和原材料、能源并列的基本资源，但是这一资源本质上不同

于其他的基本资源。在此之前的资源大多是天然的，而大数据是人造的，自然资源越用越少，数据却越用越多。人造的资源就意味着这一资源的性质、质量和数量都取决于其被制造的环境。

在人工智能中，所谓智能的核心部分是算法。早在20世纪50年代，科学家就开始了这方面的探索。“人工智能”这个词、算法和其他想法，甚至一些指导性意见是几个创始人在1956年的一次会议上确定下来的。其中，重要的奠基人之一是经济学家赫伯特·西蒙教授（1916—2001），1978年诺贝尔经济学奖得主，他既是经济学教授，也是计算机和心理学教授。确切地说，人工智能从诞生之日起，就是这三个领域的联合产物。

在各种算法当中，如今应用方面发展得最突出的，是所谓的人工神经模型。这种模型使机器可以在人的指导下学习，包括所谓的深度学习。人工智能另外一个普遍使用和探索的方法是统计算法。无论使用深度学习还是统计算法，都必须有大量的数据。这就是为什么大数据是人工智能的基础。

人工智能的基础是计算能力。在过去的半个世纪里，计算速度和存储能力基本上每两年提高一倍。现在，超强的计算能力使得无论基于哪一种算法的人工智能，在某些领域里机器都可以超过人类，而且远远超过人类。

以上概括了为什么人工智能的基础是大数据。那么，大数据本身的技术基础是什么？这是一个关键问题，因为弄清楚大数据的技术基础，能帮助我们了解人工智能可以做什么、不可以做什么的界限。

大数据的核心是收集、传输、存储和处理所有可度量的数据。度量的技术基础是传感器（包括录音机、摄像机等）和移动设备。通过这些设备检测到具体数据，通过互联网、物联网传送和集中，形成大数据。这里，传感器的“可度量”是大数据的关键所在，它决定了人工智能可以做什么、不可以做什么。另一类大数据是利用历史上积累的大量文献，其中包括各个学科积累的文献，比如图书馆里的文字、图形、音频、视频记录，供机器学习分析。

所有可以通过传感器和移动设备度量的数据，都可以收集、传输和存储，但可度量是非常重要的技术条件。任何不可度量的对象，都无法变成数据，机器也就无法处理。

在应用方面，目前人们认为最有前途的是所谓深度学习，用大数据训练机器，让它产生识别、推理和规划的能力。实际上，从开始创造人工智能学科起，人工智能就包括规划。在英语里，规划和计划是同一个单词 planning。从事工程的人和其他非经济学者，往往会把这两个概念混同一团，把规划的概念混作为计划经济。

人工智能就是用机器模仿人的推理和规划。在科学领域里，研究人的推理和规划的学科叫作决策理论（decision theory）。它在很大程度上是经济学的一个部分。从这个角度讲，人工智能和经济学讨论的对象是相似的。但是，经济学讨论的是人的推理和规划，人工智能讨论的是让机器模仿人的推理和规划。

人工智能和大数据的科学技术基础

所谓深度学习是一种算法。这种算法从刚一产生就和经济学的决策理论紧密联系在一起。设计者要为人工智能或者机器人规定其目标，在经济学和人工智能里都称之为目标函数，也就是机器人要干什么，“活”在世上图什么。从分析的角度看，在追求其自身的“目标”方面，机器人与经济学家讨论的自然人的行为相似，都是在一系列约束条件下，寻找并执行达到其目标最大化的途径。

为了认清人工智能，我们必须区分人的智能和人工智能。我们必须清楚地知道，关于人的智能，经济学家对此的认识极其有限。这本身就决定人工智能的界限。经济学家可以把人的目标抽象地写成某个函数，但并不真的知道人的真实具体目标是什么，什么因素影响其目标。比如，人的目标是为了愉快或者满意。但是否满意，多么满意，什么因素影响了满意的程度，这些只有每个人自己知道，经济学家不知道，任何计划者也不知道。因此，对于经济问题，人们通过市场可以找到使自己满意的安排。相反，在没有市场的计划经济里，由于无法得知人们的基本信息，也就无法设计出使人们满意的结果。对于任何能运作的机器人，设计者必须确切规定机器人的目标。表面上看，人们对机器人的目标知道得很确切，实际上，这个“知道得很确切”本身就意味着机器人与自然人的基本差距。

此外，人的智能产生于人的生理和心理感知，以及人收集的信息。早在20世纪50年代，赫伯特·西蒙教授在讨论人工智能时，就提出了“识别”这个概念，它是今天人工智能的核心。早在那个时代，人们就已经把识别区分为“冷识别”和“热识别”，并有过激烈的辩论。所谓“冷识别”就是机器能够识别的，而所谓“热识别”是人带着感情的识别，是机器学不来的。另一对相关的基本概念是硬数据和软数据。所有可度量可传递的数据就是硬数据。和硬数据对立的是软数据，即无法用机器度量、无法传递的数据。当我们讨论人工智能是基于大数据训练出来的时候，必须要知道存在热识别问题和软数据问题。

人的智能里有一个基本部分——直觉。直觉是基于人对硬数据和软数据、冷识别和热识别的综合，以及经济学家无法确切描述的目标而产生出来的一种高度抽象的、非逻辑的理解。它依赖的数据不但不可度量、不可传递，而且如爱因斯坦所述，直觉本身是无法描述的。

可见，人的智能和人工智能之间有一道鸿沟：人工智能的基础是人造的确切目标，依赖的是可度量、可描述、可传递的数据。但生物科学告诉我们，有一系列的人的生理感知是无法度量的，比如嗅觉、味觉、性欲等。在没有数据的领域，人工智能的界限清楚可见。

下面让我举一个简单的例子——嗅觉。酒是一个大产业，好的品酒师很贵。而且，可靠的品酒需要请一群品酒师。为什么？因为我们无法度量每个人的舌头对酒的感觉是什么。生物科学的原理告诉我们，嗅觉无法度量，即传感器做不出来。跟嗅觉的道理相似，气味也是无法度量的，也无法制造气味的传感器。所以，科学决定了人工智能或机器人只能是没有嗅觉、味觉，也就是说，一定没有人的最基本的欲望和最基本的感觉。

除了上述的一部分直接的生理内容，还有大量的心理感觉，它们更复杂，而且都不能度量，比如喜爱、喜悦、厌烦、痛苦、抑郁、贪婪、野心，从好到坏，从有趣到无趣等。在生理和心理内容不能度量的情况下，机器人只能通过收集的数据，在某些方面模仿或推测人在一定场景下的偏好，这与人的真实偏好存在质的差别。

如上所述，在无法靠度量得到人类偏好的原始数据时，对人工智能的社会训练通常使用的方法是借助文字刻画某些方面的数据的内容，或者观察某个行为，比如把人们在各种情况下的行为录下来，然后用机器识别各种各样的人类行为。运用这样的方法，今天我们看到，在一些具体领域里，机器人呈现出令人吃惊的模仿和推测能力。但是这些“学习”来的模仿和推测是有局限的、静态的，学习的是过去。只要场景变化，这些模仿和推测都会失效。

总之，深度学习最终很难涉及人类智能的原始基本要素，因为人类大量的基本感知无法度量。而没有这些基本感知，机器就不可能通过学习产生和人相似的感觉。到目前为止，设计任何人工智能的机器设备或者机器人，第一重要的是它的目的是什么。由于上述原因，机器人的目的无法通过深度学习获得，而只能由设计它的人分配给它。这个目的在技术上被称为目标函数。

换言之，迄今为止机器人只能是由设计者为它设置有限范围的目标函数，而设置的目标函数必须定义很窄，而且限于短期和静态。经济学和社会科学告诉我们，人们在科学上无法确切描述人的普遍目标。因为人类无法确知面对不同事情不同场景时的目标变化。于是，人们无法为机器规定普遍的目标函数。同时，因为机器人没有人的基本感知。于是，人们也无法指导人工智能，通过学习产生与人相似的普遍的目标函数。总之，设计者分配给机器的目标函数不是人的普遍目标，也不能代替人的目标函数。人们可能会以为，人工智能或机器人可以读报纸，读杂志，读手机上的微信，并据此进行推测。但是，大数据和人工智能能够达到的水平是受到其依赖的科学原理限制的。哪怕是在一个完全自由、开放、安全的社会里，人类的文字表达和语言表达也只是人类复杂的方方面面感觉的一个部分。从文字、语言、图像的大数据里推断出来的内容，是片面的、有歧义的、依赖于特定场景的。

人工智能创始人、诺贝尔经济学奖得主西蒙当年提出了“有限理性”这个概念。这是至今影响经济学发展的最基本概念之一。“有限理性”承认人的认识和推理的片面性、不完备性，甚至自相矛盾。有限理性决定了机器人执行人分配给它的目标函数，不可能比自然人做得更好。

总之，由于感知的不可度量性，我们没有办法训练机器人本身产生它自身的偏好或动态的目标函数。同时由于有限理性，我们也无法为机器设定普遍的目标函数。所以，深度学习的人工智能只限于模仿人在已知环境（场景）里的行为。因为它赖以学习的是已知环境中收集的数据，一旦脱离了训练它的环境，没有原始动力的人工智能就丧失了基本能力。

人工智能革命将集中在可明确规定目标的任务方面

一旦有了清楚规定的目标，通过机器学习，人工智能的计算和存储能力可以大大超过人类。比如下棋，无论多复杂的棋，目标都很简单，就是赢对方。与此相似，开车、开飞机、开船，目标都同样简单，就是安全到达目的地。为此，需要知道目的地，需要知道路线，不能撞人等。还有，根据规定的目标，设计机器人制造产品，包括成体系地制造产品，达到制造业的全面自动化。当工厂里只需要很少的人或者没有人时，经济学和管理学讨论的企业内部的激励机制问题就消失了，因为激励机制问题是人的问题，而机器没有自己的激励机制问题。就此而言，这会是一场真正的革命。

在一些领域实现部分或全面自动化时，一些职业可能被人工智能代替。其中包括助教、助研、金融分析助理、医生助理、律师助理、军事助理等。最近几年美国的许多机构做过许多有趣的实验。例如，在美国很好的大学里，IBM 的机器人“沃森”（Watson）与真人一起做同一门课程的经济学助教。在只用网上辅导和回答问题的条件下，一个学期之后，学生分不出哪个是真人助教，哪个是机器人助教。机器人助教与真人助教相似，可以聊天、开玩笑、解题等，但是面对真正的挑战性问题时，它必须依赖教授决定。也就是说，大主意还需要人来拿。

依据已经取得的成就，最乐观的预测是人工智能最终可能或者基本可以自动进行规划和执行企业与军事方面的多数任务。其中企业方面包括制造业、服务业、物流业等。在军事方面，俄罗斯总统普京曾说将来的空战将被无人的机器统治。他说的可能是对的，因为空战的目标具体、简单，与下棋极其相似。

但是，人工智能不能做的是什么呢？国民经济以及超出企业的经济任务它不能做。原因在于，无人企业的目标简单，就是利润。但是，国民经济的目标函数是国民福利。利润与国民福利有本质不同。与之相似，军事任务的目标简单，就是打胜仗；而经济任务的目标是追求国民福利，这两者本质上不同。

国民经济不仅仅是工厂，也不仅仅是提供服务。国民经济是满足每一个人的需求。经济学上讲的术语“福利”，指的是社会上所有个人的利益的总和。上文已论证，人工智能的机器人无法知道社会上所有人的利益是怎么回事。所以，面对人和人之间的关系时，需要人来解决。人可以用机器帮助分析，但机器不能解决人之间的问题。

有人说现在大数据如此发达，它把每一个人的情况都摸透了，每一个消费者的情况都摸透了，用如此发达的大数据是不是就可以帮助我们知道社会福利函数，从而建立一个前所未有的新式计划经济？既然摸透了所有人的利益，可以做出完美的计划，市场经济的各种弊病也就能解决了。但是，这样的论述严重地自相矛盾。

消灭市场就破坏了人工智能计划经济赖以工作的基础

上文在讨论人工智能的时候，已经谈到，使人工智能可以工作的第一步是收集和处理数据。数据从哪里来？是从市场上收集来的。如果把市场消灭了，数据来源也就不复存在了。如果从今天起，把全世界的技术冻结，只重复生产以前生产过的产品，在这个背景下，用计划经济解决生产和分配问题，是可以做到的。但是，我们现在讨论的是技术不断变化的世界，是不断有新产品发明的社会。在此条件下，如果机器人取代了市场，就意味着社会从此进入了静态。任何高度集权的机器都不可能跳过市场，仅凭人工智能掌握消费者对新产品的需求行为。也就是说，消灭市场的那一天，就是消灭数据的那一天。这意味着，试图用人工智能建立计划经济与人工智能得以发展的基础自相矛盾。

所谓高度集权的机器是指搜集一切数据的政府或大公司，比如阿里巴巴、腾讯收集的消费者在市场上的选择行为数据。在市场制度下，基于这些数据的人工智能将大显身手，会帮助市场有效运作。但必须注意的是，在市场收集到的消费者行为数据离开市场即失效。消灭了市场，这些数据就不再反映消费者需求，除非技术、商业都不再变化。因此消灭或削弱市场就破坏了人工智能赖以工作的基础。人的需求产生于人的生理和心理感知。实际上，任何一个个人都并不事先知道自己对已有产品的需求，而是见到它以后才有反应。人的需求是高度动态和高度不确定的。因此，不可能单纯依赖收集到的大量数据，计算出将来的产品，甚至是不存在的产品需求。离开了市场的计划必然失败。

更重要的是，如果用人工智能的计划经济取代市场，这个经济无法解决创新问题。创新涉及严重的激励机制问题。发明者、创新者往往都是缺乏资金的人，他们的资金来自市场上的风险投资。为什么是风险投资，而不是中央计划，不是政府，不是银行，也不是证券市场？因为没有人能知道那些人的发明和创新意味着什么，没有人能承担创新带来的风险。风险资本是市场制度的一部分。此外，做风险投资的人有高度的直觉，是有观察力、有经验、有判断力的天才人物。

是否有可能训练一个机器人，通过深度学习，达到比风险投资人还要厉害的程度？这是不可能的。为什么？因为投资人做判断的时候，有大量直觉产生于人的心理，包括他自己的心理和他对企业家心理的判断。由于这类数据也属于上文提到的“软数据”，而软数据的意思就是有信息、没数据、不能表达，所以这些数据无法度量。

上文我们已经讨论过，人类的智力活动涉及大量直觉。在任何领域中，最有创造性的内容都是直觉。一个人是不是天才，关键在于有没有直觉。技术能力是可以教授、训练出来的；而直觉无法度量，无法训练教授，也无法传递。正是因为直觉无法度量，没有数据，不能表达，所以我们无法训练机器人产生直觉。试图跳过市场，想象将来的技术高度发达，可以取代市场，这是自相矛盾，根本不可能的。

离开了市场的环境，单靠人工智能无法解决创新中的激励机制问题。任何高度集权的机器都不可能跳过市场，仅凭人工智能解决创新创业中的投资问题。因为创新创业的想法产生于个人的创造性、创造能力、心理和生理感知，具有高度动态和不确定的特点，而且核心的内容不可度量（其中只有极其有限的方面可以度量以及可以收集数据，比如风投、私募收集的数据，创新创业者在市场上的表现等）。

制度对创新的影响，在人工智能领域与在所有的创新领域一样。全球人工智能领域的人才集中产生在市场的环境中。领英发布的《全球人工智能领域人才报告》显示，截至2017年第一季度，全球人工智能领域的技术人才190万，其中中国5万（10年从业者占38.7%），美国85万（10年从业者占71.5%）。

制度深刻影响大数据、人工智能的发展

人工智能可以发展到什么程度，取决于传感器、算法和数据。但是，数据本身深受制度影响。如果制度能够充分保护人的言论自由和隐私权，人们的表达就会比较充分。但是，一旦人们知道他的隐私权不受保护，表达就会留有余地或者会自我保护。于是大量数据是得不到的，即使能得到也是不真

实的。于是，同样的技术在不同场景得到的数据可以大不相同。

侵犯隐私权的主体有两大类：一类是政府，一类是具有垄断地位的大公司。我们知道美国联邦政府出于反恐的需要从谷歌和苹果拿数据，但这两家公司坚决抵制。如果站在反恐的一面，你会认为这两家公司没有道理，但是它们坚持的是基本原则，关系到全社会对使用数据和信息的态度。站在公司的角度，能够保护个人隐私的是好公司，将来这个行业才有可能发展。从全社会的角度来说，只有保护隐私，整个社会的运作才是正常的，这是整个社会的底线。如果政府控制了数据，那么后果就是政府与公民的关系、政府与企业的关系、政府与社会的关系全部变成另外一种情况。大数据、人工智能是把双刃剑，可以对社会造成巨大破坏。这和过去的技术发展是把双刃剑的道理是一样的。大数据的发展不一定在所有方面都是有利于社会的，取决于谁在用，用在什么地方，用来做什么，怎么用等。

如果具有垄断性质的企业控制了数据，不受限制地利用数据，也可能对社会造成巨大的伤害。

现在欧盟国家正在试图起诉并限制谷歌和脸书，原因就是担心这种垄断性质的企业拿到数据之后，会不会造成重大负面后果。因为人工智能还在发展中，如果不未雨绸缪，一旦人工智能在数据的基础上发展出对社会的重大负面应用，那么整个社会经济的竞争状态将发生变化。如果人工智能的能力集中在一两个有垄断能力的企业手里，整个社会的状态就会改变。市场经济的竞争也就不再是通常意义上的竞争了。

人工智能的发展也深受制度的制约。人工智能可以走多远，也严重受到制度的制约。人工智能的发展会引起新一轮大规模的自动化，比如无人工厂、无人车队、无人飞机队。但是，它们会不会在社会中普遍出现？这不仅是一个纯技术问题，也是一个社会问题，更是一个制度问题。因为当它出现之后，会淘汰一大批企业，有大量的人会失业。

比尔·盖茨曾经做过有关讨论，他提出了一个有趣的想法，向机器人征税。他说把每一个机器人当成一个人，你雇佣了机器人，机器人就需要付所得税，用所得税补贴给失业工人。作为一个原则他是对的。不补贴失业者，自动化一定会引起社会冲突，导致社会混乱。

自动化不但不一定能改进社会福利，而且可能破坏社会福利。大量的人失业，严重的贫富不均，这种不平等会导致尖锐的社会矛盾。而这种不平等是因为在技术发展之后，制度没有相应地跟上。

总之，制度影响大数据和人工智能的发展，同时大数据和人工智能自身的发展又影响制度。当人工智能普遍应用之后，全社会的生产方式会发生变化，资源配置也会发生变化，这反过来会影响制度。人工智能会影响全社会的效率，影响产业结构，由此影响制度。因此，任何国家，如果在大数据和人工智能方面落后，也会导致它的制度跟着更落后。

（许成钢）

智能商业，生产力优先[①]

科技革命推动产业变革，智能商业时代加速到来。当前，受困于全球经济发展动力不足，经济增长进入瓶颈期。

中国制造也是如此，企业盈利水平不断下降，传统增长模式难以为继。

面对生产力的停滞，各国都想通过新科技，提振本国的产业竞争力。一般认为，以大数据和人工智能为代表的新一代信息技术，是此次新科技革命的主要通用技术，通过不断与传统经济融合发展，可以打造新的经济增长动能。

但各国的发展战略侧重点不同，即使同一个国家，也有不同的路径之争。

面对外部环境的变化，企业智能化战略的重点不应是“自上而下”的，去迎合国家战略，申请示范项目等。要认识到，“机器换人”也好，智能制造也罢，初衷都是提升产业生产力。

以“无人零售”为例，最终是要提升便利店的经营效率和效益，而不仅仅是追求人脸识别等 AI 技术应用的场景。人工智能等新的通用技术必须发挥其产业渗透性，与生产制造、企业经营等深度融合，帮助实体经济提升生产力，并推动智能化转型。

从目前发展现状看，新一代智能技术要实现与实体经济的深度融合，还

① 2019 年 4 月 1 日，《商界评论》。

有很长的路要走。对于未来的发展战略，存在 3 种不同的范式，政策重点、技术路线、生态系统等各不相同。

第一种范式是信通院推动的“工业互联网”。从政策层面看，国家发布了推动工业互联网发展的战略规划、示范项目及行动计划。从技术路线看，工业互联网强调数据的积累和共享，以云平台作为基础，推动工业设备的标识化，以数据分析为基础提升产业的运营效率。围绕工业互联网，形成了致力于标准化的工业互联网联盟，海尔的 COSMOPlat、三一重工的树根互联等都是典型代表。

第二种范式是中国工程院的“智能制造”。致力于打造新一代智能制造模式，包括产品、生产、服务三大系统，智能制造云和工业智联网则是两大支撑系统，最终目的是打造智能制造生态去提升生产效率。在政策层面，有智能制造规划和相关行动计划；从技术层面看，推动数字化制造、数字化网络化制造、数字化网络化智能化制造等融合发展模式。国内企业做得较好的是数字化制造，在智能化制造层面，成功的案例不多。

第三种范式则是腾讯推动的“产业互联网”。近年来，随着电商发展速度回落，互联网发展的重点从生活消费领域转向产业领域，腾讯力图把产业互联网和消费互联网融合起来，实现智能运营和个性化生产，强调服务于实体经济，是赋能而不是颠覆，作为数字化助手，帮助制造业提升生产率，是互联网巨擘可以贡献的价值。

目前，发展范式的差异在业界引发了一些思想混乱，直接的反应是“造词”或者“玩概念”。众多的范式确实增加了不确定性，给企业推进智能化转型升级造成困扰。一些企业因此悲观，感觉无所适从；另一些企业盲目乐观，动辄要以较小的代价实现“弯道超车”。

以工业互联网领域为例，有人判断通用电气的 Predix、西门子的 MindSphere、海尔的 COSMOPlat 已经构筑了新工业“三足鼎立”格局。其实，历次工业革命的经验说明，技术范式的出现总是此起彼伏，主导技术的形成存在某些偶然性。在当前阶段，不应小觑任何后发技术的跃迁可能。

然而，当前智能化改造还存在 3 种不确定性。

一是需求的不确定。智能制造、工业互联网、物联网能够给企业带来什么，能够给消费者带来什么，大家都在摸索。

二是收益的不确定。智能化改造、建设工业互联网等都需要大量的投资，制造业本来利润微薄，无力进行数字化投资，尤其是工资水平不高，难以吸引到优秀的人才。

三是合作的不确定。一般认为，未来只有平台型企业和附属企业两种，那么依附于工业云平台的制造业企业将失去数据的主导权和所有权。如何构建一个公平合理的价值共享机制，对所有参与者都是一道难题。

（滕斌圣）

智慧医疗：破解“铁三角”困局①

医疗保健领域存在“铁三角”困境，任何医疗卫生系统或政策都很难实现医疗准入、成本控制和医疗质量的同时提升。而日渐成熟的智慧医疗，能够从需求、供给、准入、支付这四个维度改变现有健康服务的提供链条和决策机制，能够破解“铁三角”困局。本文提出了四条突破性举措。

从宏观格局看，整个医疗产业可通过四个维度进行考察——需求、供给、准入和支付，这四个维度共同构筑了一个完整的医疗服务链条和价值实现周期，即患者的医疗需求通过一定的准入渠道从供给方获得满足，再全部或部分通过第三方实现支付。在传统的医疗服务体系内，需求通常产生于患者出现症状（一般在显性化之后），然后通过信息和物理的准入到达供给方。供给方通常为医疗机构或药店，它们会对患者的信息或数据进行判断并给出解决方案（即治疗或处方），提供服务。患者最后根据供给方报价全部或部分通过第三方支付（不同形式的医疗保险）进行支付。但是，传统的医疗体系存在问题。美国耶鲁大学教授威廉·基西克（William Kissick）1994 年在他的作品《医疗的困境：无限需求和有限资源》（*Medicine's Dilemmas*：*Infinite Needs versus Finite Resources*）中曾提到过一个著名的“医疗铁三角悖论”，基本观点是，每个社会都有它们希望在医疗保健领域同时追求的三个目标：医疗准入、

① 2019 年 2 月 1 日，《哈佛商业评论》。

成本和质量。但是由于一定时期内每个社会的医疗需求是无限的，而医疗供给则相对有限，因此上述三个目标在现实中经常相互竞争，好比一个等边三角形，每个目标都是一个角，每个角都是60度，如果你扩大其中一个角，比如提高医疗准入，至少会影响另外两个角中的一个，如带来医疗成本的增加或医疗质量的降低，而提高医疗质量则会带来医疗成本和（或）医疗准入的提高。结果是，任何医疗卫生系统或政策都难以同时实现全部三个目标。这就是“医疗铁三角悖论”带来的治理困境，长时间困扰决策者。当然威廉·基西克的铁三角概念并不是绝对的，三重目标也可以同时实现，只不过同时实现特别具有挑战性，需要突破性创新思维。本文认为，作为相对于传统医疗的一种突破性创新方式，智慧医疗（Smart Healthcare）可在很大程度上帮助改变整个医疗产业的格局并打破原有的医疗“铁三角”困局。

智慧医疗兴起

智慧医疗（Smart Healthcare）是最近广受关注的专有医疗名词。它以互联网为依托，基于大数据和人工智能，同时借助社交媒体、远程医疗、移动医疗等信息交互模式，利用最先进的物联网技术，通过打造健康档案区域医疗信息平台，实现患者与医务人员、医疗机构、医疗设备等的零响应时间互动，逐步达到信息化。广义的智慧医疗由三部分组成，分别是智慧医院系统、区域卫生系统和家庭健康系统；狭义的智慧医疗则专指基于大数据和人工智能的医疗管理体系。

智慧医疗最先由IBM公司2008年于“智慧地球”战略中提出。对于智慧医疗的兴起和发展，可大体归纳为三个方面的原因：第一，技术的发展，即支撑智慧医疗的基础技术体系包括基因排序、大数据、穿戴设备和人工智能等在近年内发展迅速并日益完善；第二，现实的需要，因为许多国家的医疗服务体系都面临着严峻挑战，比如高昂的医疗费用、不可持续的医疗费用增长、沉重的慢性疾病负担、效率低下的医疗服务体系、不断提高的健康需求与有限的供给间的矛盾等，这些挑战促使很多国家和政府不得不重新思考新的医疗模式；第三，资本市场的推动，资本市场以其资本分割的标准性、资本流动的充分性、交易的统一性、成本的低廉性、评估的客观性、产权的明确性、信息的公开性、运作的市场性等特征而使智慧医疗资源迅速实现优化配置。

鉴于上述原因，智慧医疗目前已在世界范围内受到广泛关注并快速发展，而且智慧医疗在现有医疗体系中的不断尝试和实施还在潜移默化地改变医疗体系本身，如2015年美国提出精准医疗（Precision Medicine），希望通过整合分析基因数据、环境数据和个体生活数据来有效预防控制及治疗肿瘤和糖尿病等疾病。2016年，中国也宣布把精准医疗纳入新的五年计划，投入的科研经费高达600亿元人民币，在40多个开展精准医疗计划的国家中投资规模最大。在企业层面，很多大型制药企业和医疗器械企业也已意识到这一趋势，均在积极通过投资、合作、收购等方式与新兴的技术企业和研究机构合作，为未来进行提前布局，比如2016年药明康德与华为合作，共同打造了中国首个精准医疗大数据云平台——明码云，用来储存和运算海量医疗数据，助力中国的精准医疗计划。而新兴的技术企业，比如晶泰科技则计划通过量子力学、计算化学和人工智能技术来缩短药物的开发周期，为制药企业节省巨额开支。

此外，不少新兴的深度学习应用也将医疗服务作为一个极其重要的场景，以期解决现实紧迫问题，如卡耐基梅隆大学教授主持创立的分布式机器学习平台公司Petuum，致力于将人工智能、机器学习的技术应用于医疗行业，研发新的模型和算法，让庞大复杂的数据产生价值。当然，要实现智慧医疗，还需要商业上的创新和整合的平台，因此，近年来中国出台了一系列政策帮助收集数据、推动整合平台的形成。在这种背景下，2017年北京大学健康医疗大数据研究中心筹备建立了“中国健康医疗数据共享平台（China Medical Data Sharing System）”，不仅整合了来自科研机构的个体研究数据，还整合了来自制药企业的几万例临床试验和上市后的药物观察个体数据。

智慧医疗的兴起为“铁三角”治理提供了新思路。本质上看，医疗铁三角之所以形成，根源在于医疗需求的无限性和医疗供给的相对有限性这对矛盾。在传统的医疗体系下，这对矛盾基本上不可破解，但是如果导入智慧医疗体系，则有望帮助改变整个医疗产业的格局并打破原有的医疗铁三角困局。智慧医疗所涉及的是整个医疗产业在需求、供给、准入、支付这四个维度的服务模式和决策机制，通过从四个维度改变现有健康服务的提供链条和决策机制，智慧医疗未来将在现有投入要素不变的情况下，通过改变服务周期和提高效率来实现整个系统的优化，进而实现医疗准入、成本控制和医疗质量的同时提升，为破解医疗“铁三角”困局提供方向。

破解“铁三角”困局的四条举措

如前所述，要同时完善医疗准入、医疗成本和医疗质量三大目标，破解“铁三角”困局，必须首先破解医疗需求的无限性和医疗供给的相对有限性这对矛盾，而这需要利用突破性创新思维，依托几个关键的技术体系在医疗需求、供给、准入和支付领域进行应用，以求多点突破。

1. 全方位起点收集健康信息，增加预防性和及时性，同时基于大数据进行医疗需求挖掘和决策支持，从需求端寻求突破。正如我们此前提到在传统的医药产业链条中，医疗的需求起点是症状的发生，包括患者发现自身症状而产生的治疗需求及由此带来的一切后续产品、服务要求和支付行为。但是这种传统的医疗体系是一种非常昂贵和低效的模式，不仅易使患者错过预警期，还往往导致过度治疗；而且疾病形成之后的治疗成本极高，由于现代社会的医疗费用很大程度上由第三方即社会保险或私营保险来负担，因此这种模式还会带来巨大的社会成本，从而拉大医疗需求无限性与医疗供应相对有限这对矛盾。

伴随基因科学的迅速发展，人们对疾病与个体基因以及基因变异之间的关系有了更深的认识；同时，人们还认识到除整体环境因素外，个体的生活习惯等也与健康状况息息相关，都与疾病之间存在内在的联系。所以，对于一些重大疾病（如肿瘤）和长期慢性疾病，如果能在疾病发生之前认识到这些关系并有效介入，在疾病发生时通过基因分析高效地为不同患者提供治疗方案和药品，提高药品有效性并减少副作用，同时在疾病治疗后的维持期进行有效的疾病管理等，对患者而言将最大程度地避免疾病治疗所带来的痛苦，对整个社会而言则会节约大量社会成本，控制医疗费用。正是基于这一核心理念，个体化医疗（Personalized Medicine）和精准医疗（Precision Medicine）应运而生。

个体化医疗和精准医疗的基础在于大数据支持。在医疗领域，大数据主要由以下四个方面的具体数据构成：①临床数据，包括电子病历、电子处方、医学影像；②基因组数据，比如基因序列；③行为数据，包括穿戴设备数据和社交媒体信息数据；④功能公共卫生数据，例如地区流行病学数据。对这几方面的数据进行有效整合与分析就可以对个体健康需求进行深入挖掘，从而形成具有预防性、控制性和个体化的健康供给决策。另外通过对大数据进行分析和利用，可对个体健康的潜在需求作进一步识别，从而在疾病形成和症状出现前介入和干预。这就是将传统医疗中症状出现后的治疗需求提前转化成预防性和控制性的医疗需求，并根据个体数据本身的差异提供具有针对性的治疗。对个体以及群体健康需求进一步深入挖掘的最终目的是帮助健康供给方作出决策，即通过获得对医疗需求更清晰的认识和掌握来提高医疗供给的有效性和及时性，从而提供具有预防性、及时性、有效性和个体性的医疗供给。通过大数据分析对医疗的潜在需求进行及时的介入和满足，在合适的时间进行恰当的医疗介入，可以减少和避免在疾病发生后的医疗成本。

在广州举办的“2017财富全球论坛”上，许多与会嘉宾就曾指出，对于疾病预防，大数据分析加中西医结合是颇具潜力的发展方向。一些科技企业如飞利浦公司等，也正致力于打造预防性解决方案。目前飞利浦已在中国建立了一个创新平台，旨在通过中西方合作来了解疾病根源，从而进行有效预防。除此之外，其他公司如IBM、腾讯、阿里巴巴等，也在利用大数据、人工智能、远程医疗、移动医疗、物联网、在线支付等技术开展或尝试开展个体化医疗和精准医疗。这些探索均在客观上缓解了医疗需求无限性与医疗供应相对有限这对矛盾，从而从需求端帮助破解“铁三角”困局。

2. 基于人工智能探索医疗供给的效力和效率优化，从供给端寻求突破。人工智能，简单而言是指让计算机具有像人一样的认知、判断和决策复杂问题的能力。人工智能的基础在于一系列计算机技术，如算法机器学习、深度学习、语言识别、图像识别、人工神经网络、人工专家网络、模糊逻辑等。

在医疗服务的诊断领域，医学影像是医生进行诊断的最重要的依据，但是这类非结构化的数据数量庞大，过去的IT技术不能很好地识别、整合和分析这些数据。不仅如此，许多著名医学家还指出，医生的决策经常是基于经验、推测和惯例等，甚至只是出于习惯和便利。但是现在，人工智能可以有效利用其大数据分析能力，通过对海量数据进行有效分析建立模型，从而形成针对医学影像数据得出准确诊断的能力。2016年，谷歌公司的研究人员在《美国医学会杂志》（*JAMA*）发表了一篇题为《开发并验证一种深度学习算法通过眼底视网膜照片检测糖尿病性视网膜病变》（*Development and Validation of a Deep Learning Algorithm for Detection of Diabetic Retinopathy in Retinal Funds Photographs*）的文章。该研究通过对1.1万名患者眼底视网膜照片的检测形成一套算法，可以得出精确度达到99.6%～99.8%的预测值（Predictive Value）。这个结果证明，在此领域，计算机算法完全可以达到甚至超越眼科医生的诊断准确度，并在效率上全面碾压眼科医生。由此类推，在其他领域，医学影像的诊断也很有可能由计算机高效准确完成，从而为医生做出正确治疗决策提供科学支持。这种技术一方面节省了宝贵的医疗人工资源，提高了诊断速度，同时还由于它突破了空间限制，因此对部分医疗资源有限的区域，可以进行迅速补充。而且，建立在大数据基础上的人工智能诊断，伴随着数据的增多，对数据的分析和总结会更加全面，建立的决策模型也会更加准确，因此可以实现自身不断优化的良性发展路径。

在中国，腾讯近日正式发布了首个人工智能医学辅诊开放平台，宣布开放旗下的“腾讯觅影”辅诊引擎。“觅影”是腾讯第一次将人工智能技术应用在医学领域的产品，它具备AI医学图像分析和AI辅助诊疗两项核心能力，能够帮助互联网医疗服务完成智能化升级，是为医疗行业打造面向下一代智能医疗服务的超级大脑。人工智能在医疗供给领域的另一个实践是慢病管理和控制。目前，慢病管理的基础在于患者自身的管理和医生定期的管理，但前者取决于患者本身对于疾病的有效管理，这一点从实践的数据情况来看并不佳。2012年，美国由于患者不遵守医生的医嘱对自身进行有效管理所产生的额外医疗费用达到1005亿美元，约占美国可避免的医疗成本的一半。而通过医生进行患者的慢病管理虽然目前已经成为各国进行慢病观管控的共识，但同时也存在着供给不足和无法做到实时监控等问题，具体表现为，医生无法做到对每个患者的疾病情况随时监控并作出有效治疗决策。而基于可穿戴设备的医疗数据实时监控系统，为人工智能介入慢病管理奠定了基础。针对慢病明确的指标体系和相应的介入工具，则为人工智能在其中进行有效介入创造了有效的决策模型。这种介入既包括软性的介入，如行为提醒、用药提醒、风险提示等，也包括硬性的介入，如直接给药和治疗等。基于约翰霍普金斯大学的Emocha利用移动平台数据帮助病人提高遵医嘱的程度，在丙肝、肺结核和阿片药物（opioid）成瘾治疗上取得了显著成效。

2016年9月，美国食品药品监督管理局（FDA）批准了美敦力公司的人工胰岛素MiniMed 670G。该产品在经过半年的患者满意度调查后，于2017年下半年在美国正式上市。作为全球第一款人工胰脏产品，MiniMed 670G融合了可穿戴设备的数据实时监控技术，基于算法的人工智能平台以及胰岛素的输入装置。该产品可以根据人体血糖水平进行实时监测水平，在人工智能的平台上对实时数据进行分析判断并在需要时进行胰岛素注入人体以保证血糖水平的持续正常。与传统技术相比，该产品具有实时监控和及时介入的特点，可以更加有效地进行糖尿病的疾病管理。这个产品也是第一个人工智能与慢病管理类医疗器械结合的产物。在可以预见的未来，这类产品将会更多地出现。人工智能还会应用在医疗和医药的其他领域，比如人工智能可以在早期药物的筛选中提高成功概率，降低药品研发成本；人工智能还能在医院病房和手术室流程管理中进一步优化现有资源，提高医院资源使用效率等。这些都提高了医疗服务和产品供给的效力和效率。

儿科就诊难是中国就医难问题的突出体现，其主要原因是儿科医生资源分布不均、儿科医患配比严重不足。2007 年 10 月，阿里巴巴宣布和上海交通大学医学院附属新华医院合作探索建立智慧医院，合作协议中一个重要部分即搭建云儿科医联体平台，以缓解儿科医疗资源紧缺的现象。医疗是人类社会中最为复杂的领域，其涉及专业、人文、心理、经济、社会等多方面的复杂因素，正如美国医生特鲁多（E. L. Trudeau）的名言——“偶尔治愈，常常帮助，总是安慰（To cure some times，to relieve often and to comfort always）”，在整个医疗行为中，医生与患者互动的过程具有不可替代性，这是其他行业不能相比的。因此，短时间内由机器取代医生去给患者进行诊疗活动并进行直接互动既不现实，也不太可能。要想让电影《超能陆战队》里智能又贴心的医疗机器人“大白”出现在现实中，我们还需要耐心等待一段时间，不过这一天一定会到来。

3. 基于社交媒体和互联网设计医疗准入，推动资源有效分配，从准入领域寻求突破。医疗准入主要包括两类：一是信息准入，即消费者如何获取自己所需要的医疗和药品的信息；二是物理准入，即消费者如何得到其需要的医疗资源的供给并获得产品和服务。信息准入是物理准入的前提，患者只有知道了该去哪儿求医问诊，才有可能到达那里。

第一类：信息准入方面。传统的医疗信息准入模式是单向的信息搜寻或传播机制，即消费者通过朋友、熟人打听相关资源或通过其他媒介了解相关信息，或者医疗或药品提供方通过媒体来传递信息给潜在消费者。由于医疗的高度专业性，这类信息搜寻和信息传播之间就无可避免地存在信息不对称。患者所获得的信息未必是最适合其医疗需求的信息，而对于传播的信息，患者也无法进行有效甄别。至于传统的医疗物理准入，主要取决于空间距离，即距离医疗资源较近的地域就具有更加便利的准入条件。物理准入主要存在准入成本和资源分布不均等问题。与传统媒体相比，社交媒体（Social Media）是一种基于互联网的交互式信息创造和分享体系。由于具有互动性，社交媒体可以让此前互相隔绝的主体，如医生和患者，在同一个平台上进行有效的互动，并让患者可以通过多个信息渠道对其需要的医疗资源进行有效搜寻和评估，同时借助这个沟通平台进行决策。社交媒体的沟通对象是多元的，包括医生与患者、患者与患者、医生与医生这些不同主体之间的沟通。由于信息多元，沟通方便，社交媒体在医疗领域已经逐步深入地应用于患者获取、交流医疗信息，甚至开展医患沟通和在线准入。美国的患者社群（Patients Like Me）是一个让不同疾病患者可沟通的共享平台。在这个平台上，患者之间互相交流疾病的治疗经验和就医体验，获取信息来帮助自身作就医决策。同时，还有可让患者对医生进行搜寻和评价的 Zoc. doc、Health Grades 等网络平台。医疗机构和医生也充分利用社交媒体进行患者教育、招募临床试验志愿者和患者搜集以及医患沟通等工作。通过运用社交媒体，医患双方可以进行有效互动，降低信息不对称带来的决策成本，减少决策失误。在中国，也有类似丁香园等提供面向医生、患者、医疗机构、医药从业者以及生命科学领域人士的交流平台。在丁香园，有专业的医生团队为大众用户科普健康医学知识、提供优质的线上问诊服务、推荐靠谱的医院等。

第二类：物理准入方面。物理准入方面的关键在于让医疗突破空间限制，发挥其边际效益。物理准入的主要形式有远程医疗（Telemedicine）、互联网医疗（E-health）和移动医疗（M-health）。远程医疗（Telemedicine）侧重于空间概念，指的是患者与医生之间在存在一定空间距离的情况下进行的诊疗行为。这种医疗行为依托的信息沟通和传输工具不仅限于互联网，同时也包括其他电信工具。互联网医疗（E-health）侧重于工具概念，其主要依托的是互联网和相关的互联网技术，比如好大夫在线这个互联网医疗平台，汇集了优质权威医生，为患者提供网上看病、挂专家号、线上开药、买药、复诊、预约手术等全方位服务。移动医疗（M-health）则更侧重于平台概念，其重点在于以手机作为一个接入口，接入互联网平台之后，依托手机开展诊疗活动。

杏树林就是这样一家专注于移动互联网医疗应用软件开发的公司，它为中国的医务工作者提供基于智能手机和平板电脑的临床信息服务。

基于互联网的远程医疗和移动医疗可以有效改善医疗资源分布不均这一问题，提高患者医疗供给的准入和可及性。同时，由于基于互联的远程医疗和移动医疗还可以有效减少患者和医生的时间支出，因此成本也会极大地降低。但是从目前的具体实践来看，这种远程医疗和移动医疗仍在临床、法律等多方面存在一定争议，要大规模普及尚需进行大量探索，解决诸多问题。

4. 价值评估的医疗支付体系，增强支付能力，从支付领域寻求突破。传统的医疗第三方支付行为发生于患者疾病症状出现后的就医，伴随患者治疗过程的完成，支付过程也随即完成。在这个过程中，第三方支付依据患者在一个疾病治疗周期——症状出现、就医、处方及治疗过程——所获得的服务量来进行支付。这种支付机制让医疗机构将其工作重点放在如何提供满足患者医疗需求的服务量上（Volume-Based），形成以工作量为基础的支付模式，但是这种支付机制不可避免地诱导医疗服务提供者提供更多医疗服务。

大数据和人工智能技术的发展应用可以在此发挥作用。通过重新界定医疗服务的支付标准——从服务量到价值的改变，并利用人工智能的监控功能，有效地控制医疗费用的不合理增长。2016 年 8 月，微信就在深圳的 5 家医院试点医保推行移动支付，除了用微信挂号外，患者可以通过手机微信绑定深圳的金融社保卡，一键完成“医保 + 自费”的混合付，从此医保支付结算不再单一依赖线下刷医保卡。大数据技术的发展可以将医疗服务链条延伸到患者疾病症状出现之前，重新定义医疗服务的价值及其支付机制——从以治疗疾病为核心的支付模式过渡到以疾病有效管理和患者健康效果评估为核心的支付模式（Value Based Payment）。这种模式考核的重点在于医疗机构如何进行有效的健康管理。要实现这个转化，就需要医疗提供者掌握所服务患者的多种数据信息，如历史诊疗数据、基因数据、行为数据、流行病数据等，然后通过大数据分析判断所服务人群的主要健康风险和疾病诱因，进而通过疾病发生之前的有效健康管理来预防疾病的发生。针对治疗后的患者医疗机构可以通过对其日常数据的监控来及时了解患者的疾病情况，并进行有效及时的介入，最大程度地避免患者的再次入院。

在治疗方面，现有药品、器械和耗材的报销准入以及定价，更多地取决于药品和器械研发生产机构自身开展的临床试验和药物经济学数据；而引入大数据和人工智能则能对于医保的准入进行更加科学的分析和判断。同时，通过在治疗过程中对患者数据进行分析，可以对一种药品的有效性进行更加科学的大数据评估。人工智能还能通过分析、整合海量的患者病历、处方信息、医学影像、药品信息和药品使用过程中的反馈信息等得出用药结论，这种结论既可以有效辅助医生的处方行为，也可以应用到医保智能审核的系统流程之中，对临床合理用药进行有效管理，可让医疗支付变得更加科学、合理和有效。智慧医疗的前景令人憧憬，未来它或将与更新更热的技术例如区块链技术等相结合，催生更多发展机会，国家也会制定更加系统完善的政策来扶持并监管。但是目前，一些挑战依然存在，比如数据平台基础薄弱、用户数据隐私和安全问题突出等，解决这些问题需要大量探索和心理准备。

在中国，目前互联网巨头包括阿里巴巴和腾讯等已纷纷进军医疗领域，与各大医院合作开发人工智能辅诊助手，通过大数据和云平台打造智慧医院。仅仅短短几年，中国就见证了智慧医疗的迅猛发展，也在此领域获得了卓著成果，然而实践智慧医疗的道路依然漫漫，除了技术和商业模式上的尝试和突破性创新，我们也期待看到智慧医疗越来越多地在基层运用，真正做到“慧”及大众。

（孙宝红）

智慧零售先从小程序开始[①]

腾讯推出微信小程序两年，正在改变传统零售企业的“互联网 +”路径：不一定去淘宝开店，也可以利用信息化技术，直接提升线下销售效率。

随着零售软件服务市场的发展，那些创造商户价值的 SaaS（软件即服务）企业，有可能成长为中国市场的 Salesforce，其市值高达 1200 亿美元，提供按需定制的、通过互联网交互的 CRM（客户关系维护）软件。

原先，大型电商平台是中心化的，平台不但为商户提供流量分配，还提供技术支付等服务，但缺点是商户缺乏独立性，因流量来自平台，对平台形成依赖，而且较难为用户提供个性化、高品质的服务。

微信小程序的出现，响应了移动互联时代传统零售商的需求，尤其是那些具有一定市场和品牌影响力的实体商家，需要更好地与用户连接，而小程序恰恰提供最直接的、基于微信触达的方式。

用户不用下载任何 App，即可一目了然地掌握整个商场的情况，包括商户、促销、会员、停车等。对于传统零售商，是一种强有力的赋能。

同时，小程序也契合了新零售格局下社交化的趋势。

以微商为代表，社交化电商势不可挡。社交网络上每天产生近 9 亿笔订单。这些商户往往是典型的小微企业。它们有迫切的信息化需求，习惯于以

① 2019 年 4 月 22 日，评论悦读会微信公众号。

微信为工具和自己的客户交流，但又对成本极其敏感。这进一步催生了小程序提供商，采用 SaaS 服务模式，定位于微信电商工具，让商家有更多的自主权。

SaaS 是一种软件在线服务模式，最大的优势在于便捷性和低成本。美国的 Salesforce 开启了按需定制的软件服务，WINDOWS、SAP 等软件企业也紧随其后，向在线服务转型。

对于中小微企业来说，SaaS 是实施信息化的最好途径，不但节约了大量的资金成本，还能够根据自身业务需要，不断调整服务内容。

目前，小程序提供商有三类，微信加持的“腾讯系”、自媒体电商、实体零售企业小程序。

小程序对于腾讯来说至关重要，因为要籍此构建能与阿里抗衡的电商网络。腾讯系的优势在于直接嫁接流量，把“微信可以买东西”这种认知变现坐实，所以努力帮助小程序提供商推进“微信流量消费化”。

得益于腾讯，小程序市场规模增长很快，大悦城、永辉超市等实体商超的小程序，上线后表现活跃，日活激增，消费者日渐形成使用习惯。这吸引了越来越多的实体店面，参与到商场小程序的促销导购活动中。这形成了一种良性循环，使得小程序上的内容快速丰富，价值更大，黏性增强。

当然，微信小程序的总体成熟度还不够高，商业模式还不够完备，多数 SaaS 提供商还未实现盈利，行业还停留在吸引新用户阶段。

有批评的声音认为，小程序只是在线软件的变种，传统商户还没有花钱买软件的消费习惯，软件租赁收费的模式可能行不通。但从视频、音乐等其他领域的发展看，消费者还是愿意为品质买单的。只要小程序能够为商户和消费者带来更好的连接，小程序付费使用是完全可能的。

未来，小程序提供商要坚定开展 SaaS 服务，结合国内市场环境，完善商业模式。目标是利用多种信息化技术，为传统商户提供交付便捷、数据安全、低成本的软件服务，提升商家的管理精细化、业务流程化、决策智能化。

关键还看技术和创新能力，小程序厂商要想成为中国的 Salesforce，则需通过技术创新在软件付费之外找到更多的盈利空间，吸纳先进的人工智能、大数据技术，依托丰富的云产品和云服务，使小程序从营销向更大的服务空间转变，如挖掘商家场景数据流的价值，提供精准营销、会员服务、供应链金融等增值项目。像 Salesforce 创建 App Exchange 那样，获得更多客户，开发出更多协作和支持工具，与商家一同进步和成长。

回顾起来，微信小程序推出的时间点，恰逢阿里推出新零售概念，这隐含着两大巨头对未来商业的不同思考以及某种暗合。

如果说新零售（或者说智慧零售）是追求的结果，那小程序很可能就是一大抓手和急先锋，因为它以最小成本、最少麻烦、最低门槛，让传统零售商得以拥抱数字化科技的种种便利和好处。

这个赛道，技术、场景和用户基本到位，未来值得期待。

（滕斌圣）

第七章 新商业力量崛起

随着互联网企业的不断发展，传统商业领域产生了重大变革。“颗粒度经济”所追求的精准化、高效化、智能化，逐渐成为商业力量的重要武器。在各大电商的竞争中，规模化平台建设只是竞争的起点，用户积累不再是竞争的重点，提升品质、下沉渠道、内容经营、寻找差异成为电商备战下半场的主导思维。此外，除了线下门店积极发展线上平台的竞争趋势，互联网电商也在向线下市场发起冲击，“直播+”等新商业力量的崛起，让更多企业家看到了背后的商业价值所在。

颗粒度经济：精准时代的到来①

在物理学界，从牛顿力学走到量子力学是划时代的：量子论带给人们前所未有的冲击和震动。我们发现：当研究对象的颗粒度变小——从宏观、低速的质子到微观、高速的量子时，整个物理世界的理论体系和基本思想都需要彻底重构。而这场物理“海啸”带来的影响是积极深远的：现代文明的爆发，从电脑到激光，从核能到生物技术，几乎没有哪个领域不依赖于量子论。

无独有偶，商业世界似乎正在上演类似的故事。

第一个相似点是：技术基础设施的发展使得我们所把握商业要素的颗粒度越来越小。想一想硬件的发展历史：从大型机、小型机、微型机、手机，再到 IoT，就是一个设备不断微型化和去中心化的过程。这使得我们对信息的抓取和理解逐渐摆脱粗线条，变得更精细。今天这些无处不在的硬件就像渗透进商业系统毛细血管中的探测器，不断抓取和呈现高清、像素级的动态，使得我们有可能在“微观”层面理解商业世界的规律。

第二个相似点是：由于颗粒度变细，今天价值连接和创造的逻辑可以发生很大的变化，从而推动商业经济模式的系统性改变——对市场、产品、运营、竞争、组织的理解都不同于以往。如果说，这是一场发生在商业界的“海啸”的话，那么可以肯定的是：在海啸过后，我们可以期待商业走进一个

① 2018 年 11 月 15 日，《财经》杂志。

新的时代，在新的商业逻辑的指导下，各种模式会不断涌现，使各行各业焕然一新。

如果要用一个词来概括下一个时代的特征的话，我觉得可以叫做“颗粒度经济”。

颗粒度经济的本质

简单来说，“颗粒度经济”是在数字化技术推动下，基于“生产要素精细化”以及“运营流程准配化”而产生的新商业范式。这一新的商业范式不是在原有的逻辑和惯性下做价值的增量（量变），而是产生了价值重构和再造的空间（质变）。

“颗粒度经济”首先是基于对生产要素的改造：在数字化工具的帮助下，生产要素的颗粒度变得越来越精细。生产要素的精细化一直是推进经济演变和发展的动力。在工业时代，劳动力的专业分工（即劳动力的颗粒度）极大地提升了生产效率，增进了国民财富，对此亚当·斯密曾作过经典的阐述。走到数字化时代，生产要素的颗粒度化不仅仅停留在劳动力这一项上，几乎所有的生产资料都可以通过数字化的方式被精细化。

例如：通过众筹，资金可以被划分为极小的单元，从而能够高效率地将社会上的闲散资金聚集起来并盘活，个人手中的好创意也更有希望产生商业价值，变成产品。在技术端，组件化是近年来的一大趋势：通过定义标准化的界面，可以将技术切分为一个个小环节，从而更有效地加以协同，充分发挥规模经济和专业化的作用。在物资端，对物理和数据资产的描述可以做到越来越细致。比如汽车现在不仅仅是一个代步工具，还可以记录其位置、运行轨迹、车速、零部件状态等。货架上的一个商品，可以记录其实时价格、被拿起的次数、拿起后被购买的次数等。通过物理资产的数字化，可以产生巨大的信息空间。数据作为数字时代最重要的资产，其颗粒化、精细化的意义不言而喻，很可能成为引爆下一轮商业范式价值质变的核心动力。

“颗粒度经济”改造了生产要素的运营流程：也就是各个要素组合、匹配、协作的关系变得越来越准确、恰当。工业时代的劳动分工是单维度的——无论是产业链上的重组还是工厂内的流水线作业，都可以视为是一种线性变化，即“让专业的人做专业的事”。这是一种物理变化，因为每个环节本身并没有变，只是分配到更合适的位置，以期产生更高的效率。但是数字技术对信息的刻画却是多维的：时间、地点、特征、行为等。多维信息的匹配绝非简单的线性变化，而是网络协同，“在正确的时间、正确的地点，以正确的方式，向正确的人提供正确的产品/服务”。这是一种化学变化，因为每个环节本身已经不同以往：生产什么、什么时候生产、在哪里生产都成为了变量，组织模式也很可能需要随之转换。最终，各个要素以“准确匹配”为目标进行组合、匹配和协同，一旦形成稳定的商业和组织模式，就可能成就指数级的增长。

每个行业都值得重做一遍

其实可以看到，在“颗粒度经济”的愿景下，在很多行业都产生了令人瞩目的新商业模式。这些新星们倒不是“从无到有”地创造了新行业，而是无一例外地通过生产要素的精细化和运营流程的准配化，重新定义了所在行业，创造了新的意义。

我们来看一下，广告行业是如何颗粒度化的。20 年前广告的投放是“大规模轰炸”式的，以天价的“央视标王”为代表，期望占据最有影响力的渠道，从而覆盖到最大范围的人群。这是在“用钱购买一群人的时间”。今天，在今日头条等数字平台上的广告投放可以做到更加精准：根据个人在平台上不同的浏览记录，推送不同的广告信息。这样，每个人接收到的广告内容都是不一样的。这就变成了“用钱购买每个人的时间”——通过“定点爆破、精准打击”大大提升广告的有效性。广告信息越来越不像是令人扫兴的“打扰”，而是趋向于有趣、有所收获的信息互动。

出行行业是如何颗粒度化的？Uber、滴滴等出行 App 的出现和风靡，实际上是解决了对乘客、司机、出发地、目的地等信息实时数据化（精）和大规模动态匹配（准）的问题。过去，乘客在什么位置、想去哪里、司机在什么位置，这些信息都没有被数字化，所以是否能打到车、需要等待多久，这些基本都是概率问题。但是有了地理位置定位、出行平台、派单算法等技术的注入后，海量的位置、需求、供给等信息可以相互匹配，就能够实现动态网络的协同。随着算法不断迭代，可以减少乘车等待的时间，缩短司机空车行驶的距离，将出行效率提升到更高的整体水平。

教育行业也产生了一些向颗粒度经济发展的趋势。一直以来，最典型的教育场景莫过于几十个学生坐在一个教室里，聆听老师对于教学大纲内容的统一讲解。现在层出不穷的互联网教育在很多维度上打破了这一范式。第一，为什么一定要在规定的时间和地点接受教育？Coursera 等在线教育平台的出现打破了这一限制，通过同世界顶尖大学合作，在线提供免费的网络公开课程，学生们可以在任何时间、任何地点连接上网，学习感兴趣的课程。第二，为什么教育的内容一定是标准化的？每一个学生都是个性化的，有不同的心理倾向、学习风格、学习偏好、学习动机、个人特长等。现在我们有越来越多的手段和工具来对这些方面进行测量和评估，从而设计出教师应采取的教学方法、教学措施、学习内容、学习计划等。许多在线教育平台还能让学员自主选择不同教学风格的教师。所以对于教育行业来说，颗粒度意味着首先将教育的各个要素——时间、地点、内容、需求等——进行更精细的切割和描述，然后进行供需的精准匹配。这是朝着"因材施教"的教育理念更近了一步。

零售业又会怎么改变呢？过去的线下店——无论是百货商店、便利店还是大卖场——追求的都是位置和人流量。在店里，每个顾客看到的货架上的商品都是相同的，店家会选择最受大众欢迎的品牌以最大化销量。对顾客而言，他们一般会在固定的时间光顾商店（例如每周去一次大卖场采购生活用品）。现在日新月异的数字技术使得我们对于消费者、商品、消费场景的刻画越来越细致。比如说，对消费者的研究不仅仅可以细化到某一个细分市场，甚至可以到个人——每个人的行为、性格、所处的人生阶段等都是不同的。对商品的理解和运营也从“一批货”到“单个 SKU”的颗粒度，比如单个 SKU 被浏览了多少次、被哪些人浏览、库量和销量的波动趋势等都一目了然。除此之外，零售发生的场景也可以渗透到生活中的任何一个时间和地点。例如：亚马逊推出的购物按钮 dash，只要把这个塑料做的实体按钮贴在物品（如洗衣粉包装袋）上，每个按钮对应一种商品，按一下就可以从网站上订购这件商品。也就是说，购置生活用品不用像以前那样兴师动众地驱车去一次超市，而是可以随时、就地完成。零售的场景被切细了，细得每一个颗粒都触手可及。最终，人、货、时、地的匹配使得零售成为无时不有、无处不在的个性化体验。

以上例举了四个行业的例子，但其实颗粒度经济的原则是通用的，应用到任何一个其他的行业都可能带来颠覆性的变化。想想医疗行业，随着 DNA 测序成本的持续下降，当检测不再是奢侈品的时候，每个个体的基因信息被准确地描述，是否会开启一个“精准医疗”的时代？再想想工业制造行业，未来可能制造设备的每一个零件以及产品成品的关键零件上都会安装传感器，监测其工作状态、老化程度、产品被使用的频率等，这会不会彻底改变工业生产的逻辑，开启“精准制造”的阶段？类似的例子还有更多。或许，每一个行业都值得重做一遍。

范式转变与价值跃迁

颗粒度经济改变了什么？

不仅仅是各行各业涌现出新的商业模式，更重要的是这些模式背后呈现出的共性、系统性的变化——这是一场关于商业范式的转变。

从更长时间跨度的商业历程来看，颗粒度经济产生的背景恰逢我们整个商业社会从 IT 时代向智能时代跨越的交界处。而在不同的商业时代，商业逻辑的本质是不同的（见图7－1）。工业时代的逻辑是“规模经济”和“范围经济”，通过集中资源来获得成本领先和差异化的竞争优势。进入IT时代后，信息平台的建立能够连接起分散、点状的资源，释放了共享、长尾和去中心化资源的能量。于是，平台经济、共享经济等崭露头角，因为这些模式最大化地连接和利用了去中心化的资源。但是IT时代几十年来的发展还仅仅是智能时代的序曲，它在构建下一个时代的基础设施：算力、数据和算法越来越成熟。这些基础设施成就了今天繁荣的消费互联网，接下来其影响还会进一步渗透到生产端，带来产业互联网的发展。现在，智能时代的脚步离我们越来越近，商业逻辑的本质需要再一次转变，未来制胜的核心在于“精”和“准”。这意味着从根本逻辑上，我们要抛弃过去一味做大的惯性——工业时代是做大“规模”，信息时代是做大“平台”——而要转向做深、做透。把生产要素的数字化做深，将数字化要素之间的匹配、组合、优化做透。也就是在之前所提的颗粒度经济。

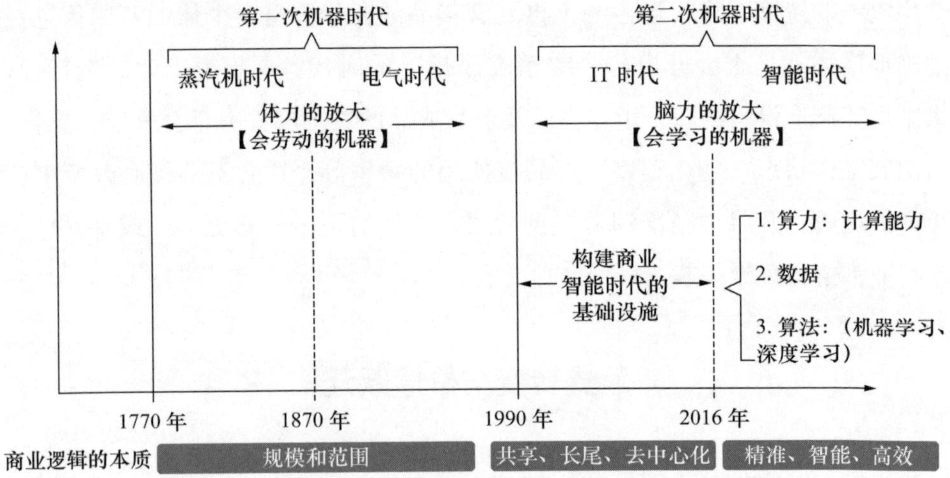

图7－1　不同商业时代背后逻辑的本质

资料来源：作者整理。

在产业层面，这会带来两大转变：价值的重构和价值的再造。

价值重构的动力来自于行业生产要素颗粒度的改变。由于一些生产要素的颗粒度变得更小了，会使产业链某些环节的价值空间受到挤压或放大。例如：零售行业过去是“渠道为王”，因为有人气的地理位置是稀缺的。但是今天发生的一个重要变化是：随着渠道被颗粒度化，零售发生的场景变得无处不在，不仅仅是线下店面和线上平台，还可能在智能穿戴设备上、无人汽车里、Amazon Dash 的点按间……于是占据“场”的价值就没有原来那么大了。同时，正是因为触点变得无处不在，人的注意力变得稀缺。未来零售业的价值会转移到对人的理解、洞察与服务环节上。也就是说零售业的价值会从“场”转移到“人”的环节上。

另一个例子是在广告业，颗粒度的改变会放大广告投放的价值。传统的投放模式，广告主是为一个曝光时段、一个横幅广告（banner）的位置竞价，但是对投放的受众没有把控，导致很多广告的支出实际上是无效的。随着今日头条等数字平台对用户的洞察和理解越来越清晰（即用户数据的颗粒化），可以进行更有针对性的投放。也就是说，针对不同的人推送不同的广告。这样，一群人的时间段变成了每个人的时间段；一群人的 banner 位置变成了每个人的 banner 位置。可出售的广告位资源被极大地拓展，这一环节的价值也就被放大了。

价值再造的动力则来源于数据的网络协同带来的潜力。由于数据协同，行业跨界的价值凸显。你的数据和我的数据做交叉，打破数据孤岛的概念，就形成了价值网。没有一个企业拥有全域的数据，但因为有了价值网，就能够实现增量（再造）的价值。例如：从普通冰箱到数字冰箱，一项重要的改变是可以对冰箱内食物、冰箱的使用方式、用户的特点等信息进行像素化的描述。如果将这些数据与用户的健康状况数据、社区超市药房的订单系统、营养师的药方等跨界数据系统结合，智能冰箱就可以有效地整合超市、药店、营养师等服务，精准高效地为用户的健康生活服务。如果将冰箱的数据上传到云，并与区域内其他冰箱的数据整合在一起，就可以了解到在该区域内，在什么时间、什么地点需要多少数量的食物和药品，并基于此信息进行库存、调度、生产的提前规划。通过搭建价值网络，冰箱的价值可以远远超出制冷保鲜的边界。可见，未来在“颗粒度经济”范式下跨界合作与竞争一定会越来越频繁。这也给企业提出了更高的要求：时常跳出行业的视野，寻找更广阔的价值再造的可能性。这需要企业重新审视一系列的商业元素：市场、产品、模式、运营、竞争、组织……并作出系统性的改变（见表7-1）。

表7-1　颗粒度经济的行业表现（举例）

行业	生产要素的精细化	运营流程的准配化	新的意义
广告	时代：以秒计算 受众：个体定向 场景：特定标准	在特定的场景，向特定的受众提供特定时代的广告	广告从“打扰式”的信息干扰变成了可接受、有效用的信息“互动”
出行	上车点：实时更新 目标的：定向设置 时间点：动态即时	在给定的时间和上车点，结果匹配合适的司机，带到给定目的地	乘客的出行效率和司机的行驶效率都得到提升，降低等待时间和空车率
教育	时间：任何时间 地点：任何地点 内容：特定内容 教师：特定风格	在适合的时间和地点，用适合的教学方法，给对的学生传递适合的教育内容	教育从千篇一律转变为“因材施教”，并且能够在任何时间和地点发生，成为持续、开放的体验
零售	人：个人偏好 货：单个SKU 时：任何时间 地：任何场景	在正确的时间、正确的地点，向正确的顾客提供正确的商品和服务	零售成为无时不有、无处不在的个性化体验

资料来源：作者整理。

颗粒度经济带来机遇的同时，也带来了巨大的挑战。对企业而言，核心在于回答两个关键问题：第一，生产要素的数据化水平有多高？第二，运营流程的数字化协同水平有多高？规模与平台制胜的时代已近尾声，下一个时代需要的是“精”（生产要素的精细化）和“准”（运营流程的准配化）。只有在这两个方向上不断提升，才能在下一个颗粒度经济的时代占得先机，引领潮流。

（廖建文）

规模是电商起点而非终点[①]

2018 年的“双 11”，京东、天猫的销售总额均再创新高。对互联网企业而言，规模一直是最为重要的考量，而经营用户则是这些企业主要的商业思维。如小米的米粉经济，阿里、京东的购物节，无不以壮大用户基础为经营目标。在互联网的世界里，以营业收入和固定资产为主要指标的“世界 500 强排行榜”，似乎正在失去相关性。

对资本市场而言，电商平台的快速增长远比短期的利润更重要，GMV（Gross Merchandise Value 交易总额）代表了一个电商的发展速度以及竞争力，是衡量企业增速最核心的指标。随着电商平台规模越来越大，马太效应也日趋明显。2017 年阿里活跃用户数 6. 17 亿，GMV 接近 5 万亿元。京东 2017 年 GMV 近 1. 3 万亿元，活跃用户数接近 3 亿。虽然在中产消费者群体中存在感并不强，但拼多多年度活跃买家也已经达到了 2. 95 亿。

用户数量只是一方面，企业的价值创造最终要依靠提供更好的用户体验。GMV 有时让人一叶障目，不管是赔是赚只看增速。在增速导向下，拼多多希冀成为真正的电商第三极，与京东、阿里三足鼎立。但 2017 年拼多多拿下 1400 亿元 GMV，却累积亏损 13 亿元。这让人意识到，GMV 评价有几个明显的缺点：一是增速虚高造成了资本市场估值虚高，并逼迫电商在

① 2018 年 12 月 1 日，《商界评论》。

追逐GMV的道路上“蒙眼狂奔”；二是企业按各自口径计算，具体的统计细节有所不同，造成GMV缺乏横向可比性；三是由于刷单等情况屡见不鲜，履约率常常出现波动，使得GMV弹性很大，难以提供稳定的衡量交易规模的标准。

更重要的是，维系相当数量的用户规模需要持续提供良好的用户体验，但有时候两者之间会存在冲突。以京东为例，其商业模式的一大特点，是以自营业务赢得口碑吸引用户，然后从第三方卖家赚利润并冲高GMV带动估值上升；但提升第三方卖家占比就有弱化消费者体验的风险。

如果第三方卖家GMV占比过高，京东引以为豪的“次日达”物流服务难免会受到影响。当前，京东的估值正处于从“看增速”向“看利润”转换的关口，同时也面临着评价指标体系切换的难题。因此，电商企业在规模增长的同时，需提供优势产品和服务，不断改善客户对产品的使用体验。

然而客户规模只是反映电商成长的一个方面，要想持续发展还得打造独特的核心竞争力。如小米最早提出“经营用户”而不是经营市场，着力打造粉丝经济。2010年左右，雷军曾说小米有7000万用户，如果每个用户价值380美元，企业估值约300亿美元。2017年，小米约有2亿活跃用户，单个用户价值以500美元计，小米的估值约为千亿美元。但按照上市后的股价计算，小米目前大约3000亿港币的市值，还没有支撑起千亿美元这一估值。

为了构建核心竞争力，小米正利用用户数量规模，逐步构建起相对其他供应链体系的成本优势，力争实现卓越经营，以具有竞争力的价格、便捷的方式为客户提供可靠的产品或服务。基于其供应链控制能力，小米在现金周转过程中获得了大量免费商业信用以赚取额外的收益，从而与供应商共享品牌等“企业能力”，以实现渠道下沉以及业务的扩张。因此，基于用户规模优势，构建起供应链整合能力，是小米的新优势所在。

目前，电商线上获客成本持续上升，有时达到每人数百元，规模增长遇上瓶颈，而GMV转化为利润更是阻碍重重。于是，阿里、京东等纷纷走向线下，这其中的战略逻辑便是实现线下引流。GMV带给电商的只是规模起点，用户价值的变现还要依赖于卓越的运营能力，这也将是评价电商核心能力的新标准。

（滕斌圣）

电商面临增长瓶颈，美团、拼多多下半场如何突围①

随着电商行业进入成熟期，提升品质、下沉渠道、内容经营、寻找差异成为电商备战下半场的主导思维。

成熟期意味着电商难再有爆发式的增长，围绕现有市场空间的竞争会愈发激烈。但美团、点评和拼多多的崛起并上市，折射出行业变化，梳理加对比，有助于探索下半场的趋势。

一是电商平台的规模越来越大。2017 年阿里活跃用户数 6.17 亿，GMV 接近 5 万亿元；腾讯系的京东活跃用户数近 3 亿，GMV 近 1.3 万亿。而作为生活服务类平台，日单 2000 万的美团点评也成为超级平台，拥有很深的用户根基。能否年服务逾 3 亿用户，成为衡量电商发展的门槛。

二是电商面临着增长极限。除了拼多多在较短时间内积累了大规模的用户基础，电商获客成本越来越高，新进入者获得流量的成本极大。用户的增量空间变小，有限的新增量也被娱乐、游戏等业态瓜分，电商主要依靠深挖现有用户价值。因此，行业进入“土味时代”，美团和拼多多的突围印证了田间地头成为互联网新贵的主战场。

三是电商纷纷谋求上市。2018 年互联网企业掀起浪潮，美团、拼多多、小米等企业选择境外上市。这意味着电商已经较难获得更关注快速增长的一

① 2019 年 2 月 21 日，评论悦读会微信公众号。

级资本市场的支持，在增长预期趋平的情况下，谋求套现，并获取足够过冬的资本。与此同时，电商实施颠覆性创新的空间被压缩，差异化的途径不外乎向上或者向下发展。拼多多选择继续向上发展，聚集消费者，带动拼团热。

通过满足价格敏感消费者，仅用了 3 年多时间，拼多多积累了 3 亿多用户；借助微信小程序，拼多多发现新赛道，并打造出现象级的社会话题。2018 年的拼团热带动了淘宝、京东、网易、小米等电商企业加入进来。

与拼多多形成鲜明对比，美团选择向下发展，以地推提升服务品质。无论是团购还是外卖，美团都不是国内首发，但都能通过提升品质获得最大的市场份额。

目前，个性化和社交化成为电商企业创新的主要方向，而实现个性化的途径是多样的。

拼多多试图打破传统电商的中心化经营。与平台不同，去中心化以人作为销售渠道，社交关系作为流量入口。而美团通过人工智能和大数据，缩短用户的等待时间。

电商的创新正在跨界融合，抖音的视频中出现淘宝链接，小红书则主打“生活方式社区”的概念，坚持“种草 + 拔草”路线，在“红海市场”中赢得一席之地，网易严选则宣传高质低价，打出了自己的招牌。

能够在产业成熟期实现爆发式增长，美团和拼多多令人刮目相看。两家企业的崛起离不开独到的战略判断。

美团有自己的“四纵三横”视角，认为用户需求的发展正在沿着“获取资讯→沟通交流→娱乐和商务”的路径发展，网络技术的变革则是“搜索→社交→移动端”的转移过程。

拼多多则有“三个转变”——社交由达人经济向平等的多对多社交网络转变，由集中式超级大脑向分布式多个个体独立思考平权式转变，从集中搜索到品牌分众化转变。这些思维无疑代表当下电商行业的前沿。

拼多多的模式是基于人性洞察构建用户基础，微信引流起到了关键作用：通过微信群、朋友圈“拼团”，点对点的方式，降低了用户信息筛查、商品选择的门槛。

美团则把自己的业务下沉，关键在于其深入街巷的线下能力，而这一点恰恰是很多互联网企业所不具备的。作为生活类平台，美团建立了极为广度的服务体系，覆盖生活服务的各种场景，配送团队利用机器学习、运筹优化、仿真技术等，帮助外送小哥不断提升着配送时效、准时率，获得更高的用户黏性。通过持续改善用户体验和配送成本，美团订单的平均配送时长变短、配送更准时，不断强化自己“吃喝玩乐”的专业形象。

总之，电商行业下半场的一些重要特征是——获客模式的社交化、运营模式的去中心化、目标客户的下沉化。

社交化是通过社交渠道为电商增加流量，使电商与顾客之间形成良好的黏性，通过实时互动，提供更加精准的产品和服务；去中心化是一种 P2P，追求“平地摊大饼”，海量的商家都在微信上开店做生意；下沉化则要开拓三四线城市乃至农村市场。

未来，电商行业的挑战将来自规范经营，一些兼并重组可能要进行反垄断申报，新电商法的实施也将在税收等方面对电商的社交化发展形成制约。风口也许不再，但风一定继续吹。

（滕斌圣）

拼多多的崛起与未来①

要不要参与好友在微信群里发起的拼团邀请，花 19.9 元买 10 个赣南脐橙?

对于家住山东德州的“80 后”全职妈妈小美来说，这个决策做得十分轻松——十几元的小额支出似乎不需要“精打细算”，好友的推荐也起到了一定的背书作用。此后，她成为了拼多多的活跃付费用户，开始以拼多多享受网购和社交的双重乐趣，有时也会买到残次品甚至仿冒品——“便宜有好货”的故事能否尽信?

拼多多成立于 2015 年 9 月，从自营型生鲜电商平台起步，逐步发展为一家主打低价爆款商品、以社交拼团为主要模式的第三方电商平台。

在获客模式上，拼多多背靠微信的社交流量生态，利用熟人“拼单”等多种机制实现用户量的迅速裂变；在平台定位上，拼多多主打“低价爆款”，以“高性价比”和邮费全免吸引了庞大的低线及低收入群体。

截至 2018 年底，拼多多即获得 4.18 亿年活跃用户，超过京东，占阿里用户数的 65.72%，2018 年 GMV（Gross Merchandise Value，商品交易总额）达 4716 亿元，成为国内第三大电商平台；在体量迅速增长的同时，拼多多在获客成本方面依旧维持竞争优势，按照销售和营销支出与新增买家数量之比

① 2019 年 4 月 1 日，《21 世纪商业评论》。

计算，2018 年第四季度的获客成本为 142.86 元，低于阿里、京东的超 200 元。同时，拼多多以低开店门槛、流量支持、C2B 预售模式等优势吸引大量商家入驻，其活跃商家由 2017 年一季度的 9.7 万家暴涨至 2018 年底的 360 万家。

拼多多在短期内的迅速崛起，“社交拼团”备受关注，日益成为一种新型实物电商模式。这种模式应该如何理解？它赋予了拼多多何种竞争优势，使其在两大巨头把持的国内电商市场迅速撕开一条裂缝？高速成长之后，又有哪些值得关注的挑战和布局方向？

社交逻辑

深耕电商、游戏领域多年的连续创业者黄峥注意到，随着从 PC 互联网转移到移动互联网的下半场，用户在线上获取信息的基础逻辑正在变化。

PC 互联网时代，传统电商平台掌握着中心化的搜索流量入口，商品信息的传播依靠传统的电商广告投放，交易行为局限于电商平台场景内——用黄峥的话来说，在此阶段“流量分发的顶级商业模式是搜索引擎”，是“人找货”。

然而，在移动互联网时代，搜索引擎日渐式微，每一个在线用户均成为一个即时信息分发节点，以微信、微博为代表的移动社交应用占据潜在消费者主要的在线时长，在线社交关系网络日益成为消费者获取、传播商品信息流的重要通道。此时，流量分发模式也从“中心化”的关键词搜索，转为在“去中心化”的社交关系链中的“推荐”，是“信息找人”或者是“货找人”（见图 7－2）——这意味着，商品信息将有机会在社交网络中出现“裂变式”的迅速扩散，从而大幅降低电商平台的获客成本。

结合上述逻辑，黄峥希望通过拼多多开拓一种“货找人”新型社交电商模式——社交拼团（见图 7－3）。在黄峥看来，拼多多模式的第一步，是完成需求端的流量聚合，也就是“起量”。具体而言，“通过人推荐人的方式把

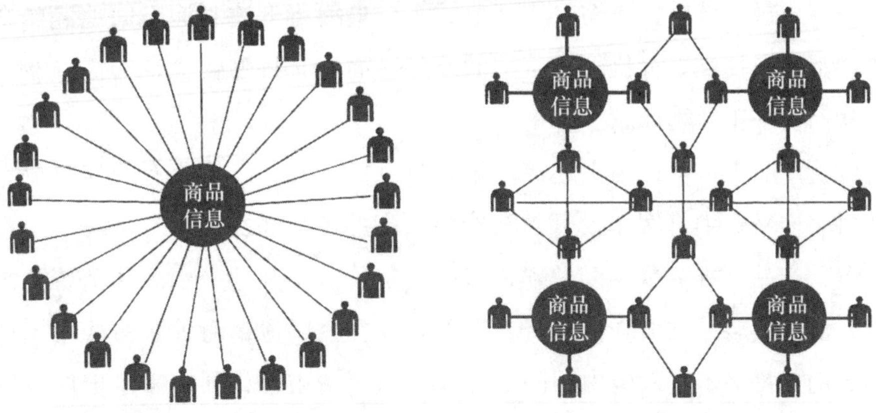

图7－2　“信息找人”“货找人”模式下的人与货的关系

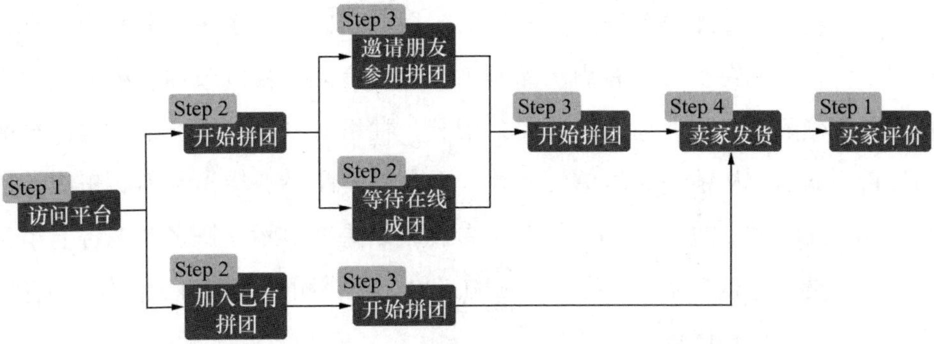

图7－3　拼多多社交拼团模式

资料来源：招股书、中信建设证券研究。

人聚集起来，在流量获客上、浏览方式上有创新，通过这个来聚集同质化的人”。为此，拼多多瞄准国内消费市场中的“价格敏感型”用户群体，在需求端通过“低价”“拼团”两大核心元素，促使商品信息在用户社交网络中的快速传播，从而完成高效、低成本获客。

在完成需求端流量聚集后，社交拼团模式亦可以帮助平台面向供给侧进行效率改进。国内低端制造业长期存在供给过剩的问题，对于大部分无法依赖品牌效应引流的中小型厂商而言，痛点是“不愁价、只愁量”。如果可在移动端搭建一个平台，通过人推荐人的方式把海量社交流量聚集起来，平台就可将流量聚集到相对较少的SKU上、做面向中小型厂商的C2B产地直采，从而迅速形成规模效应、压缩渠道环节成本，最终将上述利润空间返还给需求端，向消费者提供更有价格竞争力的产品。而这又将强化平台的需求聚集能力，从而实现正向循环。

低价产品策略可视为上述流量聚合过程的起点——低价有两层含义：第一，拼多多平台主打客单价低、消费频次高的产品品类；第二，对于平台主打的爆款产品，拼多多可以做到相似产品定价低于其他平台。从消费者需求上看，低价策略一方面降低消费者在参与好友拼团邀请时的决策成本，另一方面有助于拼多多进入国内广阔的低线城市消费市场，同时满足更广泛消费群体的“价格敏感型”细分消费需求，从而与以天猫和京东为代表的、主打“消费升级”需求的电商平台形成“错位竞争”。

据华盛证券整理的多份拼多多爬虫数据显示，拼多多平台上的商品具备低客单价特征：在平台所有商品品类中，百货食品、鞋包服饰、小型家用电器占销售额的近一半，而按三级类目细分，抽纸、坚果炒货、床品四件套的销量最为靠前；从销售商品单价上看，平台整体商品平均售价不高于 30 元，20 元以下商品占比达三至四成。跨平台比较结果亦显示，拼多多平台上销售的上述品类的爆款产品，无论是单独购买价还是拼团价，相对于淘宝、天猫、京东平台存在价格优势。

从拼多多用户画像上看，相较于其他主流电商平台，拼多多的用户主要集中在三四线城镇，平均收入水平较低；女性用户比例高达 71%，已超过天猫、淘宝和京东，仅次于主打时尚品牌的唯品会；在年龄分布上，拼多多 30 岁以下用户占比为 56%，明显高于其他电商平台。

裂变获客

成立之初，拼多多的运营平台内生于微信生态，从微信小程序、公众号起步，后推出独立移动端 App。三大运营平台的机制设计相似，核心是以微信的社交裂变效应，让低价商品团购信息或者其他优惠活动信息触达新用户。

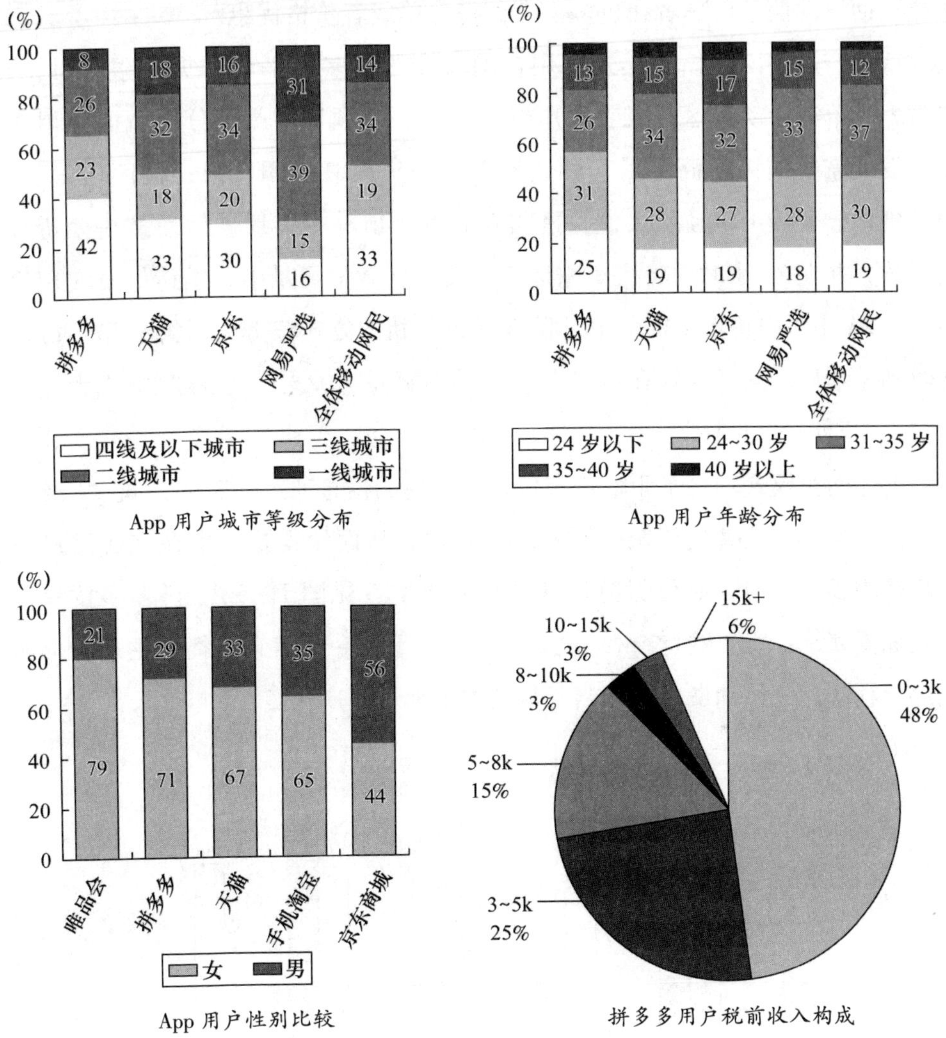

图 7-4　拼多多用户画像

资料来源：艾瑞咨询、中信建设证券研究。

具体而言，拼多多平台的核心获客模式分为两类：社交游戏拉新、低价产品拼团。

社交游戏拉新：通过助力好友免单、帮好友砍价等方式，引导拼多多用户分享活动链接到微信社交场景（包括好友聊天界面、微信群和朋友圈），好友须通过点击活动链接，成功下载拼多多 App 或者打开拼多多微信小程序，才能帮助活动信息分享者在拼多多上获得免单或者价格优惠。

低价产品拼团：核心模式是用户通过浏览拼多多平台首页的限时秒杀、特卖、免单等活动专区，或者在服饰、百货、视频等各产品分类页面下滑浏览，发现需要购买的商品后，可选择单独购买或者拼团模式；拼团模式下，商品价格显著低于单独购买价，拼团发起者在填写收货地址后需按拼团价预先付款，并在24小时内将拼团邀请链接发送到微信场景中，邀请好友实现拼单，且24小时内拼单不能取消（除非通过拉新的方式获得“后悔卡”）。好友在收到邀请后，同样需要在拼多多App或者微信公众号、小程序中成为注册会员，才可以参与拼团。

上述两类模式均是基于低价定位，促使商品信息通过社交的方式“找到”用户——这种方式替代传统的平台广告投放，从而使得拼多多在完成用户规模高速增长的同时，始终保持较低的获客成本（见图7－5）。拼多多技术负责人陈磊表示：“进入社交网络之后，消费者重新夺回信息传播的主动权，你把部分利润让渡给消费者，相当于从消费者那里买广告。”

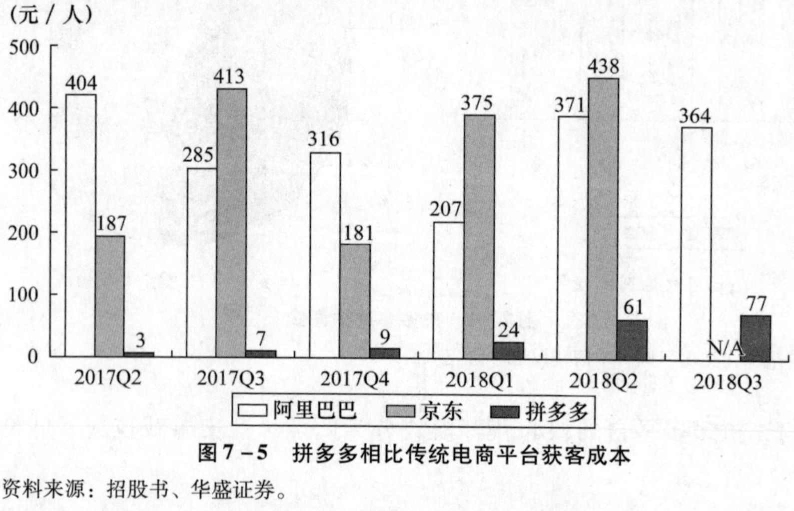

图7－5　拼多多相比传统电商平台获客成本

资料来源：招股书、华盛证券。

在利用高性价比和社交裂变效应高效获客之外，拼多多平台通过一系列产品设计，降低用户做出购买决策的心理门槛，吸引无特定需求的用户在其界面中完成“随机消费”。从这个角度看，拼多多与淘宝、京东也实现了“错位竞争”。

企鹅调研平台数据显示，淘宝、京东拼团超过 90% 的用户属于全部或部分知道自己的购物需求，购物习惯是直接在首页搜索栏输入关键词、搜索自己想要的商品，通过搜索得到信息后进行分析权衡，做出购买决策。与之相比，40.9% 的拼多多用户表示，“原本并无明确购买需求，只是看到产品的低定价后觉得划算，就先买来囤着”，属于需求不明确前提下的冲动、随机消费。

为达到上述效果，拼多多的用户界面相比其他主流电商平台，有两大差异化特征，均是为了缩短用户从发现商品到完成购买决策的中间流程。

其一，拼多多用户界面首页不设搜索框，搜索功能也弱化在页面底部的一个小按钮处，首页核心位置留给爆款商品信息的直接曝光——用黄峥的话来说，“拼多多的搜索场景很小，我们始终关注的是主题场景，一个人推荐给另一个人，或者是打开 App 看到主屏幕的推荐”。

其二，拼多多不设购物车功能，所有商品无论是以单独购买还是拼团模式购买，都只能单独、立即结算付款，从而使用户在购买冲动处于顶峰、对购买商品价格感知不清晰、无法在购物车页面对未付款商品做二次考量的情况下，快速完成交易付款行为；与之相匹配，拼多多对平台全部商品进行包邮设定，从而减少用户为了“免邮”联系商家而产生的潜在交易流失。

低价之源

在社交拼团模式下，拼多多做供应链效率提升的基础是依靠社交裂变效应“起量”，允许商家以较低的成本触达分散在全国各地的用户，在聚合分散需求的基础上，供应端通过精简 SKU，使得少量的 SKU 去承载这些聚合的流量，从而实现规模效应。

中低端制造业

举例来说，拼多多平台上的明星纸巾品牌“可心柔”，本隶属于一家 20

多年的老牌代工厂——浙江弘安纸业，此厂常年为欧尚、大润发等零售企业代工纸巾产品，2014 年起通过“可心柔”开始尝试品牌化、互联网化转型。在造纸行业内，日订单量越大、工厂的产能越高，生产损耗越小、成本越低，对缺乏品牌效应的“可心柔”来说，如何获得足够的订单量成为发展的关键。

拼多多经过考察，为可心柔制定了“28 包”的营销策划。由于拼多多用户群体对量大、实用性等特点敏感，拼多多平台上的可心柔以“28 包一盒，有大有小”为卖点，将不同种类的纸巾放在一起打包出售，迎合消费者“买一单拿多样”的心理，从而成为典型的“薄利多销”爆款——可心柔品牌曾创下一天卖出价值 300 万元、单价 29.9 元的 28 包装纸巾，每包纸巾的利润仅 3 分钱。

此外，可心柔也将生产线迁移到与拼多多合作的原料供应商——江西理文造纸的工业园区内，开设专门的“拼工厂”生产线，运输成本从 300 元/吨，直线下降到“8 元包邮”。所谓“拼工厂”，是指由拼多多牵头，为其“爆款”产品提供全套代工服务的合作工厂。由于拼多多上的商家多为中小型品牌，很难自建全套设备，通过“拼工厂”的一站式生产，既保证了产能，又方便拼多多对其进行质量把控和管理。

在需求聚合效应之外，由于拼多多采取产地直采模式，压缩从工厂到消费者的中间环节利润，同时采取拼团预售模式，即消费者在拼多多上完成付款后才能发起拼团，这意味着供给端可以预先锁定收益，同时可以掌握各 SKU 需求的总量和地区分布——以需定产可以有效降低库存成本，而已知需求分布也使得部分有条件的商家可选择不同的生产地点进行生产、降低运输成本。上述供给端效率提升带来的商家成本降低，通过拼多多平台的低价策略反馈至前端，提高平台产品的价格竞争力，从而进一步加强拼团的流量聚集能力。

“可心柔”品牌并非个例。2018 年 12 月，拼多多发起了“新品牌计划”，该计划聚焦于国内中小型制造企业，帮助其聚合需求、精简供应链，并打通生产与需求之间的信息流、实现C2M以需定产。

拼多多的目标是在其平台生态中扶植1000家优质工厂品牌。这对于巩固拼多多平台的价格优势、丰富拼多多平台的产品选择、优化平台自身上游生态有着不言而喻的重要意义。自该计划启动以来，拼多多已在超过700家报名企业中筛选出首期20家工厂作为试点，并在启动阶段利用平台流量，向消费者展示工厂品牌的生产线直播画面，打通消费者和商家之间的信任壁垒。

农　业

在农村电商领域，提供了一种解决农产品供需匹配效率的可行方案。黄峥表示，“和美国的大农场不一样，中国的耕地是小块小块散落的。每年种什么、种多少、卖多少钱，农民对于整个市场的需求，没有什么感知”，此外，农产品从农民手中到消费者篮子里，要经过错综复杂的分销流通渠道，不仅抬高终端销售利润，且增加了农产品损耗。为此，拼多多于2018年4月25日上线公益板块“一起拼农货”，通过C2B拼团模式为农户聚合需求、精简农产品采销流程。

在2018年三季度财报电话会议上，黄峥举例说明拼多多模式在农业业务上的竞争优势：“河南的大蒜田间采购价是每斤1元，而在北京、上海的零售价是4~5元，差价被中间商赚取，当然其中也有运输、包装、挑拣和再包装的费用。而拼多多的模式可以在一天之内集中1000人，甚至1万人的需求，农民就可以将大蒜以小包装出售给上海或者其他城市的消费者。尽管农民需支付一些递送费用，估计在每斤0.6元，所以我们平台的大蒜价格只要每斤2元，这对买家和卖家而言都是双赢。”

当前，拼多多在农业领域的新电商模式探索获得了初步的成效。拼多多已发动5万名“新农人”（以回乡创业的“80后”“90后”为主），深入全国农产区，基于拼多多平台及后台能力孵化“聚果生鲜”“以果感恩”等一批农产品“拼”品牌，为农村地区尤其是贫困地区特色农产品创造线上销路，建立分拣、包装、物流的分布式中心，提供综合电商解决方案。

2018年，拼多多实现农产品及农副产品订单总额653亿元，较2017年的

196 亿元同比增长 233%。拼多多覆盖的农产区尤其是贫困地区的农产区，已基本实现农户“有产就有销，多劳能多得”。

商家管理

在入驻商家方面，拼多多平台提供较低的入驻门槛，免去平台入驻费，以较优惠的条件承接了阿里“天猫化”战略下流失的淘宝中低端店铺，逐渐发展起较为丰富的商家生态。

具体而言，商家在入驻拼多多平台时，涉及的费用只有两种：其一，提交报名申请时，商家根据《拼多多平台合作协议》，向平台缴纳保证金，用以保证其提供优质的商品和服务，并在违约情况下用于向用户进行赔付、赔偿平台的损失或承担其他违约责任。保证金金额按商家所经营产品品类不同，分为 1000、2000、10000 元三档。其二，拼多多代微信、支付宝等第三方支付平台向商家收取 0.6% 的交易手续费。相比天猫、淘宝、京东三大传统电商平台，中小商家在拼多多平台的开店成本明显较低。

表 7－2　各电商平台入驻成本对比

<table>
<tr><th>平台</th><th>收费项目</th><th>收费额度</th></tr>
<tr><td rowspan="3">天猫</td><td>交易佣金</td><td>交易额的 0.5% ~5% 不等，多落在 2% ~5% 区间</td></tr>
<tr><td>软件服务年费</td><td>3 万、6 万两档，根据店铺业绩有一定折扣</td></tr>
<tr><td>保证金</td><td>5 万 ~15 万不等</td></tr>
<tr><td>淘宝</td><td>保证金</td><td>1000 ~50000 元不等</td></tr>
<tr><td rowspan="3">京东</td><td>保证金</td><td>3 万 ~20 万不等</td></tr>
<tr><td>平台使用年费</td><td>1000 元</td></tr>
<tr><td>交易佣金</td><td>1% ~10% 不等</td></tr>
<tr><td rowspan="2">拼多多</td><td>保证金</td><td>1000/2000/10000 元三档</td></tr>
<tr><td>代第三方支付平台收费</td><td>0.6%</td></tr>
</table>

资料来源：各电商平台官网、中信证券研究部。

此外，拼多多在开店流程上也相对较为简单。据草根调查，拼多多平台对于新设立店铺会给予一定的流量支持，开店审核周期一般在 2 个工作日内，个人店铺仅需上传身份证、一张商品照片等简单材料即可注册。

“第三极”的挑战

拼多多本质是电商平台，拼多多公司收入构成包括在线营销服务以及佣金收入两部分，其中，在线营销服务主要是向商家收取竞价排名费用以及广告展位费用，佣金费用则是按商家销售额收取0.6%佣金，主要用于向第三方支付服务提供商如支付宝、微信钱包等支付服务费用，公司佣金收入基本与支付服务成本重叠，毛利润主要由在线营销服务业务贡献。

表7－3　　拼多多各业务版块及盈利模式

业务版块	盈利模式	2018 年 Q3 营收占比		
在线市场服务	在线营销服务	搜索推广	提供关键词竞价排名，排点击收费	88%
		明星店铺	提供明星店铺推广服务，按千次展现计算收费	
		Banner 广告	提供 Banner 资源位推广，按千次展现计算收费	
		场景推广	提供围绕用户定向条件和资源位的不同组合方案，按点击收费	
	佣　金	代支付宝、微信支付等第三方支付收取交易佣金，占销售商品价值的0.6%		12%
商品销售		“拼好货”在线商品直销	2017 年 Q1 后终止	

资料来源：公司公告、国家证券研究。

拼多多的成长有赖于以合适的方式利用了尚未被充分开发的社交流量，在社交电商领域探索出一种值得关注的商业模式。

需求端的爆发式增长使得拼多多已经成为国内不容忽视的电商平台“第三极”。但这一平台能否延续往日辉煌，一方面，取决于其能否继续向后端做深、做精，解决平台产品信任危机、优化商家生态，从而持续提高供应链效率；另一方面，在行业玩家纷纷入局社交电商领域的风口下，拼多多也需要继续思考如何优化其商业模式，如何触及更多场景下的社交＋购物需求。其中，三方面的动态值得持续关注。

平台假货治理

迄今为止，基于“宽进严出”的商家入驻和管理政策、平台的低价产品策略，共同导致了拼多多在经历“野蛮生长”的过程中频频爆出山寨、假货问题，对平台品牌形象造成了相当程度的负面影响。从消费者体验的角度看，拼多多的低价拼团模式虽然满足了其贪便宜或冲动消费心理，提供了多种社交化购物体验，但最终仍应落在产品品质本身完成整个闭环。长期积累的便宜无好货、无正品印象，显然不利于拼多多的可持续发展。

2016 年 3 月，拼多多升级原打假部门为平台治理部，截至 2017 年共下架 1070 万件问题商品，通过黑名单机制终身封杀售假商家，并按“假一赔十”标准与商家签约。

此外，拼多多持续升级技术手段来提升平台治理综合能力。例如：通过专项研发，平台将搜索框的“山寨词”指向正规品牌，倒逼“傍名牌”商家知难而退；基于海量数据挖掘和分析，平台开发完成假货识别算法，对违规商品和恶意商家进行预警，并追溯生产源头；研发 imagecaption 等机器视觉技术，构建商品防控体系。

引入品牌商家

当前，拼多多平台以低价、低品牌价值的商家为主，以低价爆款、薄利多销为主要销售模式。随着居民收入水平持续上升，拼多多的主流用户群体——低线城市居民的消费升级需求如何满足？引入品牌商家或将成为拼多多提高平台产品品质、丰富产品品类和品牌选择、优化平台形象的方式。

2018 年 7 月，拼多多发布定向品牌招商公告，涉及服饰、美妆、箱包、食品、数码家电、家具、建材等品类的诸多主流品牌；8 月 31 日，拼多多对其 App 进行改变，在首页中心位置出现“品牌馆”入口，截至 2018 年 9 月 13 日，入驻拼多多品牌馆的品牌数量超过 500 个，其中包括韩都衣舍、茵曼等淘品牌，网易严选等消费升级品牌，以及 THE NORTH FACE（北面）等高单价品牌。

拼多多品牌化的最大挑战还是在于授权问题——由于其长期以来以低价、

省钱为核心宣传点，加之此前的山寨、假货事件的负面影响，品牌商在与拼多多平台合作时很难没有顾虑，即便入驻拼多多“品牌馆”的所谓“品牌商家”，仍有一部分并非官方旗舰店，例如，阿玛尼、迪卡侬为没有品牌授权的代购店铺，佰草集、波斯登是二级代理授权的专卖店——此类代购店、专卖店在拼多多平台上线，可能引发线上线下窜货、扰乱渠道价格，存在被品牌方追责的风险。

拼多多是否能够协助品牌商家，做好不同电商平台的渠道差异化战略？譬如，拼多多能否利用自身的商业模式优势和平台消费者大数据，帮助品牌打造相对平价优质的“拼多多”专供产品线？此外，拼多多的品牌化也进一步加深了与阿里系的直接竞争，相当于两大平台的竞争从中小型店铺扩散到了品牌商家，目前，两家平台均未发出“二选一”的站队要求，拼多多在发展品牌商合作方面依旧面临潜在挑战。

试水社区拼团

拼多多需要思考的另一个问题，是如何发掘除了微信社交之外的社交电商场景，在竞争日益激烈的社交电商赛道上寻找下一个发力点。其在社区拼团方面的尝试或许是一个潜在发展方向。

2018 年 9 月，拼多多投资“虫妈邻里团”，正式入局社区拼团赛道。后者是上海浦东地区最具影响力的生鲜社区团购电商平台，服务对象主要覆盖房价 6 万元/平方米以上的中产家庭社区，主打“手工产品 + 蔬蛋肉类”，此外包括新鲜水果、坚果零食、米面粮油等高频需求食品。从运行机制上，“虫妈邻里团”从农场或一级批发市场进行产品采购，采用先预订后采购的预售模式，订单产品统一分发至各小区自提点，由下单用户完成自取，淡化了传统拼团模式下“团长”的作用，线下履单流程更为简单、可控。

相比于基于微信移动社交场景的拼多多模式，社区拼团模式存在一定的差异化优势：

在获客方面，依托“小区”这种中国特有的高密度聚居形态下的线下熟人社交场景，小区邻里关系提供天然的信任背书和信息传递渠道，同时，聚居在同一小区内的家庭在收入和消费水平上大体类似，需求更为一致。

在物流效率方面，社区团购模式下，商品通过干线物流进入城市仓库后，由货车集中运送到各小区自提点或团长处，由用户/团长自行完成最后一公里配送——对于平台而言，物流环节得到简化、成本下降；对于用户而言，对大多数生鲜、日用食品的采买并不需要十分准确的收货时间，用户可以放弃收货的即时性，获取产品价格上的优惠。

（荆　兵　梅新蕾）

生鲜网红：盒马鲜生的商业逻辑①

一石激起千层浪，一语惊醒梦中人。2016 年 10 月，马云在云栖大会的演讲中，首次提出“新零售”的概念。随后，零售行业的新物种、新业态纷至沓来，电商巨头和资本的线下布局明显提速，线下龙头超市的创新实践也是如火如荼。

新零售的大风口，变革无处不在。对于新零售商业模式的探索已成为目前企业最关注的商业课题。盒马鲜生就是阿里巴巴集团在新零售业态方面的新尝试。

在 2017 年，盒马鲜生的商业模式受到了消费者和业界人士的广泛关注，生鲜超市到处散发着“类盒马”的气息。

2018 年元旦过后，京东也推出了“7FRESH”，而巧合的是第二天盒马亦庄店也正式开业。这一在京东大本营家门口的短兵相接式较量，拉开了 2018 年的新零售大战。截至 2018 年 1 月 23 日，盒马鲜生已在全国开出了 29 家门店。如今，盒马鲜生俨然成为消费者眼中的“生鲜网红”，甚至出现了“盒区房”这一新名词。短短两年时间，盒马鲜生为何能够受到如此的关注？盒马背后的商业逻辑是什么？

① 2018 年 3 月 8 日，FT 中文网。

为什么是“生鲜”

“生鲜”作为刚需、高频的品类，早已成为各大电商巨头和创业者看好并觊觎已久的“蓝海”。

第一，生鲜是一个足够大的市场，根据Euromonitor数据，2016年中国生鲜产品零售总量3.24亿吨，零售总额达4.57万亿元人民币，在社零总额中的占比高达13.8%。而在这个万亿市场中，中国生鲜产品销售渠道仍以农贸市场为主，占比73%，超市渠道为22%，远低于发达国家，而生鲜电商占比只有3%，市场发展潜力巨大。

第二，生鲜产品相比其他百货类产品而言，标准化程度低，保质期短、损耗率高、品控难度大，同时对保存条件、运输库存要求苛刻是其最重要的产品特征。但它又是大众日常生活中消费量最大、购买频率最高的商品，具备较强的引流效应。

无论是从店铺投资的角度，还是从生鲜经营能力来说，生鲜都是一个线下壁垒很重的行业。生鲜品类是传统超市最后的桥头堡。对于电商而言，生鲜是导流的超级入口，是兵家的必争之地。生鲜代表了效率、供应链、先进生产力和高频的消费场景。

据统计，尽管在资本寒冬的2016年，国内生鲜电商市场的融资总额也达到了60亿元。2017年8月，生鲜平台易果生鲜宣布获得天猫3亿美元的D轮融资。每日优鲜则在此前拿到包括腾讯在内的1亿美元融资。尽管大家都看好生鲜领域，但另一组数据显示真正实现赢利的企业并不多。在全国4000多家生鲜电商企业中，只有1%实现了盈利，4%持平，88%亏损，剩下的7%是巨额亏损。据不完全统计，过去一年中，14家生鲜电商企业宣告破产倒闭。融资值得欢喜，但“死亡”也是不可逃避的事实。

生鲜电商的探索

中国最早的生鲜品类电商易果生鲜成立于2005年，此后生鲜电商迎来了高速发展期。从生鲜电商的商业模式来看，可分为线上布局为主、重资产自建物流模式的生鲜电商1.0时代和O2O模式下的生鲜电商2.0时代，两者主要的区别在于产品供应端和物流模式的不同。

早期的易果生鲜、天天果园等是生鲜电商1.0的典型代表，其主要业务模式是以线上业务为主，采取重资产的发展模式，选择自建冷链与物流团队，但该模式下物流配送成本较高。高额的物流配送成本，导致生鲜电商1.0企业不得不将产品定位于中高端产品，试图通过高额单价来贴补物流。由于定位中高端市场，生鲜电商1.0的真实市场容量偏小，不足以形成足够的订单量和订单密度。高额的配送费用吞噬了企业正常的经营利润，再加上对生鲜供应链运营管理的不适应，导致产品损耗率高、客户体验差，与生鲜实体店相比处于劣势，生鲜电商1.0商业模式难以为继。

2015年8月，天天果园率先推出O2O战略，成立“天天到家”O2O平台并铺设线下品牌店，主打“两小时配送”。生鲜电商开始向O2O模式探索。在生鲜电商2.0初期，O2O以线上电商自主建立线下门店或线下超市自主打造线上入口为主。然而，线下对运营管理经验、供应链优化等方面要求很高。天天果园和本来生活网在线下经营中由于选址不善、非专业化管理、线下门店高成本压力以及货物损耗率高等原因，2016年几乎关闭了所有线下门店。沃尔玛、永辉超市在线上经营中苦于流量匮乏，后期全部放弃自建“最后一公里”物流。生鲜电商重新进入洗牌期，生鲜产品品控及物流水平的高低成为最关键的竞争要素。

近年来，巨头也加紧了在生鲜领域的布局。阿里战略投资苏宁云商、银泰商业、联华、高鑫，京东战略投资永辉超市，腾讯战略投资永辉超市，体现了三大巨头进军线下的决心。尽管巨头都看好生鲜领域，但真正在这一领域成功的企业并不多。目前行业已进入巨头角逐阶段，这个领域不仅考验着每个参与者的供应链能力，更是对平台各项能力的综合大考。

盒马鲜生创始人侯毅的商业思考

盒马鲜生创始人侯毅认为，品类特征决定了电商业务的发展方向以及商业模式。例如，目前中国有两大类电商：以淘宝为代表的平台类电商和以京东为代表的 B2C 电商。平台类电商最早的核心品类是服装鞋帽。这类商品的特性是毛利率很高，但是有无限的 SKU，做自营根本无法实现。所以用平台模式，实现无限 SKU 对无限消费者，这是最好的经营模式。然后采用“四通一达”的快递模式做物流，物流成本相对较低。

而 B2C 电商的核心是家电和 3C 等标品，标品的经营是采购量越大竞争能力越强，所以做自营是最好的模式。由于品类客单价很高，相对来讲物流成本占比较低，因此京东选择做自建物流，不断完善物流体系，从而成就了今天最大的自营物流体系。

那么，对于生鲜品类，有没有一个新的商业模式能够解决生鲜电商的痛点呢？通过对生鲜电商的长期观察，侯毅认为生鲜电商可以尝试利用移动互联网的技术和特点去拓展线下门店，用实体店加生鲜电商解决它的痛点。他看到对于生鲜品类，实体店至少有三大价值：一是快速建立消费者对品牌的认知；二是可以实现低成本的流量；三是实现低成本的冷链宅配模式。他想做线上线下一体化的超市，把模式做重，在生鲜领域应该能够实现真正的线上线下融合。

盒马鲜生的商业模式

从战略定位上看，盒马鲜生以“海鲜”为切入口，针对中高端年轻人群，走中高端的精品路线。盒马主打的海鲜品类齐全、海鲜区域干净整洁。中高端品类如波士顿龙虾、帝王蟹等占比较高，具有一定的消费门槛，但价格明显低于其他渠道，相比海鲜酒楼的高价消费，盒马海鲜产品的价格定位具有绝对优势。盒马定位是精品超市模式，进口产品相对较多，各个细节无不体现优良品质。从盒马的商品结构可以看出其中高端的目标用户群体，主要是“80/90后”年轻群体。他们比“60/70后”更关注品质，时间敏感度高而价格敏感度相对较低。

从商业业态上看，盒马是一个集超市、餐饮、物流配送、App为一体的复合功能体。盒马卖场内开辟了餐饮区，海鲜加工服务中心可为用户提供现场加工及堂食服务。这种把“海鲜排档”做到超市里的新模式，大幅增加了客户在超市的逗留时间，超市内各种商品对客户吸引和截留的机会也相应增多。另外餐饮跟生鲜的协同，还包括餐饮能方便超市处理一些临期产品，降低损耗。

从业务模式上看，盒马采用以大数据为支撑的线上线下业务高度融合的业务模式。盒马鲜生以线上销售为主，线下销售为辅。以线下体验门店为基础，并将之作为线上盒马App的仓储、分拣及配送中心，通过将线上、线下业务完全一体化，来满足周边3公里范围内消费者对生鲜食品采购、餐饮以及生活休闲的需求。

从运营模式上看，盒马店铺既是传统的门店，又是线上配送的前置仓。在线下的超市运营方面，店面布局以及商品的摆放，盒马有别于其他超市，体现出以用户为中心全渠道经营的理念。在商品的种类中盒马也做到了精简SKU，提供高端品类的产品。线上电商的运营，从用户下单到配送，均由盒马统一的系统和员工完成订单。供应链采购方面，盒马与天猫超市、天猫生鲜打通共享资源，并通过与直采基地合作共采保证产品品质。

目前，盒马已经实现用户数字化、商品数字化、流程和管理数字化，从而大幅提高了零售的效率，提高了门店及物流的营运效率。

盒马鲜生的商业逻辑

透过现象看本质，盒马鲜生商业模式背后到底有着怎样的商业逻辑？根据我们对盒马鲜生的观察，其商业逻辑主要体现在以下几个方面。

第一，“大数据”和“技术”是盒马最宝贵和最重要的资源，是新的基础设施。盒马鲜生鼓励支付宝结账，支付宝统一付款为盒马鲜生创造了掌握线下消费数据以及线下向线上引流的机会。同时盒马已经与淘宝网、支付宝会员体系打通，实现了数据和生态共享。利用消费者清晰的行为数据，盒马可以进行广告和营销，吸引更多消费者，形成良性消费循环。

从技术角度看，盒马以高效的物联网配送手段“微链”将服务体验进行升级。在阿里集团的系统研发能力、语音计算能力、配送时的算法优化等的技术支持下，消费者画像更加精准，运用用户沉淀的信息和数据可以在一定程度上方便盒马鲜生进行精准营销及备货，从而在零售前台环节建立起一个物联网的闭环。

第二，盒马鲜生通过重构“人、货、场”改变零售的价值链。盒马模式背后的商业逻辑，就是实现“人、货、场”的无缝链接与高度融合。“人”的变化在于，依托阿里大数据，可以对消费者进行多维地清晰地分析，然后精准地切入新需求；“货”的变化在于，盒马模式融合线上线下，盒马运用产地直采供应链兼顾成本和品质，采用分小量包装，灵活结算，切中消费者购物习惯；“场”的变化在于，从盒马鲜生到盒马集市，再到盒马便利店，盒马对消费场景的不断升级。通过对场景的升级，增加客户体验感，培养客户形成新的消费习惯，对客户群进一步精准化划分。

第三，通过自有品牌的扩张最终引领新制造。2017 年 12 月，盒马在推出日日鲜蔬菜、日日鲜猪肉之后又推出了日日鲜鲜奶。这是盒马在自有品牌方面的新尝试。盒马推出自有品牌的目的就是为了重构供应链，通过规模化的采购降低成本，去除中间多级流通环节，减少营销费用，因此改变商品的出厂定价机制，还原给消费者一个真实的商品价格。通过优化供应链，盒马可以赢得产品的议价权和定价权两大权利，进而把控产品的质量和价格。

第四，真正的消费者引领生产的新时代。创始人侯毅认为中国人日常有三个消费场景，即家、办公室和购物中心。盒马针对不同场景开设了不同的商业业态。未来，针对精准定位的客户群体，通过不同的业态提供由消费者引领生产的新产品模式将成为可能。

从盒马透视新零售的未来

新零售与其说是技术上的创新，不如说是一种思维模式上的转变。盒马模式的商业实践为这一探索，提供了有价值有意义的依据。

从盒马的案例我们可以看到，今天的新零售之争是资本之争、技术之争、流量之争，但最终还是商业本质之争。以消费者为中心重构“人、货、场”等商业要素，重构价值链，最终把控产品的质量和价格，满足消费者对产品和服务的终极需求，才是零售的商业本质。

市场正在快速变化，技术加速变革，消费迭代正在重塑零售业的终端形态。随着新技术和新商业模式的应用，新零售中自有品牌的发展有望使传统产业链中的上下游关系得到逆转，从而带动新制造的发展。畅想未来，当消费者想要的一切产品都触手可及之时，企业的核心竞争力又是什么？消费者将如何去选择供应商和服务商？

（荆　兵　李梦军）

永辉牵手腾讯和京东：从“生鲜超市”向科技转型[①]

2017年我国前五大超市市场占有率总和为27.6%，其中高鑫零售、华润、沃尔玛、家乐福、永辉市场占有率分别为8.6%、7%、5.3%、3.6%、3.1%，名列前五。在各大商超中，永辉的生鲜产品收入占比最高，达到45%。

“未来能够发展起来的零售企业一定是既有线下的门店管理能力、供应链管理能力、人才梯队建设能力，又有互联网科技应用能力。前三项永辉通过内部管理创新具备了一定的竞争优势，而最后一项能力却是永辉的短板，如何把这一短板补齐，始终是永辉转型的关键所在。”

永辉超市的董事长张轩松心里明白。

永辉模式：以生鲜构筑护城河，生鲜占比45%

创始人张轩松，1971年生于福建闽侯县。

1998年8月，福州市火车站地区的永辉超市开业，这是张轩松首个以“永辉”命名的超市。

2000年，福建在全国率先治理餐桌污染，这种模式被称为“农改超”。

① 2018年10月29日，《清华金融评论》。

张轩松敏锐地捕捉到其中蕴含的商机，决定将“把生鲜农产品搬进现代超市”作为永辉超市的主营方向，将“生鲜区”的经营面积扩大到整个超市的50%～70%，主营海鲜、蔬菜水果、农副产品、餐桌食品，而且价格比农贸市场还便宜10%，在选址上，避开闹市区、商业中心，选择居民区和次干道的城乡接合部。2000年7月，永辉第一家生鲜超市“屏西店”开业。

在经营模式上，永辉采取“直采直营”模式，为了采购新鲜的水产品，永辉的采购船可以直接开到海上与捕鱼船对接；在福建的一些永辉店铺，早晨五点半就开门迎客，只为将新鲜的食品第一时间提供给顾客。农产品方面，永辉采取直接向农场下订单、与农户建立长期合作关系的模式。这种“包销到户”的做法既能够获得稳定的货源，还可以打消农民担心产品卖不出去的顾虑，提高其生产积极性。永辉的生鲜价格优势就来源于此。

永辉战略转型与升级

生鲜电商应运而生。

2012年，本来生活网“褚橙”事件营销大获成功，同年顺丰优选、京东生鲜频道上线。

2013年，阿里开辟了天猫超市生鲜频道，生鲜电商迎来了高速发展期。

2013年永辉开始尝试转型，转型方向可以用一个中心、四个转型来概括。所谓一个中心，是以顾客思维为中心。四个转型，是指：供应链转型、组织转型、互联网转型（O2O转型）、实体店的转型。

所有的转型都必须服务于消费者。

供应链转型：以股权捆绑同行及上下游，控制定价权

在供应链转型上，永辉对标名企好市多（Costco），试图成为一个全球供应链的企业。永辉追求的是通过深耕供应链，控制定价权。永辉以股权绑定

方式与同行及上下游进行深度合作，强化采购议价能力和供应链，寻求各方突破空间。

表7－4　永辉模式

差异化定位	以经营生鲜农产品为主，食品、日用品和服装为准。通过生鲜吸引客流带动其他业务增长
价格优势	保持对农贸市场的价格竞争优势
经营模式	直采直营，做好“两低、两高”，即价格低、损耗低、保鲜高、质量高
采购体系	组建全国性的采购团队，全国性统采、区域直采体系，包含四种采购渠道：基地采购、当地采购、远程采购和批发市场采购。在农产品方面实现从农田直通超市的“农超对接”模式
物流配送体系	建立了冷链系统，拥有多种冷链设施。采购回来的商品统一送到配送中心进行分类、加工、整理等处理，然后再根据各门店的需求配送到各门店。通过这种方式，有效控制和降低生鲜农产品的库存量和损耗率，保证生鲜产品的质量和分类管理
良好的零供关系	永辉坚持周结、月结的货款结算制度，供应商之间形成战略伙伴关系
精细化的管理	公司有专业化的管理团队，建立了生鲜农产品质量认证体系和品控体系；组建专业买手团队，专门负责农产品种植辅导、采购、保鲜、冷藏、配送、售卖，实现了对生鲜农产品的单品类管理，降低生鲜农产品在“购、运、储、销”等环节的损耗率，提升生鲜农产品的盈利空间，推动区域生鲜农产品流通一体化
盈利模式	坚持自营为主，自行采购及销售生鲜产品，在日常销售实践中不断积累经验，提升和完善自营模式

管理制度创新：对标华为，推合伙人计划

合伙人理念就是把超市里面每个柜组视为合伙人，每个员工成为经营者。永辉将一个大卖场的每个柜组当做一个经营单元，一个大的卖场拆分为16～18个、超级物种门店是8～10个、永辉生活是1～2个，每个经营单元由6＋1个合伙人组成，小组长由选举产生。以门店整体业绩任务达成作为参与分红

的前提条件，从营运部门到后勤部门，从员工到店长均参与体现全员参与，达到共同经营门店的目的。

门店经营过程中，超过这一业绩标准的增量部分利润就会拿出来按照合伙人的相关制度进行分红。店长拿到这笔分红之后，会根据其门店岗位的贡献度进行二次分配，最终使得分红机制照顾到每一位基层员工。对于重要的一线员工，如专业买手，在合伙制之上，也进行股权激励。

互联网科技转型：自主O2O失败后，联手京东

2015年8月7日，永辉超市宣布与京东签署战略合作框架协议，京东以43亿元人民币入股永辉，双方将就“探索线上线下合作模式及O2O业务发展、仓储物流协作、共同挖掘互联网金融资源”等方面展开合作。

永辉与京东合作至今已有三年多时间，双方的合作仅限于“京东到家”，在生鲜产品供应链方面几乎没有协同，永辉曾经试图“承包”京东的生鲜板块来经营，但商谈最终未有结果。截至2017年底，永辉入驻京东到家门店共401家，其中云超235家，云创166家。

新零售业态创新：对标盒马生鲜，推“超级物种”

永辉的实体店转型，历经了五次进化，分别出现了“红标店”“绿标店”“精标店”和“会员店”四种业态，直到推出的“超级物种”，持续不断地升级着消费场景。

超级物种是在永辉精标店基础上再次升级，将“超市+餐饮”深度融合后的模式。2017年1月1日，“超级物种”正式登陆福州，作为永辉超市新零售业态，超级物种实行线上线下一体化运营模式。超级物种门店营业面积一般在650~1500平方米左右；在配送方面，超级物种需消费满18元免费配送，

范围为 3 公里内 30 分钟送达。在线上运营方面，拥有多个入口，消费者可以通过永辉生活 App、微信小程序、饿了么平台入口实现线上下单支付。这种“超市 + 餐饮”的模式虽然具备了线上和线下两种场景，但从实际运营来看，目前大部分的消费都在线下实体店完成。

（荆　兵　李梦军）

发现直播的价值[①]

直播行业的发展似乎风头已过。除了映客赴港上市，直播平台的生存空间日渐逼仄。相对于人工智能等当下风口，资本市场对于直播的关注度有所下滑。面对“直播市场是否迎来终局”的疑问，必须要明确直播的商业价值，或者找到创造商业价值的切入点，行业才能迎来新的发展机遇。

相比美国，中国在文化娱乐领域出现了更多的独角兽企业。直播平台能迅速带来庞大用户流量，拥有很高的变现能力。智能手机的普及，加上国内便利的网络支付环境，为直播平台的变现提供了良好的基础，使其呈几何倍数增长。

好风凭借力，送我上青云。可惜从直播行业的经营现状看，要成长为受资本强烈追捧的行业还有相当距离。2018 年是互联网企业的第三次上市浪潮。从小米到美团，“上市”是 2018 年互联网行业的关键词。但从准上市企业的行业分布来看，资本市场更加关注分享经济、人工智能、金融科技、生活类服务业等，这从一个侧面说明资本市场对直播商业模式的潜在价值尚存疑问。

未来，除了陌陌、映客这些上市公司，其他小直播平台的生存空间将会越来越小。秀场直播发展遇到瓶颈期，未来是否还有机会掀起新的上市浪潮，将取决于这些企业能否利用商业模式的创新，持续创造出新的用户价值。

---

① 2018 年 8 月 8 日，新浪网。

构建“直播+”，深挖商业价值

盈利模式单一是所有直播平台的痛点。直播平台大概可以分为以YY为代表的PC大众直播，以斗鱼为代表的PC垂直直播，以映客等为代表的移动直播。移动直播以全民参与的特性受到大众的热爱，直播形式和内容更加差异化和多元化，当然竞争也更激烈。与PC端的直播不同，移动直播可以说才刚刚开始，它更真实、互动性强、更有氛围。正如扎克伯格所言，“任何一个有手机的人都有向全世界做直播的能力”，这是我们交流方式的一次大转变，而它将会为人们携手并进创造新的机会。

无论何种形式，直播平台虽然拥有巨大的用户基础和流量，但盈利形式不外乎礼物、打赏、广告植入、付费直播、电商植入等，商业模式看起来有些简单。营销产品的种类也仅涉及3C数码、服饰箱包、生活类产品等，影响的范围不广。所以，观察细分直播平台的类型，可以发现移动直播所产生的颠覆性还远未被充分认知。

映客商业模式的重点在于构建“直播+”。目前，映客有逾2亿注册用户，盈利能力和现金流良好，估值也没有问题，是资本市场的香饽饽。映客既然选择上市，如何构建未来的盈利模式就成为首要考虑。未来，映客的发展方向与规划可以从这三个方向去思考：

一是布局B端，利用“映天下商业平台”统一管理主播的商业化直播业务。因为对于直播平台，主播具有无可比拟的营销影响力，而“映天下”就是做网红主播的广告代理。

二是向“直播+”转型，从单纯的移动直播，逐渐增加电商、广告、游戏等元素，实现从点到面的突破，扩展变现的通道。目前，映客几乎全部的营业收入都来自直播业务，即“打赏”。通过“直播+”可以塑造映客的品牌形象，提升广告营销的收入。

三是改变传统认知，构建良好的企业形象。直播业务一直游走在模糊地带，打赏模式常被质疑，人们普遍对于直播和网红的评价不高。从上市公司的角度看，映客也在通过业务多元化的模式改变对于网红的依赖。未来还需突破增长的“天花板”，以更多元的变现模式求得站稳脚跟。

把握移动趋势

从门户网站、搜索引擎到社交网站，从文字、图片到视频，互联网每次发展浪潮都产生过一批相应的独角兽企业。因其内容丰富、形式多样、实时互动等特征，移动直播有望迎来爆发式的增长，并成为新的入口和超级平台。在实现非线性增长的过程中，移动直播可能面临三大挑战。

一是面临更加激烈的市场竞争。从行业内看，经过资本洗牌，现在直播平台形成了以腾讯投资、登陆美股的虎牙，奇虎360战略投资的花椒，赴港上市的映客为主的“三足鼎立”格局。映客没有BAT的背景，在资本市场笑到最后，凭借的是不断进步的产品和技术创新能力。直播市场还在成长和发展，映客也离不开娱乐和教育视频两大板块。为满足用户娱乐需求，其他竞争对手也会进一步丰富业务和产品形态，不断寻求并购和投资的新机遇。从行业外部看，颠覆性的竞争对手一定来自于行业之外，移动直播最强劲的竞争对手是“短视频”。南抖音、北快手，短视频行业的强势崛起，必将对移动直播的用户造成分流，对直播平台的盈利手段和变现能力提出挑战。

二是寻求更加合理的商业模式。很多人说，是混乱的市场造就了直播平台的成长。网红面对的是大众娱乐和审美，视频内容趋于娱乐化，为了赚取眼球和流量，各大主播花样百出、格调不高，这种模式很难具有持续性。对于资本市场，商业模式的前景是获得投资的重要指标。拼多多之所以成为电商第三极，是因为资本市场看好其商业模式创新能够支撑未来的收入和增长。在此次互联网企业上市浪潮中，类似拼多多这种拥有新模式或者拥有人工智能等新技术的企业将迎来收获期。“千播大战”之后，直播平台更加看重内容，定位更加准确，品牌更具内涵，企业也必须在直播之外寻找新的突围方向和增长点。

三是构建更加完善的生态关系。企业需要根据主业布局“生态链”，处理好与上下游企业的关系，尤其是BATJ。他们资金雄厚、流量庞大、业务丰富，与之联盟可能产生巨大的协同效应。映客为了保持独立性，此前选择不依赖、不站队，未来可能需要寻求与这些巨头的合作机会。

（滕斌圣）

第八章

管理、格局与境界

通常来说，企业领军人物普遍面临“高处不胜寒”的困境，商业格局、精神境界难以实现再突破。长江商学院所倡导的“终身学习”理念，能够有效拓展企业家学习的维度与广度，引领企业家打破固有的思维局限，带领企业家“从富足的人生走向丰盈的生命”。对于长江商学院来说，培养企业家的人文关怀和全球担当才是更为重要的使命。作为率先提出培养企业家“人文精神”的商学院，长江商学院将帮助商业精英们提升格局与境界，做敢于承担社会责任，对中国、对世界负责的企业家。

中国高管领导力转型，以变化驾驭变化①

领导力的行为理论将领导者的行为分为任务导向型和关系导向型。任务导向型行为指领导者专注于任务的规划、进度安排以及是否达成结果。高效的任务领导者会引导并确保下属员工设定较高但又切合实际的绩效目标。关系导向型行为指领导者对下属员工显示出信任和信心，给予他们支持和关心，让员工始终感受到个人的价值和重要性。

情境领导力强调高效领导者不仅会引导任务目标并促进其实现，同时维持协作关系和团队合作，即任务导向和关系导向的平衡是领导力的关键。通过数据分析，研究报告显示，在具有中国特色的市场演变中成长起来的中国企业高管群体有其独特的共性，即他们的自然人格以权威型为主，善于开拓以及注重任务结果。而在变化的工作情境中的领导力风格却由本性的开拓型大幅调整为全面管理型，即注重人与事的平衡，甚至在某种程度上刻意减低权威型行为特质。

《转型时期中国企业高层管理者领导力研究报告》是长江商学院领导力与激励研究中心“中国企业高层管理者领导力特质系列研究”的首份成果。这项研究从长江商学院 EMBA 以及 EE（高层管理教育项目）在读学员样本库中抽取了 1906 份样本，地域覆盖中国大陆及港澳台地区，主流行业，企业性质

① 2019 年 4 月 4 日，《哈佛商业评论》。

包括民企、国企、外资以及非营利机构，其中78%来自企业/组织最高决策层，有62%的学员是最高决策者。

该研究报告以情境领导力及行为理论为框架，将个人领导力特质测评应用于大样本的定性和定量研究，是本土管理学界对中国企业高层管理者群体领导力第一次全方位的数据解读。

本文将以本次研究的重要结果为基础，分析、展现近30年中国经济环境以及行业变化对中国企业高层管理者的情境领导力特质所产生的影响。

领导力的自然人格变迁

自然人格是个体的社会人格。综合遗传学和心理学，一般认为人格是先天加后天共同作用的产物。两方面都有显著的案例，从小分离的同卵双胞胎，成年后往往表现出相似的偏好，每个人的人格在一生中都会渐变。而对于管理学，默认个体在加入职业、企业的时候，社会人格已经定型，在任职期间虽会随着情境发生调整，但极少发生连续性质的变化。

以长江商学院企业家学员为样本的统计显示，其中权威型自然人格超过半壁江山（52%），其余各型近乎平均地分配了剩下的份额：社交型10%、耐心型6%、逻辑型12%和随机应变型21%。其中随机应变型视具体的情境可转化为其余4型。由此一来，权威型的管理风格占到整体数据的60%，并且不分行业（统计中包含8个主要行业：教育培训咨询、房地产家居、制造、金融、零售、计算机互联网、医疗保健、电力）、地域，均以权威型管理者为主。而这种权威型的管理风格又与管理者的层级呈正相关，即职位越高，权威型管理者比例越高。其中尤为突出的是，正职又高于副职，尤其是企业一把手，大多数（60%）是权威型，而除一把手外的其余高管，权威型则不到半数（48%）。实际表现的管理风格维度，一把手的开拓型比其余高管高出5个百分点，而全面管理型却要低3个百分点（参见图8－1）。

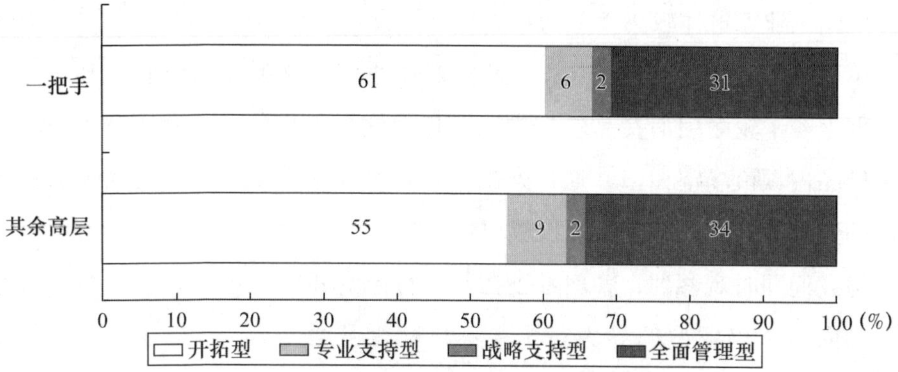

图 8－1　中国企业高管表现的工作风格类型

在被测八大行业中，又以制造和计算机－互联网两个行业的权威型管理者比例最高。这与激烈的行业竞争有关，对决策速度和执行力要求更高，并且这两个行业市场结构尚未定型，仍处在急剧变化中。相应的这两个行业管理者的个性相较其他行业也更加鲜明。

尽管中国传统文化有崇尚权威的一面，但显然不可能过半的中国人是权威型人格。与普通大众的经验和统计相互印证，五种主要人格类型大致呈平均分布。从高管层内副职到正职，再到一把手的递进，可知权威型管理者比例奇高，来自职业生涯的后段，而不是之前，是职业阶梯层层选拔、不断集中的结果。

企业根据外部市场配置资源，过高比例的权威型管理者正是市场环境长期选择的结果：那些更有效地发现、培养和重用权威型自然人格充当管理者的企业，往往在竞争中生存到了最后。自然人格和管理情境存在对应关系，这意味着他们在职业生涯中面对的情境，大部分或较重要的都适用开拓型管理风格。作为长期指数，就能和改革开放时期建立耦合。以 1978 年为改革元年，2018 年举国以各种方式纪念了改革开放 40 周年。但对历史有所了解便知，真正的城市改革始于 1984 年，而直到 1992 年才正式确立市场经济，催生了著名的“92 一代”企业家。至今不到 30 年，这些企业家很大一部分还在工作。

中国企业家群体较为单一的自然人格，反映了近30年来的中国市场环境较为单一。此前30年计划经济，重积累轻消费，改革释放巨量被压抑的需求，催生若干轮耐用消费品的集中购买以及之后的网络潮，都要求企业迅速推出产品占领市场空白，并通过残酷的价格战实现产业集中。这种高度结果导向的业务模式，成就了一代权威型管理者。

但我们同时观察到，管理者正在改变自己的领导力风格。有63%的企业高管倾向弱化权威型领导力行为，不再“唯我独尊”，而是加强与他人的沟通。

这个结果亦得到细分数据的支持。各行业企业高管弱化权威型领导力行为的比例，均超过强化者，尤其以制造业逆转幅度最高，达72%。而企业一把手权威型逆转高达71%。企业高管的本性管理风格以开拓型为主（54%），全面管理型为辅（35%）。但实际展现的管理风格，前者降至20%，后者则增至71%（参见图8－2）。

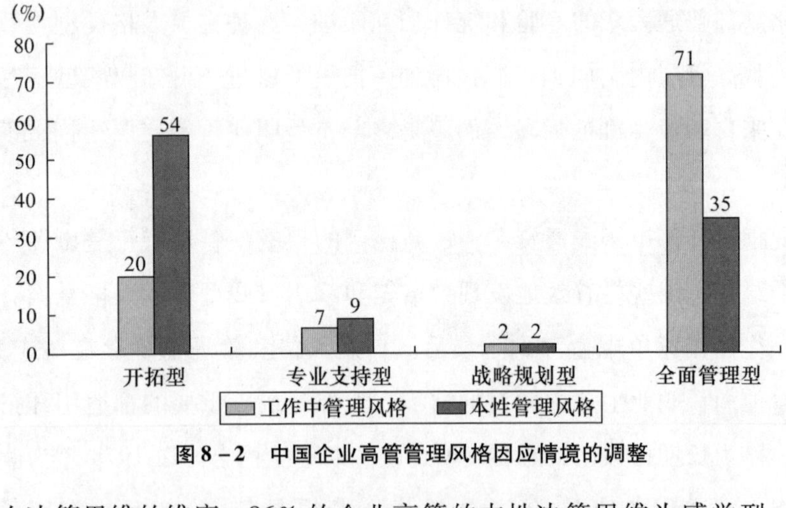

图8－2　中国企业高管管理风格因应情境的调整

在决策思维的维度，86%的企业高管的本性决策思维为感觉型。而实际展现的决策思维，感觉型降至51%，均衡型和事实型决策者比例都有相当明显的提升（参见图8－3）。

统计最终呈现的似乎和由自然人格推导出的结果矛盾。但其实在时间轴

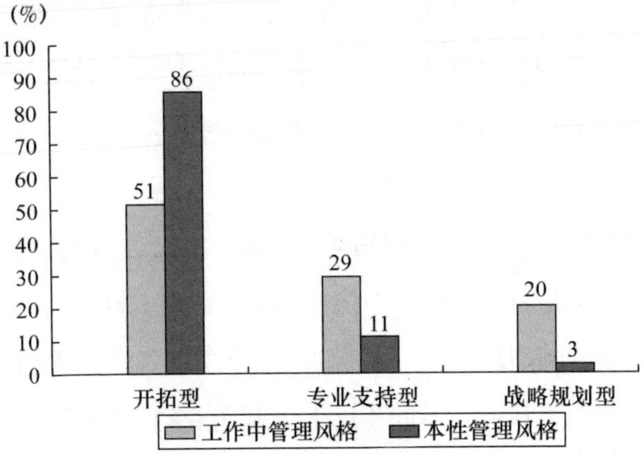

图 8－3　中国企业高管决策思维因应情境的调整

上错开。自然人格呈现的是过去长时段的主流情境，而统计呈现的是目前短期内情境的变化。管理风格调整幅度之大，显示情境的变化之大。但为时尚短，还不足以造成管理者自然人格的更替。

经济环境持续影响领导力风格发展

继之而来的问题是这一变化的深度以及可持续性。它仅仅由环境的短期波动引起。众所周知，近期国内外政经形势均出现一些不确定性，那么领导力风格会因形势一旦明朗就会回到从前，还是会演变成一个长期趋势，甚至与前 30 年等量齐观？我们基于若干理由，判断是后者。

首先，我们的研究样本以长江商学院高管学员为主。在实践中，高管并不会直接面对所有变化。成熟的企业一般都能建立起一个富有弹性的中层，为最高决策层提供缓冲，消化掉大部分短期波动，使高层聚焦于战略。而统计呈现的，变化已经在众多企业穿透中层，传导到最高决策层，这一现象本身就具战略意义。

其次，在两类领导力行为中，任务导向型的前提是信息对称，充分了解业务的闭环，即从产出、决策和执行，到产出作用于现实，得到结果反馈的全过程。而关系导向型总是伴随着信息不对称，基层业务人员比领导者更了解一线情况，这时就需要注重人与事的平衡：高度授权，激励一线的主动性和创造力，也就是使基层亦成为领导者，而高层则作为“领导者的领导者”，对基层有服务意识。

两种领导力行为针对不同的微观情境，也具有突出的行业性。目前的中国企业转型，行业转型是重要趋势。“中国奇迹”主要来自制造业。我们的研究样本涵盖八个行业，制造业居其一，但近30年来，各行业都致力解决稀缺经济的问题，其余的七个行业在不同程度上以制造业的方式运作。

如今各行业都趋向饱和，甚至需要去产能。中国经济积极谋求转型，兵分两路，企业（B）端：高科技研发，客户（C）端：创意、服务和体验经济。这些新兴业务所需的组织和领导力都和传统制造业大相径庭。这里我们引入詹姆斯·威尔逊（James Q. Wilson，美国当代著名政治学家，美国艺术与科学院院士）在《官僚机构》中提出的一个模型。该模型发展自公共管理的案例，也适用于企业管理。它将组织的产出和结果按照观察的难易程度分成四个象限。产出和结果均可见，称为生产型组织；产出可见，结果不可见，称为程序型组织；产出不可见，结果可见，称为工艺型组织；产出和结果均不可见，称为解决（方案）型组织。

传统制造业是生产型组织，产出和结果都容易观察。由福特流水线开创的大规模制造模式，通过将工艺流程分解为简单重复的动作，可以实现精密控制。近40年信息技术的发展，为这种控制提供了更完备的工具箱。而新兴业务则不具备这样的双向透明。

在服务和体验经济中，企业仅仅能控制员工产出中容易计量的部分，就像传统制造业那样，比如餐饮业可以控制上餐速度，但对于“和顾客接触的关键瞬间”，总是难以量化的。而对于结果，顾客满意度就更难观察。而创意和研发业务存在巨大的不确定性，产出和结果都难以观察。

总之，传统制造业向任务导向倾斜，而新兴业务的发展，需要加强关系导向的比重，使两者更加平衡。体现在变化的情境上，就是领导力风格由本性的开拓型大幅调整为全面管理型。

最后，中国的发展主要对标美国：市场经济先行者，同为大国市场。美国成熟的生态包含多种多样的情境，相应管理者的自然人格和管理风格也高度分化，与风格较单一的中国企业家群体形成对比。这种单一显然是市场经济初级阶段的产物，预计也会随着经济发展逐渐丰富。回顾管理史，在美国发展的早期，也经历过权威型管理者当道的阶段。

根据斯蒂芬·巴利（Stephen R. Barley，加利福尼亚大学圣塔巴巴拉分校组织理论教授）和吉迪恩·昆达（Gideon Kunda，特拉维夫大学劳工研究系教授）对管理学史的研究显示，一个世纪以来，理性主义和非理性主义，亦称人文主义，每隔20~30年，交替成为管理学主流，并且与宏观经济周期吻合。理性主义重视资本管理，而人文主义重视劳动管理，可以认为分别对应任务导向和关系导向。中国经济过去30年显然是理性主义主导，现在到了一个调整的时候。

综上所述，中国企业高管领导力强化关系导向、弱化任务导向的转型，将成为一个长期趋势。那么仅仅管理者个体的调整是远远不够的，需要企业以整体应对。

企业应根据自身情况，稳健地推进转型。那些还处在初创期的企业以及尚未实现产业集中的行业，仍然需要倚重权威型管理者。而随着市场成熟，参照上述分析，重点在于调整企业的评价体系：过去与单一的业务模式相匹配，短平快的绩效考核在形式上公平竞争，但这其实更有利于权威型管理者，而不利于其他管理风格，特别是战略型。今后应视企业自身情况，采取更长效的激励制度，提供更长的赛道，如同巴菲特所说的“滚雪球”，让其他管理风格的人才脱颖而出。

长效激励不限于传统KPI范畴，包括延长考核周期，引进更多指标等，更要建立利益分享机制，包括授予股权、期权等安排。激励不到位是很多企业转型乏力的核心问题所在。未能建立起分享机制，既有主观的因素，如任务导向管理的惯性，也有客观的限制，比如粗放的增长方式，缺乏利益调整的空间。

本次研究揭示了宏观经济转型与微观的情境领导力之间的互动，也发现了变化正是情境领导力理论的精神所在。它作为动态平衡，敦促人们以变化驾驭变化。

（张晓萌）

有格局的人，创业成功的概率大[①]

格局就是人的视野、全局观。大的格局不仅意味着更大的视野，还要有分清主次、找到重点的能力。格局是创业者事业大小的一个重要框定因素。

创业者要成功，外界环境是一个重要前提。虽然从某种意义上讲，人是可以选择环境的，但大致上讲，环境其实还是上天给予的成分更多一些。比如一个人出生的时代、父母带来的教育和资源、小时候没有自我选择的情况下的生活和教育环境等。所以说，一个时代出一批人，一方水土养一方人。

有了良好的环境，最紧要的就是创业精神。什么是创业精神？简单地说，就是为市场、组织或他人创造价值的主动精神。这里有两个关键点。

第一，价值是为别人创造的，创业者自己只能分一点。一个有效的商业模式一定是在给别人创造价值的基础上，自己能分到一点。这里有个先后顺序，没有给别人创造价值，就没有给自己分到一点的基础。百度、阿里、腾讯、京东的价值大，是因为它们为客户创造了更大的价值。

第二，创业精神一定是一种主动的精神。创业需要有创新精神，而创新一般都是主动的，被动的创新纯属偶然，没有持续性。

那么，有良好的环境，又有创业精神，什么样的人能成功？有能力的人能成功。那什么是能力？总体来讲，就是提出问题、解决问题的能力。这种

① 2018 年 11 月 29 日，《第一财经日报》。

能力不只是脑力活动，强健的体魄和能吃苦的韧劲也非常关键，因为所有的创业者都在跟很多其他的创业者竞争。

在创业领域，提出问题其实不难——即使自己提不出来，也可以走“先跟随再超越”的路线。事实上，几乎所有的创业成功案例都是在和竞争者交锋之后产生的。所以，创业者要想在竞争中胜出，一个必要条件是比别人更有韧劲、更能坚持。

知识也是能力的一部分，但不是全部。能有效地把书本上的知识用来解决问题才是真正的能力。人们常说的“理论联系实际”“接地气”“活学活用”都是这个道理。从这一点出发，教育的目的应该是培养能力，而不仅仅是灌输知识。能力的培养靠人的悟性，也靠锻炼。把解决实际问题带到作业和考试中去是最好的锻炼。

有了良好的环境，有了创业精神，也有能力，是否一定能成功？应该说成功的概率比一般情况大很多。那么，进一步讲，什么样的人能获得可持续的、长远的成功？一个主要的决定因素在于思想的格局。有大格局的人不见得有大事业，但没有大格局的人是不可能成大事的。

格局的一个表现是人品。有人可能会觉得惊奇，人品和格局怎么会有联系呢？人品说的是人的道德水平，包括是否考虑别人、是否遵守诺言、是宽宏大量还是斤斤计较、是言行一致还是背后捅刀等。这些和格局有什么关系？我们说，关系很大。

格局是对事物所在体系和大环境的整体理解：有大格局的人，不会只考虑自己、不考虑别人，因为大家都是体系的一部分；有大格局的人，不到万不得已，不会不遵守诺言，因为失信带来的暂时利益，会被失信带来的长远成本完全抵消甚至超越；有大格局的人不会斤斤计较，因为其他的东西可能更重要，只是格局小的人看不到；有大格局的人会清楚地看到声誉是最宝贵的财产，而声誉的建立需要一个人言行一致，即使这会损害暂时的、局部的利益。所以说，格局和人品并不完全等同，但在很多方面是一致的。格局决定你的事业能走多远；人品决定你在社会中能走多远。

如果一个创业者完成了从零到一，取得了局部的成功，说明他可能正处于一个良好的环境，证明他是一个有创业精神和有能力的人。下一步，继续培养和扩展格局是关键点。为了提升格局，创业者应该把人品的修炼和事业的成功看作同等重要的事。要做事，先要做人。把人做好了，除了能带来事业的更大成功，还能带来无条件的爱戴。有爱的人生，才是成功的人生。

（刘　劲）

犹太人超凡创新能力是如何炼成的①

如果我问你，世界上创新能力最强的地方是哪里？你如果回答“硅谷”就对了。如果我问你，世界上人均创新能力最强的地方是哪里？你如果回答“硅谷”，就错了。

是以色列。

截至2017年底，全世界犹太人总共不到2000万，占世界总人口不到3‰，却出了近200个诺贝尔奖得主（和平奖除外），占整体的20%左右。其中36个化学，31个经济，15个文学，54个物理，56个医学。

创新vs超群的智商

如果全球华人和犹太人有一样的创新能力，我们应该有14000人获诺贝尔奖。但我们实际只有11个，只完成了不到千分之一的份额。

有人说，犹太人之所以能创新是因为遗传——犹太民族的基因决定了他们智商过人。但这种说法其实是站不住脚的。

诚然，有个别研究发现犹太人在IQ测试中的平均成绩高一些。但标准的智商测试受到很多因素的影响，比如家庭收入、教育水平等。犹太人的平均

① 2018年11月21日，第一财经网。

收入和教育水平高一些，自然IQ测试的结果也更好一些。

从遗传的角度上讲，其实犹太人（尤其是以色列的犹太人）和中东其他国家在血缘上非常相似，没有理由认为犹太人比这些邻居更有基因优势。

我们也觉得中国人很聪明。这个印象可能没有错，我们不见得比别人更聪明，但我想肯定不比别人笨。所有科学的基础是数学，从1959年举办国际奥林匹克数学竞赛以来，中国选手斩获了近40%的金牌。如果仅用智商解释这个成绩，那咱们中国人一定是世界上最聪明的。

我回国到长江商学院工作之前，在美国哥伦比亚大学读书，然后到加州大学任教。在这两所学校有1/3的老师是犹太人。我从来没有感觉到这些人和我们中国人在智商上有任何区别。事实上，我觉得我遇到过的最聪明的人是我的本科同学，尤其是少年班的那些十三四岁上大学的小孩，真的是非常聪明。但是，很多聪明绝顶的中国同学，毕业后却未有惊人建树。

创新 vs 巨大的投入

如果说犹太人在智商上没有明显的优势，那他们超凡的创新能力从哪里来?

一个说法是犹太人大都生活在西方发达国家，尤其是美国。作为100年来的世界第一强国，美国在科技方面可以说是一骑绝尘。到目前为止的600多个诺贝尔奖，美国人拿走一半，其次才是英国、德国、法国。

创新之所以能产生，必然要依赖对科研的投入，而对科研的投入又依赖于经济的体量和对科研的重视。美国经济体量第一，科研投入也是第一。亚洲国家比如日本，虽然经济体量远小于美国，但从20世纪80年代就开始加大对研发的投入比重，其科研在GDP中的占比很早就超过了美国，占到3.5%左右。因此最近几年，看到日本人屡获诺贝尔奖，其实并不新奇，有投入自然有回报。

从这点上看，只要中国坚持加大对科研的投入，我们创造全球领先的新的科技成果，也会是指日可待的。再过10年、20年，必然会有更多的中国人站到诺贝尔奖的领奖台上。

创新vs高校的体制

但除了对创新的投入，更需要思考的事情是创新产出的效率问题，即每一块钱的投入能产出多少高质量的创新。从效率的层面上看，美国仍然领先中国。最主要的原因可能是中美一流大学之间的差异。

美国的大学的治理体制基本是所谓“教授治校”，教授们做什么科研、能得到多少资助、研究成果怎么评估都是行业里的顶尖教授来完成。像校长、院长、主任等行政主管也心无旁骛，只管行政，并没有权力介入科研。这是一套“专家治理专家事务”的体系。

创新vs独特的文化

经济对创新整体的投入以及大学的治理制度都是对创新起到决定作用的宏观因素。回到微观上，即使在考虑了这两个因素之后，犹太人的超常创新能力仍然是个谜。即使与西方像美国这样国家的整体水平来比较，犹太人的创新效率也是高得像来自另外一个星球。

既然智商、财富、教育程度无法全面解释这种现象，最后剩下的就只有文化。那么，犹太人有哪些在文化上的特质能让他们鹤立鸡群、出类拔萃？

犹太人文化的一个核心是辩论。如果一群朋友一起吃饭，只要有两个犹太人，尤其是以色列人，就一定有大声的辩论甚至争吵。辩论的核心一般不是关于利益，而是关于在一件事上谁对谁错。在犹太文化里（尤其是世俗犹太人），很少教条，有的是永恒的辩论。犹太人相信真理是在辩论中得到的。

犹太人常说这么一个故事：当一个美国或中国孩子晚上放学回家，他的妈妈常会问“你今天在学校都学到些什么？”在一个犹太家庭妈妈会问“你今天在学校都问了什么好的问题?”“你今天在学校问了什么问题能让别人对你刮目相看?”这是一种对知识和权威非常不同的态度。其他民族的人说，权威什么都知道，我们要向他们好好学。犹太人说，咱们多问几个问题，没准权威没有考虑到其中的一个，我来把它搞清楚。

犹太人其实知道自己的特点，他们还有个专门的名词，叫 chutzpah，简单可以翻译成“不知羞耻的坚持”。他们知道这种态度有不切实际的一面，但同时也认为这种态度对伟大的创新有必要性。当你的孩子从小就觉得自己是世界上最棒的，所有皆有可能时，他一定是勇于创新的。

这种态度其实是创业精神的核心。乔布斯、马斯克、贝索斯、马云、刘强东这些人，他们创业时说的话，普通人乍听起来可能会觉得疯疯癫癫，不着边际，甚至会想这些人不是在忽悠，就是彻底疯了。但是，他们自己完全相信自己所描述的宏伟蓝图。

诚然，对所有这样的创新者来说，失败都是大概率事件。但万一成功了呢？有哪一个重大的创新，不是在失败了千百次后才修成正果的?

所以说，犹太人之所以能创新，不是因为基因，而是因为文化。我们中国要想真正变成一个创新的强国，光花钱是不够的。在体制上，如果我们的大学不在管理上加强“教授治校”的先进理念，就无法做到高效的创新，也就无法真正做到全球一流。在文化上，如果我们不建立一种挑战权威、容忍失败、舍我其谁、在辩论中寻找真理的创新文化，我们的创新能力会远低于我们的潜力。和犹太人一样，我们中国人有聪明的头脑。我们需要的是打开套在我们思想上的文化的枷锁。

（刘　劲）

“后真相”如何背景下坚守理性决策[①]

特朗普成功当选，英国脱欧公投取胜，“后真相”一词以超高使用频率被《牛津词典》冠以“2016 年度英文词汇”之首，并自此频繁见诸各大媒体与学术讨论。“后真相”揭示了这样一种现象，即在形塑公共舆论的过程中，诉诸情感与个人理念可能比客观事实更加有效。尽管黑泽明早在 1950 年的《罗生门》内即阐释了这一特征，而半个多世纪之后，以 facebook 为代表的社交网络占据了信息分发的绝对主导地位，部落形态的舆论结构，愈发凸显，且影响力深远。

虚假新闻肆虐正是“后真相”现象的一个缩影，它们共同折射出人类认知能力的局限与共识机制的脆弱；尤其面对日益精进的技术发展，我们如何保持独立思考？如何坚守理性决策？挑战愈发严苛。

希望本文探讨的问题与思考角度，启发大家检视自己探寻真理的钥匙，并对相关从业者研判趋势提供参考。

人类大脑被两大思维体系主导

Daniel Kahneman 和 Amos Tversky 的研究结果发现，我们的大脑行为反应

① 2019 年 3 月 7 日，财新网。

模式大致分为两种：感性模式和理性模式。感性模式通常是快速的、不费脑力的，多依赖情感来进行决策判断；理性模式则是大脑有意识地进行的一种严谨的、需要投入更多脑力的思考模式。

感性模式通常是为了获得情感满足。在感性模式下，我们臣服于某种信念大多是因为它可以减少焦虑（降低不确定性），从而获得心理舒适。而人类大脑在思考时常常偏好走捷径，默认以最简化的方式处理问题，心理学家把懒惰的大脑称之为“认知吝啬鬼”。

理性思辨则让我们客观地理解世界，并据此获得可靠的结果。例如，当我们选择信赖某种药物与否，最核心的判断标准是它对特定疾病的治愈率到底是多少。而这种对客观结果的稳定预期，正是我们坚守理性最重要的收益。

科学理性则十分困难

理性的本质到底是什么？其实正是概率推理逻辑。在理想状态下，信息充分，客观概率（古典概率）得以被计算。但有限信息才是现实生活中的决策常态。而贝叶斯定理恰恰在告诉我们，面对有限信息，如何实施理性，即在先验概率的估计上，不断通过新数据（信息）来修正结果。

它的数学表达如上，可简述为：后验概率（新信息 B 出现后 A 发生的概率）＝先验概率（A 发生的概率）×可能性函数。先验概率是根据已有的知识和经验得出的概率分布，可以认为是主观判断，或者没有约束条件下，发生某件事的概率。可能性函数则是调整因子，即由新增信息 B 带来的调整，以使先验概率更接近客观概率（真实概率）。换言之，当新信息 B 出现，A 事件的概率被重评，并由此得到二者相关程度的测度（进而为 B 导致 A－因果关系，提供参考）。

当然，稍加思考便会发现，上述理性方式依然过于理想：（1）我们得到先验概率的过程太粗糙；（2）我们能够接触到的用于修正结果的新数据太有限；（3）即使数据充分，我们也很可能不具备运算能力或者无知算法。单因子条件下对可能性函数的运算是简单的，但当信息复杂多维时，计算难度可想而知。

但是理性思维本来就异常困难。回想人类漫长的蒙昧时期（贝叶斯定理问世于18世纪），类似祭天求雨的荒谬归因，绵延近千年。虽然古希腊的思辨哲学被普遍作为科学理性的启蒙，而真正推动现代科学发展的标志性事件是：（1）古腾堡在欧洲发明活字印刷术，自此印刷品成本骤降，产出速度大幅提升，印刷品数量陡增（数据大幅增加－信息技术发展的远古版本）；（2）弗兰西斯·培根建立科学实验方法论，明确提出“科学研究应首先从适当类编过的经验出发，由此抽获原理，再经由带有目的性的创造（实验）验证或者修正”（算法确立）。这些事实都一再重申着理性思维的严苛条件，即只有足够的数据与合理的算法（以及充分的算力），才可能实现。

既然个体兼具数据、算法、算力，如此困难，借助外部参照物便成为理性决策的次优选择。尤其在自己不擅长甚至陌生的领域，借力更加重要（当然前提是我们明确自己的“知之”与“不知”）。外部参照物主要分两类，一类是权威，以知识密集型的科研工作者为典型代表。比如针对转基因食品是否有害这一问题，大部分人选择相信领域内科学家的判断；一类则是其他人的数量，即A相信某件事与否取决于相信该事件的人数多寡。比如，“羊群行为”通常是基于信息瀑布的理性决策产物。

但是，权威就一定科学？其他人的判断就一定理性？

外部参照物也可能偏离理性

共识产生的方式有两种：一种是中心化的方式，依靠精英阶层/权威间的辩论形成结论；另一种是去中心化的方式，即通过全体公众透明讨论、民主投票形成共识。

传统媒体和学术期刊是典型的中心化共识的产物。以美国为例，以《纽约时报》为代表的传统媒体向来坚持精英管理，编营分离；且不同传统媒体主张各异，形成较为充分的对话与讨论环境，由此达成较为广泛的群体共识；学术期刊则是科学界达成共识的重要媒介，文章的发表依赖于同行评议制度，即由相关领域的专家共同评判研究成果的质量。

但近年来，小保方晴子等学术丑闻频发，意味着权威同样存在问题。2016 年 5 月，《自然》杂志的一份专题报告指出当前实验科学的重复性危机十分严重（参与在线问卷调查的研究人员中有 90% 认为实验研究存在可重复性危机，其中 52% 认为实验研究的可重复性危机十分显著）。对实验科学而言，可重复是最基本的原则。研究结果的低重现率意味着研究本身的可靠性及预测率都大打折扣，学术共识已在偏离理性.

报告内同时列示了造成可重复危机的原因主要包括偏好性论据、发表压力等。这些现象其实在说明，在中心化的共识系统下，共识拥趸往往代表着巨大的利益，由此将大大削弱他们挑战既有共识的动力，甚至放任确认性偏见在研究过程中的角色；而其他成员又容易受到前述利益的诱惑，而放弃批判性研究的立场，甚至转而通过跟风研究实现站队，以期分得既有利益的一杯羹。

更糟糕的是，权威共识系统之间的制衡正在减弱。传统媒体时代，精英媒体对学术权威、政界权威施予压力，即便存在利益博弈，也能通过权威间的相互制衡，最终形成偏离理性较小的共识结果。然而，互联网彻底打破了旧有的共识形成范式。社交网络可以让权威高效地直接接触大众，进而“驯养”粉丝，而粉丝数量代表着庞大的利益，进一步巩固着意见领袖与粉丝的关系。当权威可直接由“粉丝供养”，舆论结构严重部落化，“部落”间的沟通愈发艰难，而权威系统间的对话似乎也不再必要，原有的制衡关系被打破。

纵观全球主流社交媒体，广告无一例外是其收入的最重要来源。近 5 年，Facebook 的广告收入占其总营收的 90% 以上，Twitter 该比例为 80%。新浪微博及门户的广告收入是新浪整体收入的最主要来源。广告收入也已成为腾讯营收的第二架马车，近 3 年年均增幅达 50%。广告能力与粉丝数量、质量直接相关。无论在中国还是美国，社交平台账号的粉丝数越多，其发布广告软文的价格也就越高；粉丝互动越活跃，广告价格越高。

再说另一种外部参照：其他人的数量，即 A 相信某件事与否取决于相信该事件的人数多寡。在个体信息有限的情境下，序贯决策的后序者通过前序者行为（新数据）来修正先验结论，其实是一种理性过程。但问题是，它的假设太过严苛，即前序决策者均为理性，于是使得真实结果往往与理性相悖；更有甚者，一旦发现这一结果有利可图，便会刻意操纵前序决策者数量以得到期望的跟随效果（比如雇佣排队），致使整体效用进一步脱离理性。互联网便熟稔此规则，通过利用虚假账号营造虚高网络流量来进行套利。平台雇佣大量真人或机器制造点赞、转发等互动行为，使该信息在传播中获得更大分发权重的同时，让后续信息接收者更容易相信该事件。

而且“水军”现象在全球互联网领域都非常普遍。微博上明星账号的真实粉丝数占比关注总数大概是 30% ~40%。据艾媒咨询调查显示，2017 年微信上 80% 左右的自媒体存在刷量行为，且刷量数据是真实数据的近 4 倍；两组数据较之 2016 年，均在恶化。Twitter Audit 表示 Trump 的 twitter 粉丝中 59% 为虚假账户；据《华盛顿邮报》报道，Twitter 2018 年 5、6 月清理的可疑账号数量超过 7000 万个。Facebook 则在 2017 年报里披露虚假账户约占 MAU（20 亿）的 3% ~4%，约 6400 万 ~8500 万。Facebook 首席运营官 Sheryl Sandberg 表示，2017 年 10 月到 2018 年 3 月期间，Facebook 已经删除 13 亿虚假账户，但虚假账号的增长速度仍快于官方删除速度。

更令人担忧的是，平台对水军现象甚至问题信息排查，都缺乏足够的动力。网络炒作的获利者包括自媒体（及其背后的金主）及网络媒体平台。前者通常通过生产内容为后者巩固或增加流量，后者通过广告主资源为前者带来收入。换言之，二者的商业模式都严重依赖流量。于是，前述监督行为往往仅为满足基本的监管要求而已，过分监督将损害其立命之本。所以，当前的网络环境，依靠竞争将很难抑制虚假信息（甚至会加剧虚假信息、低俗内容的传播）。更可行的方式：一是政府加大监管，增加造假成本，尤其应针对恶性网络炒作行为进行严惩；二是鼓励权威以更开放的模式建立共识。精英阶层应保持更加开放的精神，充分地沟通、辩论，秉持科学的方法论，警惕被利益捆绑。

无论“后真相时代”还是虚假信息泛滥，这些现象都在警示我们理性决策困难重重，尤其面对愈发迅速的智能技术演进，保持独立思考更应是精英阶层最基本的勤勉。重续以下要点以作结：

1. 人要做到科学、理性很不容易；感性是普遍的，理性是有限的；但是社会必须做到理性，才能保证良性的发展结果。

2. 社会理性依赖权威之间的辩论来产生衡量对错的标准。

3. 传统媒体、学术期刊是维持权威间公平公开辩论的平台。

4. 互联网改变了权威的生存方式，可以直接由粉丝供养。权威失去了制衡，可以肆无忌惮地让利益最大化。算法使易感人群直接参与假新闻的传播扩大。

5. 杜绝互联网虚假内容的几种方式：（1）行业竞争（目前阶段效果较弱）；（2）政府监管，增加造假成本；（3）权威共识在更开放的模式下建立（核心手段）。

（刘　劲）

关于贫穷，我们有太多误解[①]

67岁的美国人毛里西奥·利姆·米勒（Mauricio Lim Miller）一辈子都在和贫穷打交道。尽管在别人眼中他是这方面的专家，但是曾经有一度，他并不是很笃定自己是不是真的知道怎么战胜贫穷。1999年，时任美国总统的比尔·克林顿在国情咨文演讲中还特别提到了他。在20多年的时间里，他因为带领公益组织亚洲邻里设计（Asian Neighborhood Design）成为一个全美知名的社区脱贫模范而备受推崇。但当白宫邀请他出席那个活动的时候，出于这样的顾虑，他先是婉言谢绝了白宫的邀请，直到在太太的劝说下才答应下来。

米勒的工作是帮助人们摆脱贫穷，但是他对自己的工作到底是否有效心存怀疑，因为他不时地看到那些经过他帮助的家庭过一段时间，又出现在他眼前，因为他们又回到了困境之中，这让他开始怀疑自己的努力。直到2000年的一天，晚餐的时候，他接到了加州奥克兰市市长杰瑞·布朗（Jerry Brown）打来的电话。这个电话本身并没有什么激动人心的地方，但是它直接导致了两件事的发生：亚洲邻里设计项目的终止和家庭独立计划（Family Independence Initiative，以下简称FII）的发起。

而FII的成功，让米勒在2017年8月份出版了专著《另一种方法：我们关于贫穷的大部分认知都是错的》（*The Alternative: Most of What You Believe A-*

① 2018年1月25日，FT中文网。

bout Poverty Is Wrong）。对于致力于帮助低收入群体脱离贫困的专业人士和政策制定者来说，这本书值得一读。因为对于贫穷，我们有太多的误解。如果我们不能完全准确地了解贫穷的本质，我们的工作就不可能真正有效。

在电话里，市长对米勒的疑虑表示理解。他深有感触地说：在过去 30 年里，我们一直在和贫穷做斗争，但是，我们所有的努力只是让贫穷变得更加可以忍受。现在，假设所有的问题都不是问题，如果让你来做，你会怎么做？米勒承认自己并不知道这个问题的答案，但是他意识到，其实他自己就是这个问题的答案：作为墨西哥移民的儿子，他的母亲——两个孩子的单亲妈妈，一路是如何拼命工作并最终把他送进了伯克利大学的校园的。

几天之后，米勒走进市长办公室，对市长说："我不知道该怎么做，但是我妈妈弄明白了，就是她让我摆脱了贫穷。我想其他的母亲和父亲们也许有他们自己的法子。我要去问问他们，让他们告诉我该怎么做。"

从自身的经历开始反思，从母亲与贫穷苦苦斗争的经验中找到头绪，2001 年，米勒发起了 FII 计划。在他看来，公益领域广为盛行的关于贫穷的核心假设很可能是错误的，比如低收入家庭需要大量的资助、指点和来自专业人士的激励才能摆脱贫穷。FII 就是来挑战这些误解的。FII 不提供任何服务、不直接提供任何指点。FII 曾经解雇过 4 名员工，就是因为他们违反规则，直接向受助家庭提供了建议。米勒认为脱贫不是通过某个项目来达成的，也没有免疫的疫苗。脱贫的发生一定是自然而然的过程，推动这个变化的不是外力，而是内在的动力，是每个人心底那种想要掌控自己命运、改变现状、让世界变得更好的强烈愿望。

所谓另一种方法，米勒提出应从以下三个方面关注贫困家庭：控制权、选择权、社群。控制权指的是，那些试图来干扰贫困的外部力量应该尽可能靠边站，因为他们的社会地位虽然赋予他们对点子和资源的控制，但是这削弱了贫困家庭的主动性。因此，非常重要的一步是让贫困家庭自己建立起一个小目标，让他们对自己的生活重新恢复控制权。选择权之所以重要，因为大部分贫困家庭之所以会做出糟糕的决定，就是因为他们缺乏选择，而我们一直无视这一点。那么匹配的资金应该由贫困家庭自己来主导，这样他们可以对自己的选择和承诺负责。最后，社群对于脱贫至关重要。历史证明，摆脱贫困绝不是靠个人的努力，而是需要集体的行动。我们需要尊重、支持贫困家庭组成的社群，让他们在相互支持中找到脱贫的方向和智慧。

关于社群这一点，FII通过技术的手段成功地帮助参与到他们项目的家庭进行连接。FII给每个家庭提供一台电脑，用来记录他们都做了什么并且要求受助家庭每个月和社群里其他家庭做一次沟通。米勒认为数据是一种社会信号，数据就是背后的驱动力。“我们要做的就是收集数据然后再给到你们，你们得自己找法子。”他总是这样说。当人们看到和他们一样的家庭做了什么事成功了，他们也会跟着去做，因为它会让人产生嫉妒、灵感、对错失机会的担忧。此外，FII会视情况提供不超过2400美元的现金资助。这是一个非常简单的操作，但是这个操作可以让那些贫困家庭发现到底什么东西对他们来说能赚到钱，一旦找到之后，他们会分享和效仿那些成功的做法。

截止至2018年1月，FII已经和全美10个城市的超过2000个家庭开展过合作。这些家庭的报告显示，他们在收入、教育程度和互助方面有惊人的提高。平均而言，在和FII合作的两年中，家庭月收入增长了23%，从2157美元增长到了2645美元。FII大家庭里，有19%的创业者，而美国的平均水平为13%；90%的学生成绩是优秀、良好或者提高了成绩；相对初始的2400美元投资，FII家庭的年收入增长了2.2倍，资产增长了2.3倍。FII的成功让人们意识到，时下流行的脱贫的做法其实恰恰抑制了人们走出贫困的能力。摆脱贫穷可以有另一种方法，即激发人们的内生动力，并且让它在组织中自发地扩散。

脱贫是他们的事儿，也是我们的事儿，但归根结底是他们的事儿。米勒会对参与FII计划的家庭说：“我们的作用不是来帮助你，你是你自己生活的专家。”在15年里追踪了数百个家庭之后，FII发现，那些在贫困中徘徊的家庭并不是缺少改变的意愿，恰恰是那些抱着善意出台的政策和慈善活动限制了他们的自力更生。

因为母亲与贫困的不懈奋斗，才有了今天的米勒；因为母亲对摆脱贫困的理解和对人性的洞察，才有了今天的FII。也许正是这个原因，这本书的封面不是米勒领奖的巅峰时刻，而是幼年的他依偎在母亲身边的一张合影。

也许在很长一段时间里，人类社会不可能真正消灭贫穷，但是米勒的这本书，给了我们一个全新的起点：脱贫，从重新认识贫穷开始。

（朱　睿）

打造社会化急救的第一反应[①]

数据显示，每年中国心脏猝死的总人数居全球之最，高达54万人，平均每天约1500人因心脏猝死而离世，其中至少60%都发生在医院之外。而我国每十万人中急救知识的普及率仅为0.2%，远低于美国的25%、日本的45%和英国的50%；AED急救设备每十万人仅6台，远低于日本的242台。但社会急救本身并不是简单的医疗问题，它涉及专业急救技能培训、急救设施布置、社会公共法律保障等诸多领域的复杂社会难题。

创立于2012年的第一反应正是一家以社会化急救为目标的社会企业，是国内第一家B Corp认证企业，也是国内首家获得ISO 20121大规模、可持续国际认证的企业。第一反应从马拉松赛事急救入手，目标是建立中国社会共享型急救和应急平台。第一反应的创立师从“全球最安全马拉松赛事”的东京马拉松，而仅仅4年时间就赶上东京马拉松，并在2016年将自主开发的赛事医疗保障应急系统出口东京马拉松。通过多年的经验积累与数据迭代，第一反应的急救服务覆盖39个城市，超过270场大型活动，救活率达到91.8%，居全球首位。

一家成立仅6年的小公司为何能取得这样骄人的成绩，为何能在长期匮乏的社会急救体系中脱颖而出，值得我们认真讨论。

① 2018年10月12日，新浪网。

用行动改变偏见

创办之初，即使面对专业医护人员，第一反应人依然能够感受到他们的“偏见”：“如果医院都做不到（在赛道救人）的事情，你们凭什么？”。

救命的事情当然需要专业知识和训练。赛道救人，是在救命的维度上又增加了一个难度系数：时间。在马拉松赛事中，心脏骤停后留给急救的时间仅有4分钟（被称为“黄金4分钟”），若不能在4分钟内进行心肺复苏和自动除颤，每过1分钟救活率下降7%～10%。4分钟后脑细胞的死亡会导致生存概率大幅下降，这对整个赛场的急救体系提出了严峻的挑战。

在2012年之前，国内长赛程耐力赛事的急救保障由于缺乏专业的急救保障人员和救援管理体系，急救效率难以匹敌残酷的“黄金4分钟”。这背后一方面是赛事组织者对安全的严重关注，另一方面是组织者缺乏有效的手段保障参赛者安全。

第一反应首个成功案例是2013年，一位女设计师在马拉松后突发心脏骤停，手足无措的丈夫面对跌倒后头破血流的妻子愣在原地。第一反应队员在一分钟内赶到，在几分钟内完成了“开始CPR”“启动AED”“心跳、呼吸恢复”“止血包扎”等一系列急救操作。当救护车在15分钟后抵达时伤者已脱离生命危险。2015年上海马拉松，曾经被救助的选手“老倪”重新回到赛道，这次不是作为运动员，而是作为第一反应的赛道急救人。第一反应的出现无疑打破了传统对于医疗救助分工的理解，第一次将社会企业拉进了社会急救参与者的第一梯队。

直到2015年无锡国际马拉松，第一反应创造了国内首例赛道心脏骤停的急救复苏，AED记录的心电图数据确切证实了患者确实发生心脏骤停，又确实成功复苏。在详尽的心电图等各项数据面前，医疗界与社会大众对赛事急救的认知态度发生了翻天覆地的变化，专业赛事急救得以进入到各大马拉松赛事中。第一反应也正是在2015年从上海逐步走向全国。

如果从发展历史划分，第一反应的整体发展可以划分成三个阶段。第一阶段：2012～2014年的起步阶段。受团队规模、志愿者、资金等的限制，第一反应甚至无法招募到一场小规模马拉松需要的志愿者，这一阶段第一反应对急救采取免费模式。第二阶段：2015～2016的全国化阶段。2015年获得腾讯投资之后，创始人陆乐第一件事就是组建IT团队，将积累的数据、经验全部IT化。2016年初，赛事保障从纯公益转向收费模式。2017年，赛事保障收入占比达到20%～25%，基本实现收支平衡。同时积极推动社会急救，上线"救命地图"帮助定位周边AED设备，开始了赛事之外的社会急救拓展。第三阶段：2017～2018的专业化、体系化、标准化阶段。陆乐和他的团队坚持认为，只有将经验与数据IT化，通过不断迭代验证风险模型的有效性，才能提升急救管理系统可复制、可持续的能力，最终实现社会化急救的目标。

大数据支撑"黄金4分钟"

马拉松的举办需要多部门参与，如最核心的"三驾马车"体育局、公安局和卫计委，以及各相关支持部门。按照田协的规定，赛事急救保障措施包括：每2～5公里设置的医疗站、救护车、移动急救点和随跑急救队员等，但现实中保障效果却并不尽如人意。数据显示自2014年起，国内马拉松赛事中因心脏骤停造成的猝死事故高达17起。刚进入2018年，在素有"亚洲第一魔鬼赛道"的渣打香港马拉松上又出现一例猝死事故。有媒体报道事发时他倒地后最近的医疗人员曾轻拍他的背部试图唤醒他，第二位急救人员到达时已经过去了快10分钟，等救护车赶到时，距离伤员倒下已经过去了26分钟。

相比较于"公益""急救"等诸多标签，第一反应一直以IT公司自居。陆乐和他的团队一直面临一个问题：如何更好地掌控赛场以便最优化救援预案和提高救援效率。"黄金4分钟"内每一秒的改进都是对救援的巨大帮助，对第一反应来说，如何在确保救援成功率的前提下兼顾运营效率，同时实现志愿者模式在全国范围的复制？在陆乐看来，摒弃"人海"战术转向大数据与模式创新成为必然的选择。

数据是第一反应在风险评估与救援实施中最频繁提及的关键词，长赛程耐力赛事涉及因素众多，如赛事性质、赛道条件、天气、运动员身体状态、观众分布等，仅依赖人工经验已经不能满足比赛的风险评估要求。第一反应成立了独立的研究团队，专门将赛场上的“要素”剥离，形成若干参照系，借助自身开发的“评分模型”对参照系中的要素逐一评估。此外，还将整体赛道分解成一段一段进行单独评估，通过赛事积累的经验与数据在参照系与要素间建立联系，得到了大量相对“反常识”的研究成果。例如，与大多数选手自身感知的上坡段赛道更耗体能、更易超负荷发生事故的常识相反，颇受选手青睐的下坡赛段才是事故的高发地，尤其是坡度在0.8～1.2之间、并且长度超过1公里的下坡恰恰是“事故多发”的危险赛段。

马拉松赛场急救需要跨部门协作，负责急救的医疗部门与赛事的综合管理部门在现有多层级和多头管理模式下的协同效率远未能满足“黄金4分钟”的要求。从未有一个统筹全局的机构从赛事保障管理的角度设计赛事中每个部门该如何服务。事件上报大概要两级才能到达总指挥部，由总指挥部负责调配医疗救援人员和救护车，在4分钟内完成上述活动也仅存在于理论上。对“如何争分夺秒挽救生命?”这一问题，第一反应并非完全打破现有的急救模式另立炉灶，而是凭借大数据、系统创新和IT技术来升级急救模式。

技术驱动的马拉松急救模式

第一反应马拉松赛事保障的准备周期至少要两个月，首先，包括赛事风险评价、制定保障预案、招募志愿者等多项工作。现场保障中在固定医疗站、救护车、沿赛道配置急救人员（称为“第一反应人”，间隔150米值守）外，专门配置了与选手同步跑动的急救人员“急救兔”。其次，以扁平、去中心的应急管理体系打破逐级上报的层级模式，最大化压缩急救响应时间。当急救人员发现参赛者倒下后，若判断为意外摔倒或其他问题则按对应预案采取措施；若判断心脏骤停则马上发出紧急代号“呼救呼救”（类似航空管制的“May Day”）激活应急反应系统。指挥中心收到“呼救呼救”后不会询问任何信息，而由系统派出最近的救护车，与此同时，周边队员也会同步收到系统呼救信息赶赴现场支援。数据显示，随身携带AED设备的急救人员一般能在参赛者倒地后30~60秒内到达并开始施救。

第一反应是用程式化、标准化的流程将急救环节不确定的人为因素降到最低，但这套系统能有效运转还存在多个关键的隐性条件，包括志愿者管理水平、大数据应用及急救管理系统等。首先，急救员有足够能力判断事件性质，是体力不支摔倒、心脏骤停还是其他状况。“呼救呼救”的自动激活机制是对现场管理权的下放，前提是要避免“噪音”导致的误判对整个急救系统的鲁棒性产生冲击。第一反应的做法是，所有参与的志愿者都被要求至少完成两项认证，分别是：美国心脏协会（AHA）的认证和第一反应的赛道生命支持认证，而每位赛道总指挥和分赛道指挥都需要在此基础上额外通过指挥官训练营的培训以保证现场情况处置的准确度。其次，急救队员有足够的专业技术实施救援，如正确使用AED设备。在经历近300场赛事中的各类突发状况后，第一反应完成了马拉松耐力赛事的数据库，为后续急救模型和管理系统改进提供了坚实的数据基础。

凭借开发的应急管理系统与后台大数据支持，第一反应所有志愿者采用一键呼救形式与事件处置中的对应人员联系，用网络技术将急救分工与参与的志愿者自动绑定，每个人只需按照系统分工完成自己的救援工作，从而避免了在赛事中临时组成的救援团队还需要记录电话、询问各部门联系人的尴尬场景。基于大数据的救援体系为急救提供了标准化的管理系统，每个志愿者只要完成技能培训并熟悉急救系统，就可以在不同时点参与到不同的赛事保障中。这也使得第一反应能够摆脱传统招募固定急救人员的“重资产”模式，转而在赛事当地招募志愿者组织急救保障团队，并确保不同团队“复制”了相同的急救效力。

从马拉松赛事中脱颖而出的第一反应，其核心的竞争优势可以归结为：

第一，完善的风险评估和风险管理能力。通过赛事数据积累，第一反应在赛道风险评估中实现了近乎100%的准确率，使得急救团队及赛事组织方能够在风险点管控、急救资源投入、赛道资源优化等方面进行全局布置和系统化考量。第二，先进的信息化技术。借助“3C联合指挥救援系统”，第一反应IT系统涵盖了马拉松赛事所涉及的各个维度，并在急救过程中打通各个环节，根据预设的程序形成标准的事件处理机制（东京马拉松也在2016年正式引入这一系统）。第三，急救管理和执行体系。与IT指挥系统相配合的管理与执行协议，当事件发生时自动启动去中心化的指挥体制，最大化“黄金4分钟”内的时间利用效果。

志愿者管理模式创新

第一反应的创办理念是“社会化急救”，这从根本上确立了志愿者在所有活动中的核心地位：志愿者不是补充而是所有活动的主体。第一反应能够实现赛事急救服务在全国的复制，根本就在对志愿者团体的深耕：用标准化、系统化的培训机制让急救能力固化在制度与管理体系中，确保不会因志愿者个体的差别而导致急救效力的差异。与其他组织对志愿者得过且过的态度截然不同，第一反应的急救属性要求每位志愿者都必须具备过硬的专业技能、极强的纪律性和强压下稳定的心理素质。

截止至2018年10月，第一反应的志愿者总人数超过13000人（通过AHA认证和赛道生命支持双认证），而实际专职管理人员不超过2人，“借志愿者管理志愿者”是第一反应运作庞大志愿者团队的根本模式。值得注意的是，AHA和赛道生命支持培训均是自费的，也就是说志愿者掏腰包参加培训，学成毕业后还需要一系列的申请考核才能成为合格的编内志愿者。对编内的活跃志愿者还要进行360度互评、持续能力测试、量化积分考察、晋升和降级等机制等近乎苛刻的全方位考核，对违规志愿者的负激励机制异常严格，最轻的是队内警告，严重的则直接除名。

每次完成马拉松赛事的保障服务后，所有的志愿者无论是医疗点的支持、巡逻岗、“急救兔”、分赛段指挥亦或总指挥都会认真对周围协作的支援者评价打分。评分结果直接影响了其在志愿者体系中的晋升与评级。分赛段的指挥只有得到队员积极评价才有可能晋升为总指挥，若总指挥无法得到队员肯定也必然面临“下课”。

人的记忆或能力很容易遗忘退化，因此除了赛事前的复训，日常每隔3个月志愿者也要进行能力测试，确保身体对急救技能的记忆每3个月被激活一次。借助AI技术，对志愿者在重压下是否能够正确处置现场情况进行测试，对未能通过测试的人员自动开始再培训。对于“很忙”“没时间”参与的志愿者，系统会自动将其归入“灰名单”。此外，第一反应设计了一整套量化体系，所有志愿活动都可以量化成为积分奖励给志愿者。积分可以用于兑换专属的急救设备，也可为用于自己和家人的急救课程进修等。

也就是说，第一反应的志愿者比别的志愿者更辛苦、付出更多，但却面临远超其他志愿者的严苛要求。如此“苛刻”的志愿者生态能持续运转并还在扩大的根本在于：首先，第一反应选择“对的人”。通过志愿者管理机制的设置，逐层筛选，最终留下的都是真的有志于参与社会急救的人；其次，激发志愿者内心对急救服务的认可与热情。让志愿者通过自我认知而非灌输式的奉献教育来认可急救服务，将外部驱动转为自我使命感、价值实现的内部驱动；最后，用志愿者管理志愿者，摆脱传统志愿者管理的层级化模式和官僚主义作风。

商业模式与社会价值创造

既然第一反应是企业，最终还是要回到其商业模式与竞争优势上来做分析。第一反应的主要业务包括公益服务、赛事保障、培训业务（公众培训和机构培训）和企业服务。从收入占比来说，赛事保障收入占总收入的20%～25%，培训业务占总收入的30%，企业安全解决方案服务和设备销售占总收入的45%～50%。如果单从市场竞争角度分析，单纯的培训服务进入门槛低，各地各种类的培训组织极多，第一反应硬是在这片红海中短短几年就取得了第一的成绩。陆乐将其归功于赛事保障的口碑、接地气的培训课程、大数据支持与先进的志愿者管理模式。

第一反应在课程的设置上以“接地气”为第一要务。社会化急救的核心在于全社会公众急救意识的觉醒、急救技能的普及和公众参与的方法论，这三者缺一不可。而传统课程大多仅涉及技能，缺乏最关键的对急救意识的唤醒和如何参与急救的培训。

公众不是专业急救人员。在险情发生的时候，他们面临的首要问题不是“怎么救”而是“该不该救”。当社会还在为“老人跌倒该不该扶”“碰瓷”等新闻比比皆是而苦恼时，空言社会化急救显然是于事无补的。举例来说，若需要进行人工呼吸，通常的教育中，没有人提及如果施救人并非专业医生，能否接受与陌生人口对口的急救操作？换句话说，施救人该如何保护自身安全？

一味从道德层面呼吁全民急救运动是行不通的，“不接地气”的培训能够传授急救技巧，但却对提升社会公共福利帮助甚微。第一反应培训中有一个与技术无关系的细节，却在根本上打消了“该不该救”的顾虑。

第一反应明确要求：学员在急救场合要做的第一件事是打开手机摄像头，高喊“我已打开视频取证”。这个看似尴尬的动作是美国AHA课程中绝对没有的，但却最受国内学员的欢迎，因为这个动作的效果是明显的：围观公众的帮助意愿明显提升，主动合作帮助救治伤者。此外，第一反应除了重新组织和开发课程，如运动急救、青少年急救等，还重新设计了培训教师的授课方式。一切都以受众能够接受和学到可操作的急救知识和技能作为前提。同时借助急救一线收集的真实数据与最新的模型算法成果，培训课程也变得更加生动易懂。

整体来说，第一反应的直接商业价值体现在赛事保障、急救培训、企业服务等业务的营收，而其潜在的社会价值却不仅仅是保障了赛事运动员的安全和扩大了掌握急救技能的社会人群基数，显然还包括目前仍处于高速增长的志愿者队伍。按第一反应的考核标准，每一个活跃志愿者不仅是通过了一次培训，而是具备了提供持续急救服务的资格。再结合“救命地图”等急救App，第一反应正在逐步为未来的社会化急救大系统提供了最基础的社会急救人员和数据平台基础。

机遇与挑战

凭借在马拉松体育赛事中的影响力，第一反应正在将赛事经验引入社会救援体系。这涉及到全国各地的志愿者、专业医疗人员分布、急救设备管理、法律法规保障等各个方面。与马拉松赛事作为突破口的思路一致，第一反应首先选择与地方政府合作，将赛事急救经验延伸到社会大环境中，升级为社会化的急救机制。可以想象，未来当一地的实践取得成效后，第一反应会继续这一思路将急救体系覆盖到全国更大的范围。

第一反应在赛道急救积累了自己的口碑和美誉度，但这样的模式已经被竞争对手模仿，相关法律法规和行业标准的缺失造成未来将难以避免的陷入恶性竞争当中。在培训领域，国内市场更是良莠不齐，很多机构提供免费培训但质量堪忧。这都将考验第一反应团队的运营能力。

在越来越激烈的市场竞争环境下，第一反应该如何推动社会化救援这一大系统发展的同时，兼顾自身的持续营收压力，考验着第一反应的商业模式。同时，国内还没有具有典型示范效应的社会企业成功案例，社会企业该如何在社会价值与商业价值间取得平衡，仍然处于探索阶段。第一反应未来该如何发展，如何将赛事保障经验复制到社会化急救的情景中，让我们拭目以待。

（朱　睿）

护曦行动：以企业家精神解决社会问题①

有这样一份统计表明，早产是新生儿死亡的首要原因，但3/4的早产儿都可通过现代医学手段摆脱死亡危险。比较典型的例子是，15%～20%夭折的早产儿均因一项名为“肺透明膜病”的缺陷而死亡，其主要成因是早产儿肺部发育的不成熟，然而，如今对于该病的治疗技术其实已经非常成熟，不论临床拟诊或确诊病例均可通过在患儿出生后积极处理得以治愈。不过部分家庭由于经济拮据，无法承担治疗费用，又或缺乏对于疾病的认识，直接选择放弃救治。

截至2018年12月，一项名为“护曦行动”的公益项目已经和30家医院合作，覆盖21个地级市，成功救助了239名患有该缺陷的新生儿。该项目由广东省长江公益基金会在2016年5月30日正式启动，基金会设有“早产儿救助专项基金”，专门用于救助广东省内患“新生儿肺透明膜病”且无后遗症，却因家庭贫困或父母缺乏医疗常识而放弃救助的早产儿。

值得一提的是，该公益项目从设计到执行都以商业理念作为指导，追求效率最大化。据了解，广东省长江公益基金会由长江商学院广东校友会的校友创办，旨在用商业模式推动社会问题的解决。该基金会的成员都是商界精英，在他们身上凸显着企业家精神，即通过对实质问题的敏锐捕捉，用资源

① 2019年1月15日，《公益时报》。

整合与创新的方式，达到投入产出最大化。这种精神在“护曦行动”中得到了充分的体现。

项目选择：做查漏补缺的项目

广东省长江基金会的理事和志愿者全部是企业家，有多年的企业管理和商业经验；理事长做投资出身，现在大部分的精力都放在做公益上。虽然行业不同，他们认为做公益同样应该遵循投资的逻辑，从项目的选择开始，就应该关注公益资源的投入产出比，实现效率最大化。“长江人”更愿意做有效公益，而不只是捐钱、捐献爱心的慈善。在选择公益项目的过程中，基金会提出，不做大家都在做的项目，寻找那些医疗救助水平成熟，但少被关注的项目。

在这个指导思想下，团队前后进行了5个月的前期调研，走访了各地的医生，从需求端出发调查市场的需求以及各个城市的医疗救助水平，他们最后决定聚焦于“新生儿肺透明膜病”。如本文开篇所讲，这种疾病关注不多，很多家长因为经济困难放弃治疗，但其实医疗水平能提供很好的治愈效果。

根本问题：供求不平衡

选好了项目，还需要准确地把握问题的本质。基金会发现早产儿救援这个领域，存在有的供给端存在资金剩余，而需求端的救助需求没有被满足，这其中一定存在某些环节降低了救援的效率或者阻碍了救援项目的进行。带着不解，基金会的团队开始走访医院调研，很快发现，并非是市场需求的缺乏，而是资源的重叠和冗长的申请流程造成了供求不平衡。

资源的重叠主要表现在救助项目过分集中于少数医院。大多数医疗基金会都会选择与就近的少量医院定点合作，这样便于管理，无可厚非。不过这样做导致了一、二线城市救助项目集中，而一、二线城市每年的医疗救援需求量是有限的。这导致基金会在满足这些需求之后，就无法发挥剩余资金的作用，而其他落后地区更大的需求却得不到满足。另外，新生儿的救助经常非常紧急，并且患病新生儿并不适合长距离地移动，再加上落后地区交通不发达，将新生儿从落后地区接送到省级医院并不可行。这种资源重叠导致救援资金使用效率较低，而真实存在的需求得不到满足。

另外，他们发现医疗救助项目的流程都普遍冗长繁琐，需要提交多种材料并经过多个部门的审核批示。新生儿疾病的救助通常需要非常及时，在很短的时间周期内资金就需要到位，经济拮据的父母才能决定是否继续治疗。新生儿患病父母本来就已经非常紧张，希望每时每刻守在孩子身边，冗长的流程导致父母不可能长时间离开新生儿去申请资金。

这两个方面的因素，导致了有的资金用不出去，而需要救助的贫困家庭又申请不到。这直接导致了公益资源的不匹配。如果新的早产儿救助项目能够解决供求关系间的痛点，打通资源的流通，就能够产生巨大效益。长江公益基金会谨慎调研、大胆尝试，在医疗救助上希望创新出一线医疗人员深度参与、医疗专家审核把控、长江公益资金拨付的联动性救助，提出具备杠杠性和长远性的解决方案。

解决问题：搭建网络，优化流程

基金会将救助下沉到基层城市，建立遍布整个广东省的救助网络。传统的医疗救助项目，都是和一两家医院合作，以方便管理。企业家理事们认为应该建立起一个救援网络，和全省每个城市的一两家医院都进行合作，提高救援覆盖面积。不过，和多家医院建立合作是一件耗时耗力的工作，因为涉及与医院建立信任关系、评估医院的救助水平等一系列工作。面对这个阻碍，基金会认为需要找到一个专业的、在这个领域有号召力的机构协助工作。于是，基金会通过广东省医学会，召集了广东省内每个地级市的一两家医疗水平较高的医院。第一批和基金会合作的医院就有 22 家，一下子覆盖了广东省全部的21个地级市。下沉到基层的医疗救助网络，合理配置了救助资源，它避免了资源重叠，确保了基层城市的需求能够得到满足。

在救助网络铺设完成后，由于合作的医院众多，管理困难，需要建立起合理的标准化流程。总结“护曦行动”项目的救援流程建立的过程，最重要的两点是借助专业人才的力量和实事求是地不断优化流程。

基金会借助了社会专业平台的力量，充分发挥广东省医学会的专家力量，构建三级专业评审流程。首先，从项目申请环节开始，充分信任基层医院的技术力量，由病患所在的医院科室进行推荐，医院予以确认。其次，省医学会临床医学评审部牵头统筹，在回避原则基础上，抽派旗下围产委员会及其他专业委员会的专家轮值，对申请资料进行评审把关，基金会在省医学会评审通过后拨款，整个流程控制在3个工作日内完成。实际上，从申请到资金下拨经常只用2天时间。最后，为了对项目质量严格把关，基金会邀请了广东省新生儿重症质量监控中心的11位专家作为质量抽查评估的专家团，不定期对全省的合作医院进行指导，对项目救助质量、方式方法进行回顾总结，不断提高项目的管理水平。值得一提的是，这个过程涉及所有医师和专家，都是自愿参与到这个救助项目当中来，这说明社会专业平台实际上存在很多资源，公益机构应该思考如何合理组织资源，发挥专业人才力量。

在具体的流程建立过程中，实事求是是这个项目的主要特点。实事求是就是要深入一线开展调研，参考其他救助项目的流程，将其中多余的、不切实际的文件和检测环节全部删去，将很多判断的权力下放到基层的医院。

在具体的流程实施后，基金会没有就此停止对于整个流程的优化，而是不断地从基层收集实际操作过程中遇到的问题和可以进一步压缩优化的环节，实事求是地对操作流程不断迭代，以达到更高的效率。比如，基金会会定期联系基层医院，要求合作医院提供改善流程的建议以及对项目的意见。通过医院的反馈，基金会和广东省医学会专家一起研究，多次修改申请流程和所需资料，并听取医院建议，在确保求助成功率的基础上，降低申请准入门槛。

成绩与展望

救助网络的建立以及对于专业化资源地合理组织管理，使得项目一落地就高效运作，在项目刚刚启动的2016年下半年，成功救助人数就有34人，2017年救助77人，2018年救助128人。同时合作医院的数量也逐渐增多，从第一批22家增加到30家医院合作，并有多家医院在积极进行申请，救援的网络还在不断地扩张。

“护曦行动”项目从启动至今经历了两年多，虽然还面临很多问题和挑战，但救助网络和流程已经逐渐成熟和稳定。不过，在广东省长江公益基金会看来，这只是这个项目发展的第一个阶段。在第一阶段，杠杠作用发挥在专业救助一端，通过与专业协会合作，搭建网络，有效提升救助效率，实现救助的规模化，建立了“扎实的末端”；在第二阶段，需要积极探索医疗救助与社会多元资源的对接渠道与机制，专注资助体系的搭建，打造基于早产儿这个社会议题的全链条救助模式。具体地，基金会准备往救助的前端走，提高基层医院的救助水平；再进一步往前端走，即直接从需求端入手，和媒体合作，利用媒体的力量积极宣传早产儿的预防和医疗救助常识，比如开展专栏发布如何预防和救助早产儿的资讯，提高基层对于早产儿的认知，以减少早产儿的发生率。

（朱　睿）

为什么要"学做人"①

第二十四届世界哲学大会在北京召开了，本届大会的主题是"学以成人"。最早我的提议是用中文，就是"学做人"，英文翻译为"Learning to Be Human"。在翻译成英文以后再译回中文的过程中，有中国学者认为应该用一个比较典雅的表达，觉得"学做人"太平实了，好像哲学性不强，就用了"学以成人"作为大会主题。

世界哲学大会原来有法语、德语、英语、西班牙语、俄语等五种官方语言，2008 年韩国首尔大会时，我提议中文为第六种官方语言。这个提案虽然有争议，但是最后获得了国际哲学团体联合会（FISP）投票通过。

本次世界哲学大会是自 1900 年开始举办以来规模最大的一届，现在报名人数已经超过 8000 人，国外报名人数有 3000 多人。这么多人都愿意来讨论何为人的问题，如何做人的问题，以及个人、社群、自然、天道的问题，表明大家对这个主题有一种共识。

谈到儒家，我们多半是讲它的社会伦理，即人与人之间的关系，讲和谐，讲跨时代的沟通。在今天文化多元的背景下，我们强调的是如何在异中求同，如何通过对话减少一些不必要的冲突，如何在差异性之中寻找一种共识。在可能的共识中，"学做人"几乎被世界各地的哲学家所接受，不仅包括西欧、

① 2018 年 8 月 11 日，《光明日报》。

美国，还包括非洲、拉丁美洲、印度或者是其他地方的哲学家。大家都觉得，这是一个值得思考而且现在又特别严峻的重大问题。

我们的学术界就“学做人”的问题讨论得非常少。表面上看起来，这个课题是一个非常狭隘的中国学术传统中儒家的心性之学，即“心学”思想的一个课题，实际上它所涵盖的范围极大，至少包含这样一些问题：人如何和其他动物、其他生命有不同的方向？在不远的未来，人和机器人的关系会怎样？人生到底有没有价值？人为什么存在，如何存在？为什么要回到“学做人”这个课题？是不是人一定要通过学才能成人？虽然不是很抽象，但这个课题一般是非常难掌握的，却是每一个中国人以及每一个人都应该关心、关切的。

我认为“学做人”是一个大问题。从很多年以前我从事这方面的研究开始，就一直关注这个课题。当我提议把它作为大会主题的时候，确实是有“私心”的，但这个“私心”有其公共性，这是我个人很深刻的感受，我愿意和大家分享、辩论、讨论。

人类在大概公元前6世纪，同时出现了相对独立的四大文明，分别是希伯来文明（后来与犹太教、基督教、伊斯兰教都有关系）、希腊文明、印度文明和中国文明。德国哲学家卡尔·雅斯贝尔斯称之为“轴心时代”。很多学者认为，中国文明对超越的突破和永恒未来的超越世界好像理解得不够，或者没有那么大的兴趣。儒家一开始的时候，孔子就提出了一个非常有趣的问题：“鸟兽不可与同群，吾非斯人之徒与而谁与？”我不愿意和鸟兽在一起，虽然我知道人和鸟兽在一起，有的时候比跟人在一起愉快多了，但是，我必须成为人中间的一个人。这种入世精神已经成为当今人文发展的主流。

成人是一个一直在发展的过程，而且发展过程中有很多不确定因素，而不确定因素多半是要靠自己的反思。不可能说我在某个发展阶段要离开而不再考虑这个问题，虽然在很多哲学思想中间有很多方法离开。有些传统的思路是暂时放其身来注重心，有些是注重精神性而暂时不要太照顾到我们的日常生活。儒家有一个非常奇特而且在中华民族人文心灵里根深蒂固的想法，就是你不能离开此世，你是一个具体的活生生的当下的人。你不能离开你自己包括你的身体、心知、灵觉和神明的“己”。“学做人”就是在入世的此时此地，如何建立我们每一个人的主体性。

孔子在很早以前就强调，“学做人”是为己之学，不是为了父母和社会，也不是为了国家，就是为了自己，但是“自己”有非常深刻的意思，是个人的一种关怀。“为己之学”的传统在中国发展有非常长的一段时间，特别是宋明儒学就讨论了很多：这是“身心之学”，讲我们的身体和我们心灵中间的学问；这是“性命之学”，讲我们的人性和我们的命运；这是“君子之学”，如果我们要成为一个有道德的人，我们必须要走这条路；甚至有人讲这是“圣人之学”，也就是人达到最高境界应该走的路。儒家讲“为己之学”，讲“身心性命之学”，讲“君子之学”，它有一个基本看法，就是人和其他的动物之所以不同，主要原因是通过学，就是“学以成人”的“学”字，《论语》里面第一个字就是“学而时习之”的“学”。你每一次学，就在你的心灵深处，在你的本心里种下了善果，这个善果会发芽。你学新东西，得到知识，这是外在的；你学做人，就是内在的。到底“学”是不是掌握知识呢？当然。是不是能够获得一些技能呢？当然。但是在儒家讨论“学”的问题的时候，它是和另外一个中文字紧密联系在一起的，就是“觉”，就是“自觉”，就是“开悟”，佛教、道教里讲得很多，其实儒家里讲得“学”是一个“觉”，就是一个自觉。每一次学就是觉。

儒家思想的这一面，也许大家不熟悉，因为我们太注重人际关系，太注重儒家的社会效应、政治作用，没想到在儒家的心灵哲学里有其非常内在的、向我自己追问的强烈意识，正如曾子所说“吾日三省吾身”，这个省就是反省，并觉悟到我是靠我来塑造的。“为己之学”就是儒家的“身心性命之学”，这恰恰是儒家传统资源中，在我看来最有精神价值，也最能够普及的思想。

今天的世界多元多样，在整个全球化过程中，中国传统经过 170 多年的解构，它的发言权很少，影响力不大。现在我们应该有民族自信，应该有文化自信。但是摆脱很多重要的宏观视野，其实真正意义上的自信就是我们个人在做什么样的选择，这是我要和大家分享的一个最核心的课题。儒家传统也是多元多样的，发展到日本、越南、朝鲜还有海外更是多元多样的。虽然多元多样，但是在很多传统中有一个是孟子所代表的传统，这就是我讲的身心性命之学的传统。这个传统里有一些重要人物，如孔子的孙子子思、孟子、陆象山、王阳明以及宋明理学里很多重要的思想家（如“北宋五子”的张载、程颢以及南宋的朱熹）等。

按照这个传统和信念就能够建构一个儒家的人文精神，其核心是己，其工夫是学，其头脑是仁，其目的是成为一个以仁涵摄四个维度即己、群、地、天的人。我自己将这个理论框架称之为“精神人文主义”。

第一，己的维度。

《大学》讲，“自天子以至于庶人，壹是皆以修身为本”，即个人的身心如何能够整合，使得你的心灵的世界和你物质生活的世界中间，没有很大的割裂，而且一直要磨合，在这个磨合的过程中你常常能够觉悟到你是在学。“为己之学”是儒家的身心性命之学，具体地说，就是修身哲学。我们不是拥有我们的身体，我们是在通过我们的身体来表达我们的自我，但是这个过程是一个学习奋斗的过程，因为人自觉地从心灵了解到，人是变动不居的，是一直在变化中不可能停下来的一个动力过程，而不是一个静态的结构。

人是通过宇宙转化的大的潮流而出现的，我们现在讲可能是从 130 多亿年前大爆炸一直逐渐发展出来的，包括地球的出现、生命的出现、意识的出现、人类的出现。儒家在这个大框架中有一个基本信念，就是人类的出现是有意义的，既不是偶然的，也不是某一种超越而外在的力量把它创造出来的，它是经过长期演化而出现的，而且出现的时间可能会很短，每一个人就是这么一百年，或者是几十年，因此要珍惜这个太难得的生命。我没有另外一个生命，我没有另外一个世界，我要在这个基础上来发展，这就是为了我自己，“己”是一个创造的源泉。

当然，人是社会的产物，是文化的产物，是文明的产物，是我父母生养的，很多外在的约束都是我不能选择的，也是我想去都去不掉的。所以，儒家有另外一个和其他传统都不太相同的观念，就是具体的、活生生的“我”，也许有90%以上的因素都是我不能控制的，就是我这个“命”。“命”在儒家的观念里很重要，但是它不是命定论。儒家的“为己之学”的一个基本信念就是我是受很多力量的限制才成为我这个具体的人，但所有限制我的力量都是促进我能够发挥力量的源泉。我正因为我是女性，我正因为我是男性，所以我可以发挥我的力量，就是说具体存在的约束你的某些条件，都可以转化成你能够进一步发展的动力以及你能够进一步发展的潜力。所以不怨天，不尤人，我就是一个完全的活生生的当下的我。

第二，群的维度。

作为一个个体的“我”不是一个孤立绝缘的原子式的个人。所以儒家基本信念就是，作为一个关系网络中心点的我或者自我，必须是在人与人之间的关系网络中得以建立并实现。儒家尊重他者，了解他者，这个观念本身都是使得我自己能够更尊重自己，他者能够进一步发展自己的助缘。

这中间不是二分法。我这个中心点不能够被化约或者消除掉。虽然很多因素都是外在的，但是只有做什么样的人，做什么意义的人是你可以掌握的，没有任何一个人可以剥夺掉。“三军可夺帅也，匹夫不可夺志也”，王阳明特别重视立志，你要立下一个志向做怎样的人。当然，儒家反对一种完全自私自利的以个人为前提的不考虑他者的个人主义。儒家既不是狭隘的个人主义，也不是一种极端的集体主义，而是一种己立立人的人格主义。

第三，地的维度。

整个人类和地球应该是持久的和谐。实现这一和谐的动力资源就是孟王心学讲的恻隐之情。每个人都有一种同情的力量，没有这个力量，这个人就是一个孤立绝缘、麻木不仁、永远没有办法真正完成发展他自己的人。我们做人就应该发展这种力量。孟子的这个理解在中华民族的心灵结构中起了极大的作用，历经2000多年依然灵根不断。这种良知、良能或这种心不仅是人类学的，而且是人类本身的通感价值，换而言之，有了良知才叫人。笔者在

2015年7月受时任法国总统奥朗德的邀请参加的在巴黎讨论全球气候的峰会就叫“气候良知峰会”。

人之所以经过那么长时间的转化成为这个人，就是要体现这种价值。一个人对动物受伤害，草木被摧残，甚至是山川、石头，比如桂林那么漂亮的风景变成了水泥，都会感觉到不安。这种不安体现了一种宇宙情怀和“天人合一”的观念，因为“仁者以天地万物为一体”，或者说天理就在我的人性之中。地球更不是身外之物，而是神圣的家园。我们就是在地球之中，它是和我们息息相关的。从演化论等方面来看，地球就是我们生命不可分解的一部分；从我们自己的自然生命来看，跟地球有无限的关系。我们不把地球当作外在的资源来利用，自然是我们主体的一部分，是我们生命能够延续和发展必不可缺的条件。

第四，天的维度。

人能够伟大，能够有这么多关系网络，这是我们的福气，是我们人感觉到自己是人的一种自豪。从天道的观念来看，我们之所以能够建构每一个人的尊严并尊重每一个人，是因为每一个人都能够同我一样，是和天地万物合为一体的。自我能够和天地万物合为一体，又是内在于我最内心的深刻的价值。它不是从外面加之于我的，而是我自己发现的，我自己能够理解的，我将此变成一种信仰，这个信仰就是一个人可以通过自己的修身，使他成为一个更像人的人，更向理想的人格、理想的方向发展的人，没有其他力量能够阻碍。程颢讲“天理二字是我自家体贴出来的”，就是我真正感受到我现在的日常生活所做的这些事情，每一件事情本身就不是一个简单的人的社会关系，而是有更深刻的价值，这个深刻的价值就来自于天。

因为笃信并体证到来自于天的这种深刻价值，使得儒家具有一种深厚的超越传统而不是世俗的人文主义，也不是一神论意义下的宗教，更不是所谓的神秘主义。孟子说“万物皆备于我”，天地万物都和我有关。到了北宋的张载（横渠先生）就讲得更明显了，“乾称父，坤称母，予兹渺焉，乃混然中处”，他感觉到有一种内心的愉快，就是我们生在这个世界，不只是一个血肉之躯的人而已，我们有更高的责任和使命，超乎人伦之间的一种和谐相处的关系。所以他才能讲出“民胞物与”，这种精神在他的四句话中表现得淋漓尽致：“为天地立心，为生民立命，为往圣继绝学，为万世开太平！”到了陆象山，他提出了非常特殊的一种思路，即“先立乎其大”。孟子说人有大体和小体。小体是我们现在的身体即肉身，大体就是我们能够和世界其他万事万物联系在一起的明德之体。我们要做人就是做先立乎其大者，就是先把和天地万物一体的大体能够立起来。陆象山正是通过自己对天的体证，说出了“宇宙便是吾心，吾心即是宇宙”。

如果在哲学层面要讨论天就非常繁杂。但是我们内心都有数，怎样才能够毋自欺？怎样才能够毋不敬？怎样才能够有慎独？人应该培养一种“举头三尺有神明”的敬畏感，同时要能够继续发展自己，最终是人和天能不能够相辅相成。不是说上帝是全知、全能、全在而所有的都归于它，我们自己要有责任，在《论语》里有句话叫“人能弘道，非道弘人”。

从以上己、群、地、天四个向度，即身心的整合、人和社会的互动、人和自然的持久和谐、人心天道的相辅相成，就构成了一个人之所以成人的基本框架。在这个基本框架里，我们的问题就是，何以能够真正地学而成人，何以真正地能够为己。这和你的职业、学历、籍贯、种族、民族、宗教、性别等所有的外在条件都有密不可分的关系，但是都没有办法把这个问题化解到那些层面去，虽然各个层面都可以帮助你进一步思考：我应该做什么，我应该成就什么，我如何从某一方面去进一步发展。只有“仁”能够包容己、群、地、天各个向度，并实现学以成人这一为己之学的目标。仁是儒家的核心价值。我同意陈荣捷教授将仁翻译成“Humanity”，以体现孟子所说的“仁也者，人也”的基本意义。仁是一种光，但它同时也是一种能量，还是一种热。在人与人的世界中，如果仁的力量能够发挥它积极的因素，对每个人都可以有受用，对天地万物也是如此。仁的价值是儒家特别是心灵哲学所要推展的一个价值。我们都相信我们每个人都能创发、发展、体现这一价值，这不是想象，是智慧，更是信念！

仁爱的体现之本身是不是有价值？应该有。应当认为这一价值比理性本身的价值还要深厚，在孟子讲就是本心。本心有超越的一面，就是说它不仅体现人和人之间的关系，还有人和物、人和自然、人和天的关系。人的本心是从天来的，这是儒家的一个信念。

最后要强调的一点是，“学做人”的过程可以说是很艰难的。对这个过程，王阳明有一个很明确的说法，即事上磨炼，就是通过事上磨炼来实践中道的“中”，而不是空洞的说教，更不是孔子所深恶痛绝的那种乡愿。《中庸》里讲的中道不是希腊哲学里讲的最平衡的两端中间最平衡的那一点，而是在动态的过程中找到平衡点，其困难是你的心灵和你所处理的事情之间的交互影响所带来的各种不同的能量，使得你有各种不同的偏差。你一直要在这个调节本身的过程中，让你的良知，让你的本心所代表的常态，能够驾驭变化无穷的过程。如果要找到一个放诸四海皆为准的抽象的“中”，这本身可能是虚幻的，也可能是误导。仁爱在不同的环境中确实是由近到远，从推己及人到能够“上下与天地同流”，有各种不同的体现，但是不能完全把它教条化了。总之，求仁得仁，唯仁者能爱人，能恶人。

人到这个世界上是有价值的，人的生存是有意义的，自然本身就是有价值的，不是为我们所利用的。而我们是有一个责任感，不仅仅是为了人类的存活问题，还是为了整个宇宙大化，它能够生生不息地向前发展。这就是我们的本心，这就是我们的良知，这也是我们真正的人之所以为人在本体论上最基本的信念。

（杜维明）